上海教育报刊总社上海教育杂志社 编

爱的艺术

60位校长谈家庭教育

上海教育出版社
SHANGHAI EDUCATIONAL
PUBLISHING HOUSE

家长是孩子最好的老师。孩子性格的形成,个性的发展,都与家长的言传身教息息相关。正如儿童教育家陈鹤琴所说:"知识之丰富与否,思想之发展与否,良好习惯之养成与否,家庭教育实应负完全的责任。""小孩子生来是无知无识的,不知什么是好,什么是坏。他一举一动可说一方面受遗传的影响,一方面受环境的约束,受教育的支配。小的时候,环境中最重要的因素是父母,教养中的最重要的因素,恐怕也是父母。"

随着世界的日益变化,家庭教育的重要性逐渐让步于学校教育。我们对学校教育寄予的期望太高太多,而家庭教育的功能和重要性却被严重低估。目前,家庭教育存在很多问题和困扰,比如,教育内容单一,普遍存在重智轻德现象;家长忙于工作,亲情缺失影响孩子健康心理的形成,等等。年轻的家长面对着纷繁复杂的教育"理论",也常常感到无所适从。

家庭教育的重要性和面临的困境告诉我们,社会各界对家庭教育进行指导,对家长展开教育,以提高家长的教育素质、改善家长的教育行为,意义十分重大。作为专门教育机构,学校与教师拥有与时俱进的教育理念,富有教学知识和教育实践经验,擅长运用多样的教育方式。并且,学校与家庭在孩子的成长过程中经常沟通,彼此联系密切,这就奠定了合作的基础。校长,作为学校教育的领导者与组织者,更兼具经验丰富的教师角色,在家庭教育指导方面更具有说服力。

本书的60位校长,均来自上海市的中小学。他们在学校工作多年,具有丰富的教育实践经验。他们经常从一名母亲或父亲的角色进入问题,却始终以专业工作者的态度和学识来看待和分析问题,分享了他们在家庭教育中的智慧。在60位校长看来,家庭教育的目标更聚焦于"生活启蒙""习惯养成""理想塑造"三个方面。

生活启蒙在孩子的幼年时期起着至关重要的作用。无论是智慧的开启,还是情感的生成,幼年的孩子都仰赖家庭给予的力量。家长对孩子的支持与爱是其他关系难以替代的。我们的校长都呼吁,在孩子的学龄前阶段,"做家长要用

心不用力""关注孩子看不见的成长""要允许孩子玩耍"。孩子的智能类型有差异,家长要善于观察,捕捉孩子的闪光点,才能做到因材施教,有针对性地引导孩子去发展自己的优势智能。

几乎所有的校长都在强调孩子良好习惯的养成,而这正应该是家庭教育的重点内容,却被多数家长所忽视。现在的孩子对家长和教师依赖较多,缺乏自理能力和独立能力,因此,家庭教育中首先要养成良好的生活习惯。同时,孩子学习习惯的养成也依赖于学校与家庭的通力合作。营造良好的学习环境,引导孩子养成全神贯注、专心致志的习惯,保护孩子的好奇心,激发孩子的求知欲,这样,才能激发孩子内在的学习动力。

在很长的一段时间里,流传着一种说法:"不能让孩子输在起跑线上。"于是乎,家长忙着为孩子报名各种课外辅导班,盲目跟风让孩子超前学习,却忽视了孩子"个人理想""生活理想""职业理想"的塑造。这里所说的"理想"并非是外在于生活的某种崇高意志,而是蕴藏在孩子心中的,是孩子自己的诉求。家长要通过培养孩子的兴趣、爱好、自主性、主动性、热情等,去激发孩子的理想。

在这一背景下,《爱的艺术》一书的出版显得意义深远。

上海市教育委员会副主任

为人父母既是一门学问，又是一门艺术。《爱的艺术——60位校长谈家庭教育》一书，正是和为人父母的读者们探讨这门看似简单、实则复杂的艺术。

人的一生中要接受三种教育，即家庭教育、学校教育和社会教育。其中，人生开始阶段的家庭教育尤为关键。家庭是儿童成长的第一所学校，父母是孩子的第一任老师。因此，家庭环境、父母的言行举止对一个人成长的影响是非常深远的。从这个意义上讲，家庭教育是其他一切教育的基础，父母对于孩子的成长起着决定性的作用，怎么评价家长在儿童教育中的重要性都不过分。

从很多成功人士的案例中，我们不难发现，他们成功的基础和关键正是有效的家庭教育。要使家庭教育成为滋润孩子心田的不竭之泉，家长们就需要了解教育的奥秘，找到适合自己孩子的教育方法，才能发掘出孩子无限的潜力。

家庭教育是在与孩子的朝夕相处中，家长处处以身作则，以自己榜样的力量去影响孩子的发展，而不是以说教甚至打骂的方式来教育孩子。这种无声的、潜意识教育方法，在孩子的幼小心灵中可以起到"随风潜入夜，润物细无声"的作用，往往比有声的教育作用更大。

而对于当下年轻的"70后""80后"家长而言，他们的教育理念相比上一代的家长，已经发生了非常巨大的改变。很多家长已经认识到教育的本质并非仅仅追求书本知识和分数。然而，他们在实际的家庭教育过程中往往面临很多困惑。他们知道教育的重要性，却又缺乏好的方法。

在这一背景下，《爱的艺术——60位校长谈家庭教育》问世，旨在为父母们的家庭教育实践提供参考和建议。本书脱胎于《上海教育》杂志官方微信公众号"第一教育"的品牌栏目"家长会"。2014年11月，"家长会"栏目问世。每周做客公众号栏目给大家开"会"的，都是沪上赫赫有名的校长。

他们长期浸润在基础教育领域，积累了深厚的教育经验。他们长期接触、观察的学生数以万计，对学生成长的过程和特点了解甚深。以往，他们总是从学校教育的角度出发来谈如何培养优秀的学生，而在"家长会"栏目中，他们从家庭教

育的角度出发,和家长们谈如何培养优秀的孩子。

校长们接地气的分享主题、科学的育人理念、实用的操作办法,加上新媒体传播的助力,使得"家长会"栏目迅速成为"第一教育"广受欢迎的品牌栏目,也为当下充斥着"鸡血"、焦虑等情绪的"朋友圈"带来一丝清风。

校长们在"家长会"上发声,切中家庭教育中存在的种种问题,回应父母们的种种困惑,干货十足。

有的孩子小学时成绩平平,到了初中、高中却开始崭露头角;也有孩子读书时独占鳌头,走上工作岗位却频频受挫。对此,校长们为父母如何更好地让孩子有后劲提供了详实的建议。孩子进入"叛逆期",不愿和父母沟通怎么办?校长们就为父母支上几招,帮助家长创造更好的亲子关系,唤醒和激发出孩子的潜能,帮助孩子破茧而出。还有不少校长从自己为人父母的亲身经历出发现身说法,畅谈自己做家长过程中的一系列思考,为家长提供一些非常实用的"家长技能"。

很多校长的精彩分享,迅速在新媒体平台上收获了"10万+"的阅读量,这也说明,科学的家庭教育理念分享正切中当下广大家长的需求。

今年恰逢《上海教育》杂志创刊 60 周年,我们特意从往期"家长会"内容中精选出 60 位校长的采访,集结成书。这些校长的学段覆盖小学、初中、高中,他们从不同角度支招家庭教育,值得广大家长借鉴。

家庭教育既是启蒙教育,又是终身教育。好的家庭教育需要"静待花开"的耐心。在大力提倡"减负",强调发展学生核心素养的当下,通过本书和我们的新媒体品牌栏目向家长传递科学理性的家庭教育理念显得意义深远。

本书在编辑过程中,得到了广大校长的鼎力支持和帮助,在此一并致以深切的谢意。

上海教育报刊总社社长　仲立新

爱的艺术
——60位校长谈家庭教育

目 录

唐盛昌

上海市特级校长、数学特级教师。上海中学原校长，上海中学国际部创设人。荣获上海市首届"教育功臣""全国教育系统劳动模范"等称号，享受国务院特殊津贴。曾任"国际文凭组织校长委员会"委员、中国教育学会副会长、上海市数学会副理事长。现为上海市基础教育国际课程比较研究所所长、上海市基础教育国际课程比较研究与咨询中心主任。兼任教育部基础教育课程教材专家工作委员会副主任、国家教育考试指导委员会专家组成员等职。

家长要做好这四件事

家庭教育关键点

·做父母的"四大要务"：
了解孩子,反思自己,找到方法,自己学习。

·家长怎样与孩子同步成长？
学龄前,给孩子安全感,建立规则意识。

一、做父母的"四大要务"

在我看来,做家长最重要的事情,就是要了解孩子。这是家庭教育最核心、最关键的问题。不了解孩子,家庭教育就会产生各种各样的偏差。学龄儿童阶段,了解孩子的强势智能,激发孩子的学习动机。中学阶段,家长要跟上孩子成长的节奏。

这个问题虽然已经谈过很多次,但我感觉相当多的父母并不真正了解自己的孩子,而且,孩子越大,父母就越不了解孩子。因为要想真正了解孩子很不容易。

首先,一个孩子有很多不同的方面。家长平时关注比较多的是孩子的性格特点,但与孩子学习相关的一些特点则不大了解。比如,按照现在的智能理论,不是每个孩子在每一个领域的智能都能同等发展。那么,你的孩子的强势智能领域在哪里？是在语言方面,还是在逻辑数理方面,还是在社会交往方面？孩子的兴趣领域又在哪里？孩子的学习潜能有多大？等等。

有些家长不了解这些与学习相关的特点,只是一味地给孩子提要求,要求孩子成绩要拔尖。但事实上,可能孩子的学习能力没有那么强,再怎么努力也做不到,结果家长、孩子都很难过。

每个孩子都是不同的,家长要对自己的孩子有基本的判断,找到孩子能力领域、兴趣领域、学习潜力等的最佳结合方式,避免对孩子的学习提出过高要求或者过低要求。对孩子感兴趣的、有潜力的领域要适度引导,要求可以高一点;对孩子不感兴趣的、没有潜力的领域可以放弃;如果是孩子虽然不感兴趣但必须要学的,可以要求低一点。

其次,不同年龄阶段的孩子也有不同的需求和特点。总的来说,孩子从婴儿期到高中阶段,从安全和基本教育的需求到基本学习的需求,再到过渡期,再到更多自己思考的需求,这样一个个阶段上升,每个阶段都会对父母提出更多、更高的要求。所以,家庭教育中每个阶段孩子在想什么,家长能不能了解,就是个大问题。实际上,很多父母从很早开始就不理解孩子了。

了解了不同阶段孩子的特点之后,家长要做的第二件事就是反思自己。了解孩子意味着对孩子能够做出比较确切的判断,反思自己就意味着要对孩子提出合适的、恰当的要求。父母要根据孩子的具体情况,反思自己的期望、要求是否合理,是否适当。如果提了很多不当的要求,就会产生反作用。所以,父母要对自己的想法做出实事求是的判断,哪些想法对,哪些想法错,哪些想法需要调整。

做父母的第三个要务是要找到合适的方法。否则即使了解了孩子,但如果沟通、处理问题的方式不妥,也会产生问题。

第四个要务是父母自己要学习。因为孩子每天都在学习,接触老师、同学的过程中,不断会有新的东西进来。他思考的很多问题可能是你以前都没有好好想过的。家长如果不学习,就没有能力不断了解孩子的想法,更加没有能力指导孩子。

二、孩子成长,家长也要同步成长

(一) 低龄儿童的需求:安全和基本交往的需求

上幼儿园之前,孩子的需求大多是作为人类的基本需求。除了食物、饮水、温暖、安全等物质需求之外,孩子还有一些最基本的交往需求,主要是和父母等家人之间的互动需求,以及由此建立起的初步规则意识。

比如,孩子想要某个玩具而家长不同意,有的孩子就会发嗲,有的孩子会发脾

气,有的孩子会吵、哭、闹。如果孩子用某一种方法成功了,就得到了强化,下次遇到类似问题仍然会采用这种方法。久而久之,这就成为他的"必备武器"了。反之,如果父母告诉他这样做不行,那么他就会换别的办法。

这个阶段家庭教育的常见误区是强化孩子不正确的做法。如果家长有意无意地将孩子不恰当的行为方式强化了,就会让孩子养成不好的习惯。比如,如果父母觉得孩子吵闹很烦而让步,时间长了孩子就养成了喜欢吵闹的习惯;如果父母觉得孩子自己吃饭太慢而喂饭,时间长了也变成吃饭时要处处迁就孩子了。

　建议:家长要给孩子安全感、建立规则意识。　

家长要认识到,从更广阔的角度看,家长如何对待孩子的行为会涉及孩子今后的社会融入问题,因此要有意识地培养孩子应对社会的一些简单规则:喜欢一样东西该怎么表达、怎么得到,犯错误时会得到什么样的对待等。

这个阶段父母在家庭中首先要给孩子的第一个要素是安全感,让孩子感觉到在父母那里是能得到最大的安全的。另外一个要素是要满足孩子基本的交往需求,并建立最初步的规则意识。

(二)学龄儿童的需求:学习的需求

孩子进入幼儿园、小学后,就出现了另外一种需求——学习的需求。学习需求在不同的孩子身上会产生分化。同样的知识或技能,有的孩子掌握得快,有的孩子掌握得慢。随之而来会产生各种问题:兴趣的问题、悟性的问题、能力的问题等。

这个阶段家庭教育的常见误区是围绕学习产生的矛盾。家庭教育中的核心问题是家长和孩子在对待学习需求方面的矛盾问题。一般来说会有三个方面的问题:

第一个是学什么、学多少的问题。在这个问题上,很多家庭都是完全根据家长的意愿来决定,很少考虑孩子的想法、兴趣、爱好。有的家长甚至会用粗暴的方式,例如打、骂、惩罚等来逼迫孩子就范。这时,孩子就会感觉到,以前和父母之间建立的安全感、信任感开始下降了。

第二个是学得好不好的问题。家长有时会觉得孩子学得不够快,不够好。

第三个容易发生矛盾的问题是时间如何分配。孩子喜欢玩,希望不受拘束地玩,但家长从另外一个角度看,觉得孩子应该多学习,学得越多越好。一个要玩,一个要学,时间分配上就产生矛盾了。

以上三个问题都是围绕学习产生的矛盾。

╬建议：了解孩子的强势智能，激发孩子的学习动机。╬

家长希望孩子学的东西孩子却不想学，为什么？很重要的原因之一是孩子的学习动机出了问题。

怎么激发孩子内在的学习动机？有的家长用遥远的未来激励：小时候不好好学习，长大了就找不到好工作；还有的家长用不远的将来激励：你这次考试考100分，我就奖励一样东西。

到底用什么方式激励孩子的学习兴趣，应该成为家长要考虑的大事，而且也应该和每个孩子的具体情况相联系。

比如我遇到过一个孩子，很聪明，也很要强，他希望自己在每个领域都能做到最好。他的成绩只是不错，算不上最好，不过他看了很多其他方面的书。有些人觉得这个孩子兴趣广泛，但我感觉不一定是这样。他可能是因为觉得自己在某一个学科上不能超过别人，就用广泛的知识面来维护自己的优越感。所以，只有真正了解孩子，才能再谈如何激发孩子的内在动机。

前面说过，不是每个孩子在每一个领域的智能都能同样发展，所以家长要了解孩子的强势智能，有针对性地进行引导和激发孩子的兴趣。

（三）中学阶段需求：独立思考的需求

到了初中，孩子逐渐进入了过渡期。这个阶段除了前面的几个需求继续存在之外，孩子一方面对性别的感觉更加强烈，另一方面对社会、对学习从原来没有怀疑、以接受为主，发展到要自己思考、分析，逐步形成自己的思想、自己的判断。这也能解释为何在这个阶段出现了叛逆期。

到高中以后，基本上孩子性格也成型了，对社会也有了一定的思考，价值观、世界观初步形成，有些孩子对自己的前途都有了比较明确的想法。

这个阶段家庭教育的常见误区是，家长认为孩子不听话就是叛逆。对孩子的"叛逆"，有些家长的想法是：第一，我讲的就是对的；第二，即使我讲的不对，也是为你好，你应该理解我的不对。这对孩子来说其实是过高的要求。

中学时母亲和孩子的关系往往会出现矛盾，因为母亲往往停留在提供后勤保障阶段，只关心孩子的生活和学习，但当孩子思想上需要父母更多关爱的时候却给不了，这就产生了矛盾。

 建议:家长要跟上孩子成长的节奏。

这个阶段,如果家长跟不上孩子思考的节奏,没有能力来指导孩子,那么家长在孩子心目中的威信就降低了。所以家长一方面要不断和孩子沟通,认真倾听孩子的想法,了解孩子在想什么;另一方面也要不断学习,提升自己的思维能力和视野水平,才能跟得上孩子的发展需求。

爱的艺术

徐向东

上海市特级校长。现任上海交通大学附属中学校长、上海交通大学附属中学嘉定分校校长、上海交通大学附属中学闵行分校校长。兼任上海市政协委员，上海市人民政府督学，教育部中学校长培训中心兼职教授，上海市高中教育管理专业委员会主任，上海市实验性示范性高中校长联谊会会长。他主持的高中生生涯规划研究项目获得首届国家级基础教育教学成果奖二等奖。主编《高中生涯规划》等5本著作。

孩子的生涯规划，家长怎么"掺和"最有效？

> **家庭教育关键点**
>
> · 怎样帮助孩子进行生涯规划？
>
> 里应外合，知己知彼，动静相宜。

高中生生涯规划，很多家长在孩子读高中的时候基本不会思考，直到孩子开始填报高校专业志愿了，才感觉迷茫。面对众多高校的不同专业，家长开始进入"选择性恐慌"的状态，方才意识到生涯规划的重要性。如何消除这种选择性恐慌，是众多学生家长面临的现实问题。我建议家长尽早尽快配合高中学校做好孩子的生涯规划教育，其中有几个关键词需要明确。

一、"里应外合"

高中阶段学生的生涯教育需要受学校和家庭的双重引导。学生的价值取向、情感态度、道德认知与发展路径都深刻地受到家庭教育的影响。所以，作为影响孩子发展的重要源头之一的家庭教育，家长要积极配合学校开展有利于学生自我规划的生涯教育活动，和校方一起做到生涯教育的"里应外合"。我认为在高中生生涯规划方面，学校毫无疑问应该是主体角色。学校作为专门教育机构，无论是专业队伍，还是教育理论，抑或是教育的方式、方法，都要比家庭教育更加完备，资源也更加丰富。比如上海交通大学附属中学针对全体学生开设的"高中生生涯规划"课程就是系统科学地帮助学生进行生涯规划的重要途径。所以，在我看来，家长一定要积极理解配合学校的教育活动。

　　家长可以用最切实际的行动支持学校的生涯发展规划教育。许多学校都会面对开展生涯发展教育缺少资源的现状。其中，师资队伍就是阻碍学校生涯发展教育的瓶颈之一。家长如果能以最积极的行动参与学校的生涯发展教育，可以在一定程度上解燃眉之急，这一旦形成了稳定的参与机制，就会成为学校的资源，充实了师资的同时，也实现了家校的良性互动。我校成立有"家长讲师团"，每两周都有家长投身于学校的生涯发展教育活动中，家长将自己的工作岗位、职业发展和奋斗历程与同学们分享，极大地拓展了学生的生涯发展视野。

二、"知己知彼"

　　"知己"知什么？站在家长的角度，"知己"就是要了解孩子的能力、性格、兴趣、人格特质和价值观。家长是最了解孩子的人，所以家长应该对孩子的各个方面给予客观评价，可以通过多种途径让孩子知道自己喜欢什么、想干什么、未来希望干什么、能干什么、适合干什么等问题。当然，有些家长担心自己对孩子把握不准，不是很了解孩子的发展方向。这时候，家长不妨与学校保持沟通，或者让孩子做一些气质类型的测验、职业兴趣测验等，便于把握孩子的整体情况，做出相对准确的定位判断。

　　"知彼"知什么？"知彼"就是家长要带着孩子一起了解社会及经济发展趋势、高校专业设置情况、行业就业状况、未来就业机会等，将外部条件与孩子自身的内部条件相匹配。家长可以把自己从事或者了解的职业相关情况告诉孩子；也可以引导孩子向从事与此相关职业的亲友来了解；还可以带孩子一起去国内外的高校进行实地考察；更要鼓励孩子多多参加社会实践，亲自去实践、体验等。

三、"动静相宜"

　　进行"知己知彼"的精准判断和清晰定位后，需要进行生涯发展目标的设定，付诸切实的生涯发展行动。此时，家长需要把握动静相宜，"动"即适时而变，"静"即持之以恒。

　　生涯规划教育的目标是基于对孩子内外定位的一种发展判断。家长要与孩子一起对高中三年整体的和每年度的学习生活目标进行宏观定位，只有这样，才能使

孩子沿着预定的生涯规划目标前行,并持之以恒地坚持下去。有家长和我聊天的时候提到:"我和孩子已经研究规划了三年的大致发展目标,但我们也不能把握学校的课程发展、师资调整和高校的专业变动呀,这可怎么办?"这位家长的担忧不是多余的。

我的回答是"适时而变"。生涯发展目标的确定往往是基于特定的社会环境和条件的。社会整体发展环境、教育的变革等都会对孩子自身的发展定位及目标有影响。条件变了,确定的生涯发展目标也应该做出修改和更新,生涯发展目标的存在只是为孩子的前进提供一个架构,指示一个方向。归根结底,学生才是它的创造者,因此在家长、学校与孩子的沟通下,可以进行适当的调整,这才不至于进入一种死板的桎梏。

当然,家长在配合学校进行生涯规划教育的时候,也要避免进入几个误区:

第一,避免个人主导,要尊重孩子的合理选择。一般来说,家长总以自己阅历丰富、有生活实践经验、对社会的发展把握比较准为由来评价孩子的选择与所做的决定。孩子则更多地考虑是否符合自己的兴趣,能否发挥自己的特长和优势,进而实现自己的远大理想。其实孩子的未来是否成功要靠他们自己去发展,家长不能代替他们去行动,所以家长和孩子应该经常坦诚交流与沟通,帮助孩子做分析、判断和选择,而不要给孩子强加一个模式让他去生活。

第二,避免把学业作为唯一评价标准,要正确对待生涯发展过程中学业成绩和生涯活动的相互关系。我们在学校教育的实践中发现,很多非常有效的生涯活动并不被家长所理解和支持,比如学校开设的生涯课程和提高考试成绩并无必然联系,很多家长就质疑生涯课程是否在浪费时间。如果家长对待学校生涯课程持有此种态度,必将不利于高中生生涯规划教育的顺利推进。

第三,不必过分自我束缚,给孩子一定探索与伸展的空间。有家长和我聊天,曾忧心忡忡地问我:"孩子各科学习成绩都很好,偏偏就是没有最明显的兴趣点,这该怎么办?我该如何帮他找出最适合的发展方向?"我的回答是:"对于这样的孩子,现实的人生就已多姿多彩,将来生活也不会有任何问题,何必一定要逼他接受我们预定的人生?"

总之,高中生生涯发展规划是一个亟待学校和家长关注的教育发展领域,特别在家校合作与良性互动方面,还有很多方式与途径供我们去挖掘与探索。

爱的艺术

谢应平

上海市特级校长。复旦附中原校长，兼任上海市教育学会高中委员会常务理事，中国教育学会高中专业委员会理事，教育部中学校长培训中心兼职教授，上海市人民政府督导委员会特聘专家。

九招激发孩子学习的内在动力

家庭教育关键点

· **激发孩子学习的内在动力：**

　　家长对孩子的期望值要恰当。承认差异,发现孩子的潜力所在。别把孩子当成装知识的"米袋子"。在对的时间做对的事。让孩子体会成就感。要为孩子解决具体问题。用孩子喜欢的方法激发好奇心。别上补习班,鼓励自学+讨论。家长做榜样。

　　很多家长都问我,孩子怎样才能进复旦附中这样的学校? 家长该做些什么? 还有家长担心,孩子不爱学习,总是要家长推着往前走,怎么办?

　　我们都知道,家庭类型多种多样,不能"一刀切",没有一把万能钥匙。我们也不能以能否进重点学校作为评判孩子的唯一标准。不过,有一件事是所有家长都应该花精力去做的,就是激发孩子学习的内在动力。我们看到很多报道,说孩子产生了厌学情绪,高考之后撕书烧书等,这些都是很可悲的。

　　那么,如何才能激发孩子学习的内在动力呢? 我觉得家长可以从这几个方面进行一些尝试。

一、家长对孩子的期望值要恰当

　　我以前带学生去农村学农时,看到孩子们在果园里摘苹果。孩子们蹦着、跳着从树上摘下苹果,有时用水冲冲,有时洗也不洗,擦擦苹果皮就把苹果吃掉了。再看看这些孩子平时在家里吃水果,都是家长把苹果削好了,再切成片,摆在果盘里,牙签插好了,递到手上,孩子们还一副懒得吃的样子。

这就是我们说的"跳一跳摘到的苹果"。孩子的学习也是一样。家长要把对孩子的期望值设置在合适的水平,既不要大包大揽,直接把"苹果"送到孩子手上,否则孩子就没兴趣,又要确保这个目标是孩子跳一跳能够到的,否则就会让孩子失去信心。

二、承认差异,发现孩子的潜力所在

有些家长喜欢攀比,总说:"别人家的孩子怎么那么聪明?""人家第一名,你呢?"这样孩子慢慢就形成"我比别人笨"的心理定式,甚至产生了"妈妈喜欢别人"的抵触情绪。

家长不要攀比,要以自己孩子的实际情况为基础。孩子现在能跳 1.2 米,那 1.3 米就是比较合适的目标,千万不要因为别的孩子都能跳 1.5 米了,就要求自己的孩子一定也要跳那么高。

家长要发现自己孩子的特点和长处。人是有差异的,要承认差异,要了解自己的孩子在什么方面更有潜力、更有优势。不要只是为了自己的面子逼着孩子读书,在压力下读书孩子是读不好的。

三、别把孩子当成装知识的"米袋子"

到底什么样的孩子是好孩子? 是不是只有考了 100 分的才是好孩子? 如果孩子为人很好,动手能力很强,常爱提问题,那也是好孩子。家长要寻找、激发孩子的优势项目,在这方面多鼓励孩子。

其实家长要想明白,你是要培养一个装知识的"米袋子",还是要培养一个完整的人? 或者说,你希望自己的孩子是知识型的还是智慧型的? 如果是要培养智慧型的孩子,就少一些灌输,鼓励孩子多问几个为什么,对孩子的问题千万不要回避,甚至孩子不问,你还要启发他问。提早认识 ABCD 不如让孩子多问几个为什么。

四、在对的时间做对的事

孩子的学习能力发展是有规律的。13岁以前，孩子的形象思维、直觉思维、模仿能力比较强，这个阶段学语言最合适。比如小学背古诗就比大学再背要容易。到了高中，抽象思维、逻辑推理能力发展起来了，再学数学等学科会更容易。但是现在很多家长倒过来了，小学学奥数，高中背外语，这就错过机会了，事倍功半。教育应该让孩子在合适的年龄做合适的事。

五、让孩子体会成就感

我个人觉得，家长在学习上不要大包大揽，但是在培养孩子自信、自强这方面要有意识的作为。

莫言为什么会喜欢写作？他自己回忆说，就因为小学三年级的语文老师很喜欢他，把他的文章当做范文读了出来。我为什么会喜欢数学？我读中学的时候，有一次在全班第一个做出了老师布置的难题，老师从讲台上走过来，摸摸我的头问，你现在的感觉是不是比吃一颗糖还高兴？我说是的。从此以后我就喜欢上了数学，认为自己数学行。

很多人都有过类似的经历。这给我们一个启示：小孩子要鼓励，要给他成功的体验，培养孩子的成就感。有成就感孩子才会有兴趣。

作为家长，培养孩子的自信心还有一点可以做，就是让孩子做家务，让他自己的事情自己做。

六、要为孩子解决具体问题

对家长来说，对孩子只有鼓励也不够。在孩子遇到困难时，如果你只是在旁边说"我相信你""你一定可以的"意义也不大，要帮助孩子解决一些具体的问题。

比如，有的孩子刚进小学时做数学口算题比较困难，家长可以借鉴体育训练中"分解动作"的做法。40道题目，孩子一下子做不完，家长可以把题目分成8组，每组5道题，做完一组再做一组。可以用"限题计时"提高效率，譬如每做对5题的时间记录比较，或者用"限时计数"的办法，给他10分钟看他做对几道题。这方法同样适用于抄写词汇等作业。

这样就把一个比较困难的大任务分解成若干个小任务。化难为易,化繁为简,是教师和家长帮助孩子克服畏难情绪,体验成功、提升自信心和兴趣的有效方法。

七、用孩子喜欢的方法激发好奇心

保护和激发好孩子的好奇心对于激发学习动力也非常重要。

我记得小时候,生物老师教我们养小球藻,在一个广口瓶里放上自来水,每天往水里吹气,慢慢水的颜色变绿了;还让我们把蚯蚓剪成若干段后埋入泥土里,观察如何慢慢长成一条条蚯蚓……我觉得像变魔术一样神奇,因此就想长大了要做生物学家。后来物理老师教我们做矿石收音机和晶体管收音机,当自己装的收音机接收到广播那一刻真的很兴奋,我又想做无线电发明家。

其实这些动手的小实验也是家长可以带孩子做的,对于培养孩子的学习兴趣、动手能力、探究习惯非常有用。

此外,还有一些用游戏学数学的方法,比如小一点的孩子搭积木,从中可以了解三角形、长方形、圆、半圆等图形概念和红、绿、黄等颜色概念,还能养成观察、记忆、想象、合作等习惯;大一点的孩子可以用扑克牌算 24 点,等等。

八、别上补习班,鼓励自学+讨论

对于补习班,我认为:不要去读,浪费钱是小事,浪费了孩子的时间和精力更得不偿失。若养成孩子对补课的依赖性,养成上课不认真听讲的习惯,损失则更大。而且现在很多补习班鱼龙混杂,资质也值得怀疑。

我主张学生自己有问题去找老师、同学或家长问,而不是固定一个时间请老师来给学生补课。这就是自主学习和被动学习的差别。

我也提倡同伴之间讨论互助。自己学会的东西,教别人一遍,自己领会得更深,而且讨论可以产生新思路、新方法。所以,讨论的结果是双赢的,孩子的沟通能力、合作意识也能得到培养。

九、家长做榜样

一个人的成长需要三条途径:自我学习、同伴合作、专家引领。自我学习和同伴

合作刚才已经谈到了,"专家引领"的这个"专家"对小朋友来说,不仅包括老师,还包括家长。最好在孩子学习时,家长不是跑去看电视、打麻将、跳舞,也不是站在门口看孩子是否在写作业,而是坐在孩子身边一起看书、学习。

现在流行一句话:一流的家长做榜样,二流的家长做教练,三流的家长做保姆。我发现学生当中凡是发展得比较全面的,有自己想法的,都是家庭比较民主、平等的。家长和孩子是讨论式、启发式的,不是灌输式、压制式的。家长有什么事情会和孩子讨论,陪伴孩子成长,是良师益友。这种家庭氛围的作用是潜移默化的。

爱的艺术

徐 红

上海市语文特级教师，上海市特级校长。现任上海市
实验学校校长。荣获"长三角最有影响力校长""全国科
研型校长""全国特色学校先进工作者"等称号，享受国
务院特殊津贴。主要著作和主编的作品有《护长容短——
我的教育随笔》《教师专业发展的理论与实践研究》《谁
是教育的敌人》《新教师百问》《时文阅读》《上海名师
课堂——中学语文徐红卷》等。

家长选学校就像谈恋爱，别总盯着高富帅

家庭教育关键点

· 怎么选择学校？

为孩子寻找合适的学校，先要了解学校。

· 怎样进行家校配合？

保持家庭幸福美满，积极参与学校工作。

· 培养孩子要"护长容短"。

· 天才儿童需要培养自主学习的能力。

一、选择学校：问"清华、北大"的家长，别选实验学校

每年我都会对所有想报考实验学校的家长进行宣讲，目的不是为了进行招生宣传，而是为了让家长深入了解这所学校。

我经常打比方，家长找学校就像谈一场恋爱。很多人找对象总想找个"高富帅"，但实际上如果自己不是"白富美"，找个"高富帅"就有得苦了。我们家长在给孩子选择学校的时候也是一样，要找最合适的对象。

有的家长上来就问我："你们学校将来考上清华、北大的有多少？"对这样的家长，我一定会劝他不要到这所学校来。如果一个小学一年级学生的家长，就已经把学习的目标定在考清华、北大，那他的教育观念一定是有问题的。因为我们到学校是来学习的，不是为了考试的。

学习的意义和价值是:学习有意义的东西,并且有意义地学习。这才是本质的东西,否则就是违背了教育的本质。在我看来,这些做好了,也一定能考上很好的学校,这是自然而然的,而不是刻意追求的。

所以,家长给孩子选择学校首先要了解这所学校。我的宣讲会把这所学校的特点、家底完完整整地告诉家长,然后家长就会有所选择,这场"恋爱"才有较好的结果。

二、家校配合:当好教育孩子的"合伙人"

孩子进入学校后,家长要做的第二件事,是如何与学校相互配合。就像谈恋爱一样,一旦了解了对方、组建了家庭之后,大家就要共同努力。同样的,孩子进入我们学校后,一待就是10年,这10年就好像进入"婚姻"状态,学校和家长要共同努力经营这个家庭。所以我把家长视作教育的"合伙人"。

我经常跟家长讲,你要保证自己的家庭在这10年中幸福美满,这也是孩子健康成长需要的氛围。

在我们学校,所有的工作家长都是可以完全了解到的,家长对我们学校的工作参与度也非常高。

例如,几乎所有学校都会遇到的问题,就是学校门口的交通问题。家长开车送孩子容易造成堵车。我们的家长就想办法解决这个问题,家长志愿者在校门口维持交通秩序。当学生家长的车来了后,家长志愿者会做三个动作:开门,把孩子牵下来,然后送到安全通道。这个过程中,他们还会和孩子打招呼:"小朋友好!"这件事家长都是轮流做,今天我开你的车门,向你的孩子问好;明天你开我的车门,向我的孩子问好。这样就形成一种共识:我的孩子是大家的,大家的孩子是我的。

每年上海马拉松比赛都有我们学校的家长组队带着孩子去跑,2015年有60多个。每年家长还会自发组织带着孩子到贫困山区去支教,2015年有20个家庭自己策划、自己组织,还举行分享会。此外,我们学校每个学期都有家长课程,都是家长自己讲授。

家长们也都变成了好朋友,组成了家长合唱团、家长足球队、家长马拉松队等。这种氛围下,家长不会仅仅关心孩子的学习成绩,还会更关心孩子的健康成长。

三、培养孩子：不要取长补短，要"护长容短"

每一个生命都有天赋才能，有自己的长处。但往往是天赋、特长越突出的人，在另一方面的缺点、短板也越明显。毕竟，上天是公平的，没有人可以十全十美。但我们现在的教育往往只注重孩子在学习方面的"长"，这种"长"得到了爱护，但其他方面的"长"都被扼杀掉了，比如想象力、画画能力、动手能力等。

教育的本质就是帮助孩子发现自己的天赋潜能，帮助孩子通过学习和实践将潜能发展成优势能力。人生最幸福的莫过于做一件自己喜欢而且擅长的事情。如果我们让孩子们在接受基础教育后变得一无是处、一无所长、一无所用，扪心自问，我们岂不是做了让聪明人变成傻子的事吗？

我们以前常说"扬长避短""取长补短"，但现在却常常做"削长补短"的事，如有一点非高考科目的特长，就早早被扼杀在萌芽中。有一些违逆升学常态的个性，就被当做反面教材。我不得不自造一个新词叫"护长容短"。为什么要"护长"？因为我们现在的教育把"长"都扼杀掉了。为什么要"容短"？因为很多特长都有相应的短板，把短补了，长处也消失了。比如有创造力的孩子一定有破坏性，如果破坏性的缺点改掉了，那么创造力也丧失了。所以我们一定要"容"，等到他的创造力变得很强大之后，他的破坏力自然而然就没有了。

要珍惜每一份天赋潜能，宽容每个人身上或多或少的个性或者短处，不要把个性问题都当做"德育"问题来对待。

四、对天才儿童：给时间、空间、资源，少教为好

对于天赋很高的孩子，我一直觉得我们还是少教为好，不如培养孩子自主学习的能力。我们要给予这些孩子充分的时间、空间和资源，这样对孩子是最好的。否则，如果大人硬要去教，反而可能限制了孩子的发展。可以想象，如果每一个生命将其天赋潜能充分展示出来，天才辈出的春天即将来临。

姜乃振

中学高级教师。退休前担任复旦二附中常务副校长，兼任复旦大学高等教育研究所硕士生导师。主持学校工作的十年间，极力推行有宽度的教育，并主编《严谨开放，自主创造——百年复旦背景下的校园文化建设》一书。

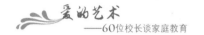

孩子成长中,对宽度的追求更重要

家庭教育关键点

· 孩子成长中,对宽度的追求更重要。

· 学习阶段可"先放开,再收拢"。

· 培养孩子的"三大法宝":

课外阅读,运动,实践。

无论是在培养儿子过程中,还是在培养学生过程中,我的教育观可以概括为"一、二、三、四"。"一"是一个核心观点,即"孩子成长中,对宽度的追求更重要"。"二"是基础教育的学习分为两个阶段,采取"先放开,再收拢"的做法。"三"是通过三个维度来培养孩子的宽度。最后,送给大家在处理亲子关系中的四点小贴士。

一、一个核心观念:孩子成长中,对宽度的追求更重要

在初三和高三前,我不要求儿子太计较分数。在测试中,他做不到滴水不漏,我也不要求他滴水不漏。但我关心一点:学懂了没有?在学懂的前提下,哪怕这里丢掉几分、那里丢掉几分,都问题不大。

我觉得在学习过程中,如果要做到滴水不漏,需要牺牲的东西太多了。比如,可能要牺牲掉很多课外阅读或者文体活动的时间;牺牲掉对众多学习领域的热情;牺牲掉体质;甚至可能造成性格中的战战兢兢,不大气。

和分数相比,一个人学习成长的过程中,对宽度的追求太重要了。有宽度,才有

学生生活的丰富多彩,而幸福感往往在丰富多彩中得以实现;有宽度,才有将来专业方向的选择性;有宽度,才有将来研究问题时的左右逢源、触类旁通,因而也才会有创新。

二、两个阶段:"先放开,再收拢"

当然,我从不说绝对不要分数,而说"不仅仅是分数",不能只看到分数,也要看到分数以外的东西。对于知识学习,我的总原则就是"先放开,再收拢"。在低、中年级不妨放开一点,让孩子能学得宽一点,"活"一点,学科上不求滴水不漏,也不求"先走一步"。

（一）放开阶段

我儿子初中从预备年级到初二,全年级 180 人,每次考试他一直在年级 60 名左右。我觉得可以接受。我不盯他的成绩,而是盯他有没有坚持课外阅读,有没有坚持体育锻炼。

我很反对学奥数,我儿子始终没有学过奥数,也没有进行过提前学习,就是跟着班级进度学。对并非天才的孩子而言,提前学习和学奥数都会有问题,让孩子在过于狭窄的学科里面深挖洞,就势必会牺牲宽度。

我觉得孩子在成长阶段,宽度一定比深度重要,深度可以在以后选定专业方向后慢慢再挖,但在学习过程中如果牺牲宽度去深挖洞,肯定不值得。

（二）收拢阶段

前期的"放开"就为让孩子获得实现宽度的机会,而到高年级就得"收拢",就得严密整理考点。到初三,我跟儿子说,你可以"收拢"了。

为了帮儿子"收拢",我当时有个比较特殊的做法。那年,复旦大学正好给我增配了一套小房子,距离我本来住的宿舍很近。每天晚上吃好晚饭,我就把他带到这个小房子去,我工作,他学习。那里没有电视,没有电话,绝对安静。我很安静地工作,他很安静地读书,对每门学科认真复习整理。那一年,他的成绩突飞猛进,眼看着成绩往上跑,一个学期下来就到年级 20 来名了。

在我看来,初中这点知识,只要孩子智商正常,都应该拿得下来。经过初三一年比较严密的知识点整理,儿子确实也基本上做到了滴水不漏。

高中我还是同样的观点。高一、高二我只关注:你坚持课外阅读了吗? 坚持体育锻炼了吗? 班级中你和同学们关系处理得好吗? 在这个前提下我也不大在乎他

的名次。

进入高三时,我和儿子认真谈了一次,把他面临的情况分析给他听。这时他已经长大了,不用我再带他到小房间去学习,自己就会踏踏实实地去学了,后来他稳稳地考取了复旦大学。

三、培养孩子宽度的"三大法宝"

我反复强调孩子成长过程中宽度更重要,那么如何培养孩子的宽度?

（一） 课外阅读

我很重视儿子的课外阅读,他的阅读量很大:文学的、历史的、科技的……我都有意识地引导他读。

儿子在大学是学理科的,但对历史和文学的爱好一直持续到现在。2014年他带我们夫妻俩去德国玩,路上我们父子一起把《德意志史》读完了。2015年他带我们去匈牙利、奥地利和瑞士,我们又一起把哈布斯堡王朝的历史也读完了。边读书、边游览历史悠久的国度,我们的体验比别的游客丰富得多,也快乐得多。

我提倡阅读,因为阅读的过程就是自主学习的过程,当阅读成为习惯,也就是自主学习成了习惯。我们学校从2006年开设专课专用的"课外阅读与家庭劳动指导课",并排在课表里,要求孩子在初中四年实现至少1 200万字的阅读量。

（二） 运动

我关心儿子的体育锻炼有个客观原因:他小时候个头小,我怕他不爱运动以后长不高。儿子小学四年级时,学校让学生报兴趣小组,选择有奥数、英语等。我鼓励他报篮球。后来他一直保持着打篮球的爱好,到大学都还是院队主力。他还喜欢散打、游泳等运动。现在在香港还保持每天运动一小时的习惯。

我的观点是,运动很重要。在学校管理上我也遵循这个想法。所以,复旦二附中很强调学生的阅读量和体育运动。我们学校操场不大,但装满了篮球架,因为初中生最适合打篮球,篮球是向上的运动,利于身体成长,又是团体运动。复旦二附中的学生篮球打得很好。

（三） 实践

我们在"课外阅读与家庭劳动指导课"中把家庭劳动也放在里面,要求学生在家里做点力所能及的事情,这也是一种责任感的培养。我对儿子也是这样要求的,必须承担家庭的一部分责任。

我们要求学生要学一定的家务劳动技能。初中预备年级上学期要学会洗衣服;下学期要学会种植花木;初一上学期要学烹饪,要会烧一菜一汤一主食。烹饪课到最后,三四个人为一小组到其中一人家中,大家各自献出自己的手艺,最后围在一起共享劳动成果。家里的大人负责摄像,最后验收就是在教室里播放这些录像,孩子们在下面看得哈哈大笑。这会成为他们很美好的人生回忆。

我的观点是,孩子要学会自理,要学会关心他人,而且首先要学会关心家人,这样以后才能关心同事,这样走上社会与人相处才不成问题。

另外,我们重视学生和社会的交往。我们学校有一个采访系列,每个孩子要经历三次采访:预备年级采访家长,初一采访学长,初二采访学者。三次下来,对学生的锻炼很大。学生需要准备事先的计划,过程中注重沟通,采访后还需归纳整理,最后还要汇报。

因为和复旦大学的关系紧密,我们的孩子近水楼台先得月,采访过的学者中包括很多鼎鼎有名的大人物,比如谈家桢、杨福家、葛剑雄等,对孩子们来说也是一笔宝贵的人生财富。

在放开阶段,复旦二附中的学生要做许多事:读这么多书,做那么多采访,另外,还每月一次听学者讲座,组织在市内行走体验,到云南、贵州、宁夏行走体验等。所以我们的学生比别人幸福,发展后劲也足。

亲密亲子关系的四点小贴士

1. 家人充分交谈的氛围非常重要

做老师有一个职业优势,就是有正常的作息时间,每天晚饭全家人都可以一起吃。我家每天晚饭时间就是全家人充分交谈的时间。家里充分交谈的氛围对孩子成长是非常有用的,对亲子关系也非常有益。我和儿子关系一直都非常好,几乎无话不谈。

2. 好父亲的威信不用武力建立

因为沟通充分,儿子长这么大,我一次都没打过他。哪怕他有点错误也是在我容忍范围内,不用打他。还有些错误,我会严厉批评他,他能明白,就没必要打了。事实上我父亲也从没打过我。

3. 必要的规则意识一定要建立

尊重和沟通不意味着无原则,孩子的规则意识一定要建立。我对儿子的原则是,讲清道理的前提下寸土不让。比如,儿子进初中后,我给家中电脑设了密码。我对儿子说:"我知道你有能力解开密码,但如果你解开密码偷偷玩,那我就把电脑搬到学校去,你就没有电脑玩了。如果你遵守规则,我周六或者大考结束后可以把密码解开让你玩半天。"儿子果然遵守了这一规则。

4. 做人的道理要言传身教

我母亲再过一个月就98岁了,她和我们住在一起。我们对母亲都很孝顺,而且从小就要求儿子对奶奶有礼貌,照顾奶奶。他读初中时,我们就要求他双休日天气好时要推奶奶到公园去晒太阳。这已是形成了多年的习惯,现在他从香港回来,如果天气好还会推奶奶出去,对奶奶很亲热。这几年还尽量找机会带我们出国去旅游,心中有父母。

徐永初

　　上海市正高级教师，上海市特级校长。现任上海市第三女子中学校长。兼任上海市妇联执委，中国陶行知女生专委会副会长，上海市兼职督导。她本着现代教育理念，带领教师追求"优质女生教育，优雅教师形象"。她注重学校文化建设，育人目标明确，管理理念先进，带领学校不断传承发展和创新，使女校特色更加凸显，形成多元、开放、具有国际视野和女校特点的学校课程体系，成为女子教育窗口学校，发挥了示范辐射作用。

爱的艺术

适合女孩的情意蕴育和思维引导

家庭教育关键点

· 家庭幸福的女孩不容易早恋。

· 关注女孩叛逆期的情绪和行为表现。

· "女汉子"不足取。

· 女孩思维引导的独特之处:

记忆力,注意力,思维品质,思维方式。

一、最适合女孩的情意蕴育

(一) 别为了躲"早恋"选女校

我们学校是纯女校。一般高一新生入校,我们会进行一个调查:家长建议或支持孩子报市三女中的原因是什么? 每年都有很多家长的回答是:安全。所谓安全,就是没有男生的打扰,可以专心学习。

但在我看来,这恰恰是我们学校比较欠缺的一块。这个年龄段的孩子应该和异性有一定交往。所以,如果你问我女校最遗憾的是什么,我会说是高中三年没有男同学,因为中学阶段的友谊是最纯真的,今后进入社会也会成为非常宝贵的人际交往经验。

在国外,女校周边都会有一所男校,两所学校学习、管理、课程分开,但很多主题活动是一起进行的,既因性施教,又尊重年龄的特点。国内现在不具备这个条件,为了弥补这个遗憾,我们会跟姐妹学校、男女混校一起组织校际活动;还通过开放式办学,增加学生和外界接触的机会。

我们还开设了心理课"怎样与男性交往",我们"教育剧场"课程在戏剧实践中,男性的角色都是由女孩子来反串的。通过角色扮演,她们体会到不同性别的思维差异,学会了换位思考。

在高中这个年龄段,男女生之间互相向往的情感是正常的,我们要尊重他们,但是要讲清楚,怎样的交往是积极健康的。异性交往要有度,越了界限则后患无穷,而且受害的是双方。现在的孩子其实非常懂事,都能理解。

(二) 家庭幸福的女孩不容易"早恋"

如果家长真的想要避免孩子"早恋",更好的方法是营造幸福温馨的家庭氛围。特别是女孩的爸爸,要更多承担起父亲的责任。父爱可以弥补青春期的女孩对男性的憧憬,父亲的表现也会给女孩今后寻找另一半树立标杆。

如果一个家庭氛围很温馨,而且爸爸很出色,女儿一般都不会早恋。但如果在女孩青春期时,爸爸对孩子不管不问,对妻子也很疏离,女儿就可能把自己封闭起来,或者容易早恋以填补情感空缺。

另外,不管是男孩还是女孩,爸爸带孩子自有独到之处。有的妈妈管得比较多,不允许孩子失败。而父亲比较"粗线条",会给孩子一定的空间独立思考判断。所以,我很建议父亲多承担教育职责。

(三) 如何应对女孩的叛逆期

有时,叛逆期的孩子会有些极端的语言或行为,女孩子也会有。父母这时一定要有自控能力,否则矛盾就会深化。

有的家长看到孩子和自己顶嘴,会很伤心,觉得孩子没良心,甚至也和孩子对吵。其实,每个孩子都是善良的,一些过激行为只是这个年龄段孩子的逆反表现。如果父母从这个角度思考,就会反思自己的过激行为,让自己冷静下来,跟孩子好好交流。

有时候我们和孩子谈到家里的情况时,孩子会哭出来,因为这触到了她内心最柔软的地方。她顶撞了家长心里也是后悔的,但她也有自己的委屈,出于自尊,不肯在家长面前表现出来。

其实,女孩在成长的过程中会面对很多心理困扰,比如考试焦虑、体相焦虑等。因为女孩比较敏感,比较关注外界对她的评价,所以她的情绪和交往能力都会影响她的学习成绩。所以,家长和老师交流时不要只是关注成绩,还要关注孩子的情绪

和行为表现。有时孩子向家长抱怨一些事情,家长也要静心听一听,积极回应。

（四）不想让自己的女儿成为"女汉子"

现在社会上有种说法叫"女汉子",虽然有戏谑的成分,但是也值得反思。我们学校不是培养"女汉子"的,我们希望培养的是独立、能干、关爱、优雅的女性。这样的女性"上得了厅堂、下得了厨房"。她能干大事,也善于处理小事;在职场上可能叱咤风云,但在家庭里又是很好的妈妈、很好的妻子。换言之,她的工作能力不比男性差,但是该展现女性特征时也能最充分展现。

现在还有种流行的说法叫"女孩要富养"。我觉得"富养"的含义不是说物质生活上的富养,而是一种精神上的富养。我把我们的小女孩比喻成一棵小树苗,那市三女中一定要给她最好的空气、最好的生长空间、最好的土壤,比如各种讲座、高雅艺术教育、各种社团活动等。

对家长来说也一样。家庭的富养就体现在家庭的氛围,有没有给孩子独立思考的空间,有没有平等对话,有没有尊重她的思想、她的独立表现。家庭的土壤我觉得就是家庭的历史、父母的理念,包括家长为人父母在孩子面前的表现。

另外,作为女孩的家长,一定不能忘记要培养女孩的关爱之心。这是女孩未来发展的核心之一,一个没有爱心的女子是不会受欢迎的。

家长们要明白,少女时期的教养方式,将奠定女孩未来一生的幸福基石。

二、最适合女孩的思维引导

男孩和女孩的思维特点、学习特点也是不同的。市三女中通过对女孩的成长研究、过程研究,大致上明晰了女孩的成长轨迹,得到了一系列有价值的判断。这些成果对家庭教育也同样适用。

比如和学习相关的几个方面的思维特质,女孩有自己的特点,父母和老师要根据这些特点加以相应的引导。

（一）记忆力

特点:女孩一般偏重于机械记忆和形象记忆,记忆面广量大,短期记忆较优,但因此也影响了长期记忆的效果。

引导方式:知识可以螺旋式上升,记忆可以螺旋式加强。女孩子对知识点的掌握更倾向于循序渐进,所以家长不要只关心结果,还要在孩子学习的过程中多鼓励,培养自信,关注其学习方式的特点,寻找适合自己的学习方式。

（二）注意力

特点：女孩的注意力多定位于人，对人际关系很敏感。男孩的注意力多定向于物，并且喜欢探究物体内部构造的奥秘，但注意力的稳定性稍差，上课时易分心。

引导方式：女孩听课时容易受到教师情感的影响，情绪波动幅度较大。所以我们经常要求老师不要把个人喜好、个人生活当中碰到的困惑带到教室。同样的，家长在单位、生活中也会碰到烦心事，在女孩面前一定要处理好，避免引发孩子的情绪波动。

另外，家庭变故对这一年龄段的男孩影响相对小一些，但对女孩影响相对要大。对于离异家庭来说，父母要谨慎处理，让孩子知道这是成人之间的问题，不会影响到对孩子的感情，孩子也一样可以成长得相当好。

（三）思维品质

特点：女孩偏向于形象思维类型，富于想象力，但思维的灵活性不够。男孩偏向于抽象思维类型，有较强演绎、归纳能力，思维的灵活性较好。

引导方式：女孩的思维方式决定了她们通常比较爱幻想，喜欢艺术。家长，特别是喜欢理性思考的家长，对孩子的幻想不能兜头一盆冷水浇下去，要理解孩子的年龄和性别特点，可以把逻辑思维的训练用艺术、形象的方式加以体现。比如我们学校有一门课是"折纸艺术"，把很多数学中抽象的线条、比例分割、立体结构等变成能够看得到的折纸结构。这样女孩就容易感兴趣。

（四）思维方式

特点：女孩倾向于模仿，处理问题时注意部分和细节，但对全局与各部分之间的关系把握较差。男孩独立思考较多，分析综合能力较优，处理问题时较为重视全局与各部分之间的联系，但对细节注意不够。

引导方式：男孩有时会有跨越式发展，女孩的优势则是稳步发展，家长要理解女孩的思维特点，为女孩搭设小台阶，允许女孩小步走。我们现在评价一个孩子聪明，有时会说这个孩子原来很普通，突然一发力就上去了。这其实是比较倾向于男性的评价标准。

还有一个常见的误区是认为男孩比较擅长理科，女孩比较擅长文科。事实上虽然男女孩的思维差异确实存在，但中学基础教育的知识能力要求，无论是男孩还是女孩都足以很好地掌握。家长如果能掌握不同性别孩子的生理、心理特点，对女孩的要求就会更科学，也更容易调动和发挥女孩的优势。事实上，我们现在的教育，对女孩、男孩的性别特征研究还很不够。其实不同性别有各自的优势，把自己的优势

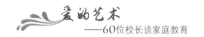

发挥好,都会有非常优秀的表现。

我们每天面对的是一个个鲜活的生命,有理想、有思考、有感情、有独立的人格,内心都潜伏着积极向上的要求、自我完善的愿望。因此,学校、家长都应以学生发展为本,搭建各类学生成长成才平台,为学生提供表达想法的机会,对学校而言也要突破传统的课堂物理时空界限,实现多层次、多线程的立体沟通方式,在学校营造出具有更强的问题性、实践性、参与性和开放性的环境,把学习的时间、空间、思维还给学生,把教室变大、变活、变新,才能唤醒、发掘学生的潜能,促进学生技能和情感的和谐发展。关注学生的生活世界和个性特点,倡导自由探索的氛围,才能促进学生在自由舒展的心灵空间里激发创新思维。也衷心希望我们培养的女孩距离成为一名情志高雅、学识博雅、言行优雅的女性能近一步,再近一步。

爱的艺术

卞贤俊

　　上海市语文特级教师。现任上海市杨浦区控江二村小学校长，控江二村小学教育集团理事长。曾荣获"全国优秀班主任""全国骨干校长""长江三角洲知识产权教育论坛十佳校长"等称号。主编《让学生学会探究》《名师成长与教学创新》等。

避免无效、负向、盲从、非理性的家庭教育

家庭教育关键点

· **什么是有效的家庭教育？**

家庭教育的定位是教孩子学会做人。

· **怎么避免负向的家庭教育？**

信任与支持学校教育，与学校互相配合。

我们现在不难注意到一个现象，就是很多年轻的70后、80后家长，他们的教育理念和上一代的家长相比，已经发生了非常巨大的改变。他们已经认识到教育的本质并非仅仅追求书本知识和分数。但是，他们在现实的家庭教育过程中却往往面临很多纠结：心里想着"素质教育"，真实的行动中付出时间和精力最多的却仍集中在孩子的学业方面；或者在东西方教育理念的巨大差异之间来回摇摆不定；抑或努力寻找自己心目中的"理想教育"而不可得。

过去曾经有一个说法叫"有家教"或者是"没家教"。因为那时候每个家庭子女较多，父母生活艰辛，有的确实关心不到孩子的教育问题。但当下社会，几乎所有的家长都非常注重孩子的教育，"无家教"的情况微乎其微，所有的孩子都"有家教"。但值得探讨的问题是：家教是有效家教还是无效家教？正向家教还是负向家教？理性家教还是盲目从众的家教？

一、有效家教还是无效家教

（一）症结之一：无效家教

什么样的家庭教育是无效的教育？在我看来，如果家长关注的是学校教育的一些学科性的内容,而忽视了家庭教育的亲情关系的优势,忽视了培养学生礼节、生活习惯、待人处事的方式等,就是舍本逐末,是无效的家庭教育。

学校以学科教学见长,以群体的社会化教育见长。有学科类、成体系的、科学严谨的教育,更有学生群体的团队,这些是学校教育特有的优势。但很多家庭教育把学校教育的优势误作为自己的优势,急切地把学校教育的学科教学揽在自己的怀中。

很多年轻家长也知道教育的本质是学会做人,学会求知,学会创造。但往往在家庭教育中,在学会做人这方面仅仅停留在口号上,付出最多的还是对孩子的身体和他的学业的关注。

(二) 对症下药:家教要正确定位

家庭教育的定位要准确。家庭教育、学校教育和社会教育虽然有互通性、相容性,但它们必须得各司其职、不能界限不清。

家庭教育应该是在学会做人这个问题上要做深、做透、做得有效。此外,家庭教育还要特别注重早期教育,要尊重自然规律,尊重孩子身心发展的规律。

比如,按照卢梭的家庭教育理念,6 岁之前的孩子要以感官训练为主,而非以识字、算术等知识技能为主。对学龄前儿童来说,训练感官就像锻炼肌肉一样重要。比如,家长可以把孩子的眼睛蒙上,带孩子到两个不同大小的空房间里,让他自己鼓掌,判断哪个房间大,哪个房间小。又比如,家长带着孩子散步,可以让他估计从这个树桩到那个墙角有多少步的距离,然后再实际量一量有多少步。

尊重自然规律,尊重孩子身心发展的规律,然后施以有效教育。这些感官的教育比学校教育作用大得多。

二、正向家教还是负向家教

(一) 症结之二:负向家教

当下家庭教育的另外一个症结是,家庭教育对学校的集体主义教育、主题活动教育、严谨的学科教育等有所干涉。和上一代没有受过多少教育的父母不同,我们现在大多数孩子的父母都受过良好的教育,他们可以通过对自身受教育的经历的回顾,来干涉学校教育。

事实上,教育是一项非常专业的工作,对于学校的训练体系,家长应该尊重。即便这个训练体系体现出的成绩和我们家长认为的学科素养之间有所差异,也不要排斥,因为这两者并不矛盾。就像弹琵琶,高手可以弹到炉火纯青、行云流水,但在起

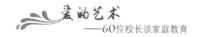

始阶段,还是要有枯燥的、阶段性的指法技能训练。这些训练看上去和琵琶的高境界的艺术不相吻合,但并不矛盾。

(二) 对症下药:家庭、学校不要"拔河"

当然,家庭教育也可以给学校教育提供意见和建议,并相互配合,达成共同的结果,这样教育就是正面的。而父母对学校教育的怀疑甚至指责,就会对学校教育形成反向的牵制力,对于孩子来说是有害无益的。因为学校教育会形成一个特殊的场,家长对学校的不信任和指责会让孩子在这个场中无所适从,不利于孩子的学业和人格的成长。

我们现在强调培养孩子的自主思考能力,强调尊重孩子的个性,殊不知,对低年龄段的孩子来说,培养其"可受教育性"也是非常重要的。

个性与可受教育性是一枚硬币的两面,是一体的。真正的个性不是孩子为所欲为,任意挑战成人的权威,而是在成人权威树立之后,还能有自己的见解,发展自己的长处。如果孩子的受教性在小小年纪就已经被破坏,对于他今后的成长是非常不利的。

我儿子读小学一年级的时候,我已经是校长了,同时也是语文特级教师。但我一直跟儿子说,你的老师教你们这个年龄段的孩子比我更有经验,要非常尊重你的老师。即使真的发现老师有什么教得不到位的地方,我也只在私下和老师沟通,坚决维护老师在儿子心目中的地位。这不仅仅是尊重老师,也是为了孩子的心理健康成长。

三、理性家教还是盲从家教

(一) 症结之三:盲从家教

现在我们经常讲多元价值观,由此我认为,幸福也是多元的。幸福不是可以用一个标杆来衡量的。如果仅仅是从经济这个维度来衡量的话,用一把尺子来标明财产多少的家庭是幸福的,次之的家庭是次幸福的,财产更少的家庭是不幸福的,这肯定是荒谬的。

同样,幸福也不能根据知识、学历来衡量。所谓"幸福的家庭都是相似的,不幸的家庭则各有各的不幸",事实上,幸福也可以有很多不同的维度,每个家庭都可以有自己不同的幸福追求。很多家长对家庭的多元幸福、幸福的本意和幸福呈现的多样性还没搞清楚。虽然家长希望子女幸福,但是怎样的幸福呈现没有想清楚,从而造成了失去理性的、盲目的攀比。

（二）对症下药：关注四方面，为孩子未来幸福打基础

我觉得首先要关注的是孩子的身心健康，这是幸福的第一要义。

其次，需要德才兼备。关注孩子是否有好的品行、善意的取向，是否有怜悯恻隐之心，是否对上恭敬，对下爱护，是否同情弱小，怀揣幸福阳光。

再次，要关注孩子是否融入到集体之中。孩子现在和小伙伴，以后和同事是否能和谐自然相处，是否学会了谦让、礼节、尊重他人、换位思考，能始终想到别人的感受。这都是我们家庭教育为了孩子的真正幸福要关注的。

最后才是关注孩子的个性特长，及其社会需要的融合度的问题。

四、中式家教还是西式家教

（一）症结之四：西式家教

家庭教育中出现的第四个问题是，中国传统文化精神没有得到很好的梳理，西方先进文明的文化又没有进行很好的融合，带来一种非此即彼的状态：要么就是排斥西方，要么就是排斥中国本土化的传统。这也带来家庭教育中很多不理性的现象：说到要传承优秀民族文化，就一味要求孩子读经颂典；说到要吸收西方先进文化，就把中国的传统文化弃之不顾。

（二）对症下药：把东西方文化的精华相结合

家庭教育要培养孩子成为面向世界的中国人。这就需要很好地把西方近现代科学文明的文化元素和中国经过这么多年积淀下来精华的元素相结合起来。

五、送给家长们几句话

人生不是加减乘除列算式，希望家长不要对孩子们算得太深，不要将孩子的成长路径预设得太清晰。

生命的变数是很美好的，生命的刻板预设是很可怕的。将来的每个阶段都早知道的话，这是人生的悲苦。

无论顺境、逆境，都可以看做是孩子成长的另一种课程，虽然有酸甜苦辣，也是另一种形态的成长。

爱的艺术

王 洋

中学物理高级教师。现任上海市曹杨第二中学校长，兼任曹阳二中附校校长，教育部全国中学校长培训中心兼职教授、上海市普陀区第十四届人大代表、第十五届人大常委会委员。曾获"上海市先进教育工作者""上海市教书育人楷模""普陀区十佳校长"等称号。

中学阶段家庭教育中的战略与战术

家庭教育关键点

· 战略篇:

别把目标定在考大学,着眼点至少放在十年后。

培养孩子的国际视野,应是"国际理解教育"而非"国际化"。

· 战术篇:

初中阶段,家长要与孩子交朋友。

高中阶段,家长要在三个关键时间点引导孩子。

一、战略篇:别把目标只定在考大学

(一) 着眼点至少放在十年后

一般我开家长会,首先谈的第一个问题是:上海十年后需要什么样的人? 为什么要谈十年后? 因为我们培养的学生读完三年高中、四年本科、三年研究生,走上社会已经是十年之后了。那么,十年之后的社会到底需要什么样的人呢? 我相信,从大方向上看,一定有这么几个特质。

第一,要有国际化的视野。因为上海是个高度发达的国际化城市,未来的人才一定要有能力取得全球资源为我所用。所以,国际化一定是第一位的。

第二,要有相当好的信息素养。这点从现在的信息技术发达程度来看不难理解。

第三,一定要对中华传统文化的东西非常理解,要坚守住做人的底线,要有规则

意识。这些比学习知识重要得多。只有理解中华优秀传统文化，国际化才具有良好的意义，才能适应上海的未来。

第四，要具备可持续学习的能力，具备终身学习的能力。

学校要从更长远的培养目标出发，而不是仅仅为了让学生考上重点大学。同样，家长也要在这个方面取得共识，这样在培养孩子的过程中才不会过于短视、急功近利。当别人忙着补课的时候，我们才有底气让孩子去社会实践，去学小语种，去学大学先修课程，做点慢思维训练等。

（二）别把"国际化"理解得太狭窄

对于培养学生的国际视野，我们用得更多的是"国际理解教育"，而非"国际化"。

首先，有三个概念要搞清楚：国际化、全球化、英美化。大家往往把它们混在一起，但事实上，我们现在讲的"国际化"往往只关注英美，不关注非英美国家；往往只关注发达国家，不关注非发达国家；往往只关注所谓的"主流文化"，而不关注非主流文化。换句话说，我们往往把"国际化"窄化为"英美化"。实际上，全世界除了英美模式以外还有很多其他模式，所以更多应该是讲"全球化"。

这就带来了课程设计的不同。比如说进行国际理工教育试验，可供借鉴的国外课程和考试除了美国的 AP 课程、托福考试、SAT 考试，英国的 A-level 课程和雅思考试，还有很多其他的方向，如，德国的方向、法国的方向、意大利的方向、荷兰的方向、瑞典的方向等。凡是对我们学生终身发展有利的课程，在条件许可的情况下，我们都可以把它融合进来。

这也就是为什么我们曹杨二中除了德语理工实验班，现在又开出了意大利语理工实验班。我们正在筹备荷兰语理工实验班，三年后还会开出瑞典语理工实验班。这些班级的生源今后将占我们学校总生源的一半左右，以此来践行我们的承诺——助工薪子弟登国际舞台。

二、战术篇：中学家长不可不知的关键节点

（一）初中家长最关键、最难当

从小学、初中、高中这三个阶段来讲，家长最难做的是初中。初中对孩子的成长非常重要。因为初中阶段正处于孩子的青春期，是成长中急剧转折的阶段。这个阶段转得好，后面就会比较轻松；转不好，后面家长就会非常被动，对孩子未来影响也很大。

从学业角度来看,初中也是一个分水岭,不同学生的人生就在此后开始分叉了。所以,初中是一个人的腰部,是支撑。对于基础教育来说,初中是足球中场传球,而高中是临门一脚,"球"被送到大学去。大家往往只记住射门,而没有记住进球前的几个阶段。

(二) 家长要做什么

在初中阶段,做家长最重要的一条是要善于和孩子交朋友,让孩子把心里话说给你听,这样家长才好引导孩子。因为这个阶段的孩子会把自己当作成年人,不论男孩还是女孩,叛逆情绪都会很重。女孩的叛逆往往比男孩更早一点。这都需要初中家长投入很大的耐心。

比较常见的两种失误是:要么随着孩子乱来,对孩子的引导几乎丧失;要么强迫孩子,导致孩子的叛逆情绪非常严重,结果也没办法引导孩子。

如果在初中阶段这个工作没做好,到了高中再花十二分的力气也很难补回。因为到了高中阶段,孩子的性格已经基本定型了。

(三) 高中阶段四大关键时间点

关键节点一:高一前两个月

高中三年,高一最重要。高一阶段,家长不要急着忙于提高孩子的学习成绩,而是要帮助孩子形成特别好的学习习惯。因为现阶段很多高一孩子的学习习惯都没有培养好,就等着老师刷题、刷卷子,没有主动学习的习惯。

高一,最重要的是第一学期;第一学期最重要的是期中考试之前,也就是高一前两个月。只要是前两个月,家长花很多工夫陪着孩子闯过来,后面就顺了。

这两个月家长需要做的事情就是每天要了解孩子在学校的情况,了解孩子的思想动态,还要和老师主动接触,老师会根据每个孩子的具体特点告诉家长该如何调整。这两个月中需要培养起来的好的学习习惯包括:主动学习、坚持今日事今日毕、字要写得端正、耐心、细心、坚持到底……将这些习惯培养起来,比家长再怎么说教都要有用。

关键节点二:高一阶段

在高一,学生还可能会面临两个很麻烦的大问题:首先是男生玩游戏上瘾的问题。家长们要注意,这个问题无论如何要在高一第一个学期彻底矫正好,否则后面就很难。情愿让孩子少学两个月,也一定要把这个坏习惯纠正过来。其次是男女生交往过密的问题,一般高一第二学期这个问题开始冒出头来,是个很敏感但也是很现实的问题。这个问题很大程度上是社会问题,因为这个时代对性的观念比较开

放,成人特别是家长的观念会影响到孩子。父母要注意在孩子面前的言行和引导,对父母来说要把握一个原则:鼓励正常交往,但是要高度关注。

关键节点三:高二阶段

高二是学生最容易松懈的阶段。高二第一个学期学生开始明显两极分化,这时候要注意有一部分学生可能会因为屡次考试成绩受挫而"躺倒不干"。这个阶段家长最主要的是要避免这种状况发生。

家长要和学校多沟通,班主任最了解每个学生的学习特点,可以和家长一起根据每个学生的具体原因对症下药。比如,有的孩子是因为基础薄弱,有的孩子是玩游戏逃避考试,有的孩子是学习风格不太适应,还有的孩子则可能出现了某些心理问题等。

另外,高二还要面临选科。这个阶段家长一定不要强迫学生选自己不喜欢的科目,要和孩子今后想从事什么职业、想上什么大学结合起来考虑。

关键节点四:高三冲刺

其实前面的工作做好了之后,高三时期家长要做的就只有一条:如何和孩子一起面对超常规的心理压力。当然,这对家长来说也是一大挑战。

爱的艺术

祝 郁

上海市特级校长。现任上海市嘉定区教育局副局长、迎园教育集团理事长。兼任上海教育专业学位研究生教育指导委员会委员、上海市中小学德育研究协会第六届理事会常务理事、上海市妇代会代表、嘉定区妇联执行委员。曾获得"2014年度全国教育系统先进工作者""第二届全国教育改革创新杰出校长奖""中央教科所科研先进个人""上海市三八红旗手""上海市教育系统三八红旗标兵""嘉定区十佳校长""嘉定区学术技术带头人""嘉定区首批紧缺人才"等荣誉称号。

从女儿四岁开始我就"听"她的

家庭教育关键点

让孩子独自判断,尊重孩子的每个选择;

让孩子学会承担选择后的结果;

竭尽全力维护老师和学校在孩子心目中的形象;

帮助孩子拥有梦想;

训练让孩子区分优先顺序的方法;

要进入孩子的语言系统;

让孩子有目的地旅行;

鼓起勇气拿起笔。

一、让孩子独自判断,尊重孩子的每个选择

因为没有老人可以帮忙带孩子,我女儿很小就进了幼儿园。到大班毕业时,本来按照年龄她还应该再上一年幼儿园,但是她不同意,一定要和小朋友们一起去上小学。我没有武断地回绝女儿,而是请了三天事假,带不到五岁的她到小学去旁听了三天,然后让她自己判断是否可以上小学。

这三天里,我们旁听了每一节课,把小学生的生活都过了一遍。三天后,她很坚定地说:我要上小学!

那时,不到年龄走个"后门"还可以进去,所以我就尊重她的意愿,让她上了小学。小学一年级第一个学期她是学得最好的,因为这是她争取来的,是她的选择。这样,在她不到五岁的时候,就学会了独自判断和为自己的选择负责。

等到她升初中时,我仍旧让女儿自己选择,是去民办学校还是对口的公立学校。她到对口公立学校看了一次之后说:"我喜欢这个学校。"我说,好,喜欢就好。

从女儿四岁到今天,我一直坚持一句话:"我尊重你的选择。"

当父母和孩子发生争执,最后要么家长听孩子的,要么孩子听家长的。当孩子什么都听家长的时候,就出问题了。他会觉得,我的人生是你帮我规划的,那你就替我走下去吧。

人们总是说孩子"开窍"了就要学习,其实几乎每个人在学习期间都有一个发现自己的过程。这个过程包括两个内容:先是发现了自己到底想要什么,然后才是发现自己的能力所在。一旦进入这种状态,孩子就会感受到一种前所未有的力量从心底涌出,那情形就是很多人说的"开窍了"。

二、让孩子学会承担选择后的结果

尊重孩子的选择,也要让孩子学会为自己的选择负责。

女儿读初中时,我带她到上海很多高中去转了一圈,让她看看希望将来进哪个学校。最后她说:"妈妈,我要考上海中学,因为上海中学漂亮。"因为这个目标,初中最后一年,她的成绩突飞猛进,但我个人判断要考上海中学还是有点危险。

中考填报志愿时,我建议她填报上师大附中,但女儿坚决要报上海中学,我尊重了她的意愿。成绩揭晓,她因为两分之差与上海中学失之交臂。虽然她最终也进入了心仪的曹杨二中,但有时仍有些遗憾:"如果当时零志愿不填上海中学,什么学校进不去啊!"这时,我告诉她:"那是你自己的选择。"

我觉得一个人不可能永远做对的事情,但只要是自己的选择并且是经过思考的选择,就没有什么可后悔的。就像开车在高速公路上选择了一个岔口,就只能按照这个方向开下去。哪怕就是错了,也只能在下个出口再做调整。即便孩子的选择最后是走了弯路,甚至走了回头路,也不一定就是坏事,毕竟多了一份人生经历。

后来女儿进大学选专业、出国读研都是自己做决定,自己去操作。

我也曾经担心她的一些选择。比如她曾想进入传媒行业,我和她沟通了好几次,但她态度坚决。我也接受了,于是和她一起设定了未来的路线图。后来,女儿自己到传媒公司实习了一段时间之后改变了主意。我也尊重她,并继续积极和她一起调整、设计新的职业路线图。

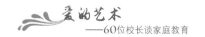

三、竭尽全力维护老师和学校在孩子心目中的形象

我每次家长会都会跟家长谈到这一点。这不是我作为校长护着老师,而是因为:孩子不会从他不喜欢的老师那里学到任何东西——这是初中阶段非常明显的特点。

家长要想明白一点:学校是孩子每天要去的地方,家长本事再大也不可能替代所有学科的老师。即使对老师有意见,也不要让孩子看出来,可以背着孩子和老师沟通。

我女儿在上小学四年级时很顽皮,总是闯祸。那个期末拿到成绩报告单,女儿伤心得直哭。原来老师给出的五行评语中竟然没有一句肯定,全是批评。这是做了14年班主任的我看到的第一份奇特得让我终身难忘的评语。

晚饭女儿吃得很少,临睡前还问我:"妈妈,我是不是真的很差呀?"那一夜我失眠了,我知道女儿开始怀疑自己的能力,开始失去自信了。

我连夜给孩子写了一封信:"孩子,你见过磨刀吗?把刀放在磨刀石上磨,刀一定很疼,可是它没有发出一点声音,因为它知道只有经过这样的磨砺,它才能变成一把好刀、快刀。你想变成这样一把好刀吗?那就要经历磨砺!你睡觉之后,妈妈已经和老师通过电话了,老师说,今天的评语就是一把磨刀石,就是要让你去接受反复的磨砺。当你把评语上的缺点改正之后,你就会是一把举世无双的宝刀了。"

我用这封信把老师在女儿心目中的形象挽救了回来。接下来我又和女儿谈了很多,帮她重塑对自己的正确认识,她还给自己写了很多虽然稚嫩却也中肯的"评语"。到今天我还是非常后怕,如果当时我不是用这样的方式来处理,结果会怎么样。我也常常以这个故事来鼓励我们的老师要多几把衡量孩子的尺,多让孩子感觉到成功。

四、帮助孩子拥有梦想

女儿小时候,我很想让她学钢琴,但我不是买来钢琴让她学,我用了个小小的"计谋"。

当时我班上有个学生钢琴弹得非常好,我带女儿去她家玩,请她弹琴给女儿听。听了几次,女儿终于忍不住了:"妈妈,我们也买钢琴吧!"

我说:"钢琴很贵啊!"

她说:"可是我真的很想要钢琴。"

我又说:"弹钢琴很苦的,你问问姐姐有多苦?每个星期都要弹,还要到老师那里去学琴。"

女儿面露难色地放弃了。但过了几天,她又忍不住了:"我真的很想要钢琴。"

在女儿的一再恳求下,我才买了钢琴。因为是她自己提出来要弹的,所以她学琴的整个过程中,我从来没有费过心。

女儿曾经说:"你最大的优点是一直尊重我的选择。因为有了选择,我就有了目标。我就会朝着自己的目标走。"

父母要帮助孩子拥有具体的未来梦想。孩子拥有了梦想,要引导他们相信这个梦想能实现,并朝着这个目标不断行动,这种行动就会赋予孩子进行自我开发的积极"动机"。

五、训练让孩子区分优先顺序的方法

大家都在说,小学和初中阶段养成良好的学习习惯非常重要。那么,良好的学习习惯究竟如何养成呢?

女儿上小学一年级时,我规定她晚上7点钟必须把所有作业做完。7点之后全部都是她自己的时间,想做什么就做什么,我绝对不会增加一分钟的课外作业。

有一次,晚上7点钟我家访回来,发现她语文作业还没做。阿姨说她前面在玩,所以作业时间来不及了。我看看7点钟已经到了,就把女儿的作业本子没收了。女儿怕第二天被老师批评,哭着求我,我妈妈也在旁边求情。但再哭也没用,我告诉她,7点钟之前完成作业是铁打的规矩,规矩就不能破坏。

第二天一早,我打电话给女儿的老师,解释了昨天的情况,并请她该怎么批评女儿就怎么批评她。从那以后,这种情况再也没有发生过。

定下行动顺序是在训练判断力,从小开始让孩子自己选择玩或学习,就是在训练孩子区分优先顺序。

六、要进入孩子的语言系统

我在美国做"影子校长"时,采访过美国加利福尼亚州的一位年度教师。她说:"我每天晚上都要看两部肥皂剧。"我问为什么,她说:"这样第二天我才可以和我的孩子聊,才可以用孩子能接受的语言,从这些肥皂剧的剧情聊到我的课堂,讲到我要教的历史知识。"

这就是需要家长去努力的,你要进入孩子的语言系统,包括了解孩子在看什么

电视,包括一些网络上的热门语言。

为什么我们有些孩子总嫌妈妈烦,到了初二就不怎么和妈妈多讲话了?我曾经和一个孩子聊,他说"我讲的妈妈都不懂"。一个家长听到孩子说"逗比",就批评孩子骂人,孩子也很气愤:"你懂什么?"我们的家长确实不知道,有些词汇在网络环境中,词语的含义已经发生了变化。

家长要了解孩子,就要进入孩子的语言系统。三年一个代沟,孩子不可能穿越到家长的话语系统,那你就要蹲下身子寻找和孩子沟通的共同语言。作为家长,永远不要过时。

七、让孩子有目的地旅行

女儿在高中时,学校组织孩子们坐铁皮火车去南京进行"生存挑战",虽然孩子很辛苦,但我却非常赞成。旅行是很好的教育方式,通过旅行孩子能培养自立能力、忍耐力和挑战精神。

大学里,女儿曾经组织了一帮年轻人一起从云南泸沽湖徒步到四川亚丁稻城。我当然也担心,但看到她为了这次徒步各种做攻略、锻炼体能,我知道她已经学会了为自己的选择负责任。当我不能阻止她的时候,我就积极支持她。我为她买了能在零下50℃的恶劣环境中使用的睡袋,买了各种徒步需要的东西。他们的徒步非常顺利。

在这个世界上走得越远,眼界就越宽,适应力就越强。

八、鼓起勇气拿起笔

我非常鼓励家长拿起笔,以信的方式,把想对孩子说的话告诉他,不管是书信还是邮件都没关系。

我们学校每年5月4日都会举行"告别红领巾"的入团仪式,其中有一个环节,就是家委会提前请家长给自己的孩子写一封信,语文老师提前让孩子们给父母写一封信,但家长和孩子们彼此之间都不知道对方也写了信。

到仪式这天,家长和孩子们把写好的信交给对方。读信的时候,很多家长和孩子都忍不住流下热泪。因为这种方式,把家长和孩子很多从来说不出口的话都表达了出来。

我也会给女儿写信,用文字的方式和孩子沟通,这种方式不仅沟通更深入,而且还能够留存下来,日后每次翻看,感觉都不一样。

爱的艺术

孙纳新

上海市特级校长。现任上海市普陀区武宁路小学校长，荣获"上海市星星火炬奖""上海市园丁奖"，是上海市教委"双名工程"培养对象，曾作为上海市"影子校长"赴美国加利福尼亚州进行学习交流。

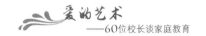

小学生的关键期和家长要做好的事

家庭教育关键点

· 小学生家长要牢记六个字：

等待、询问和鼓励。

· 小学生家长要做好三件事：

培养孩子的兴趣，养成良好的习惯，打造孩子阳光的性格。

一、小学生家长要记牢六个字

每年一年级新生家长会，我总是会说六个字。这六个字都做到，你就算得上是称职的爸爸妈妈。

这六个字是："等待""询问"和"鼓励"。

"等待"。家长要有耐心陪着孩子慢慢长大，要接受这个现实：孩子不可能一下子动作快，一下子养成各种好习惯，一下子什么都做好——否则这个家长也太好当了。

"询问"。孩子放学回家，要和孩子聊聊天，问问孩子在学校里发生了什么，让孩子感受到父母的关心。询问很重要。有的父母下班回到家就自己玩手机，从来不和孩子沟通，会让孩子感到被忽视。如果平时工作确实很忙，双休日就要多陪伴孩子。我经常说的一句话是：家长一定要陪着孩子一起成长，不能偷懒。

"鼓励"。对孩子一定要多鼓励，好孩子都是夸出来的。不要总是拿孩子和别人比,这样只会打击孩子。

这六个字说起来容易,真的要在小学五年中一直做好却很难。

二、小学生家长要做好的三件事

我个人觉得,在小学阶段,家长不要太注重孩子的学习成绩。几乎所有的家长都希望自己的孩子是成绩最好的,但是放在一个群体中,不可能每个孩子的成绩都是最好的。作为老师,我们很明白,孩子之间真的是有差异的。

相对于学习成绩,我觉得对小学阶段的家长来说,有三件事要重要得多。

(一) 兴趣

培养孩子的兴趣很要紧,孩子对学习有兴趣才有后劲,对学习没兴趣就完了。这个兴趣,既包括学习兴趣,也包括学习之外的兴趣。

在孩子小的时候,父母可以帮孩子培养起一两种兴趣爱好。刚开始可以广泛接触。我们学校有几十门拓展课,棒球、高尔夫、茶艺、管乐、民乐、舞蹈、健美……各类课程都有,就是希望能培养孩子广泛的兴趣爱好,让他们什么都可以接触到,从中找到最适合自己的、最喜欢的。

很小的孩子可能不太懂,但父母有责任让孩子接触到不同的东西,这样孩子慢慢才会知道自己是不是真的喜欢。当然,如果在学习的过程中发现孩子确实不喜欢、不擅长,也不要硬逼孩子。帮孩子找到自己感兴趣的东西,然后鼓励他坚持下去。

(二) 习惯

进入小学对孩子来说是一个很大的变化。幼儿园以养育为主,小学开始以学习为主——学习生活正式开始了。

有家长问孩子做作业要不要陪的问题。我个人的看法是,在学习生涯的起始阶段,父母是有必要陪的,快的一个月,慢的两个月,帮助孩子把习惯培养好了之后才可以放手。

必须帮助孩子养成良好的学习习惯。有些家长抱怨孩子粗心、动作慢等,其实这些都是因为小时候没有养成好的习惯。如果不养成好习惯,到初中以后学习就会受到很大影响。

那么到底要养成哪些学习习惯呢? 我觉得一是合理安排时间的习惯,二是上课认真听讲的习惯,三是独立阅读思考的习惯。

接下来我想特别讲讲阅读习惯的培养。课外阅读看上去好像和学习成绩没有

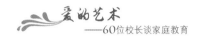

什么特别大的关系,但这是一种非常重要的积累。古人说"熟读唐诗三百首,不会作诗也会吟",就是因为积累到一定程度就会爆发出来。

从教这么多年来,如果说我所接触到的优秀的孩子们有一个共同特点,那就是:喜欢看书。

我举个例子。我们学校以前有个孩子叫汤玫捷,就是后来被称为"哈佛女孩"的。她爸爸是一位语文老师,他要求汤玫捷把语文课本上每篇课文都要背诵出来,因为背诵对语言积累、口头表达都有帮助。他还特别注重女儿的阅读。他们家没有电视机,每天晚上全家人一起阅读。家长看报或者备课,孩子看书。

有些家长觉得阅读是可有可无的,宁可报各种各样的培训班:钢琴、跳舞、美术……把双休日排满,如果还有多出来的时间才会想到让孩子看看书。还有些家长把阅读等同于语文,但阅读不仅可以促进语文的学习,而且可以促进一个孩子整体素质的提升,提升他(她)对世界的认识。

孩子的阅读习惯是要靠父母培养的,孩子的阅读习惯也是可以培养起来的。而且这个习惯培养起来之后对孩子的成长非常有益,终身受益。要培养孩子的阅读兴趣,可以从绘本开始,慢慢过渡到文字的书籍。绘本是很好的阅读起点,爸爸妈妈要陪着孩子看——父母的陪伴非常重要。如果你让孩子在房间看书,自己在厅里看电视或者打麻将,孩子怎么可能爱上读书呢?家长要以身作则,做孩子的第一个榜样。

家长要记住,在培养孩子一个新习惯、新兴趣的时候,父母是要牺牲一些自己的休息时间、娱乐时间的。家长一定要陪着孩子一起成长,不能偷懒。

(三)性格

多年的教育工作中,我们发现一个现象,就是父母婚姻美满、家庭氛围民主和谐有利于培养孩子的阳光心态。我建议家长不要把工作压力带回家,不要让夫妻感情等因素影响到孩子。父母的感情会影响孩子的性格,所以,父母要努力营造一个温馨、幸福的家庭环境,这对孩子的性格养成会非常有帮助。

培养孩子性格的第二个要点是父母要舍得投入时间和精力陪伴孩子。孩子的教育应该是爸爸妈妈责任最大,但很多年轻的爸爸妈妈因为工作忙或者自己"贪玩",就把孩子交给祖辈照顾。这对于孩子的性格培养也会产生影响。

我们学校组织家长开放日会选择双休日,就是希望爸爸妈妈能来参加,而不是爷爷奶奶、外公外婆,更不希望是保姆来参加。我经常和家长说:一定要陪着孩子一起成长,才能体会到做父母的快乐。

要培养孩子阳光性格的第三个要点是让孩子开眼界。眼界决定境界,家长有条件、有时间的话,可以多带孩子出去看看。我们很多家长也越来越关注这方面,愿意带孩子出去旅游或者参观各种展览,参加各种活动。其实在准备出游或者参观的时候就可以让孩子参与进来。

我们学校每年"六一"活动都会将年级打乱,让大孩子和小孩子组队出去参加活动,让孩子们计划行程、设计路线、购买车票,还要做安全预案:万一和队伍走散了怎么办,等等。这些对孩子的能力也是一个培养和锻炼。

在我看来,如果家长在孩子小学阶段不分分计较,而是把孩子培养得阳光一点,培养出孩子的一些兴趣爱好,对学习也很有兴趣,这就很好了。

三、小学的三个关键时期

一般说来,小学有三个关键时期。

第一个是刚刚进入小学的时候,这是最重要的一个时期。这时候家长需要做三件事:培养孩子的兴趣、学习习惯和良好的性格。这个我在前面已经详细讲过,就不再展开了。

第二个是三年级,这是一个转折时期。通常学生的成绩都是在三年级开始分流。一、二年级时成绩一直领先的孩子到了三年级不一定继续领先,但三年级名列前茅的孩子,一般到了四、五年级仍然会成绩优秀。

这主要是因为,一二年级成绩好的孩子有些是因为"抢跑",在入学前已经先学了一些学科知识,并不一定是学习能力很强的孩子。对于那些没有提前学习的孩子,只要学习习惯好,学习兴趣高,学习能力强,到了三年级就慢慢赶上去了。另外,三年级开始,学科内容难度有所提升,对于学习能力的要求也更强一些,所以,三年级成绩会有一个调整和分流。

对三年级的家长来说,如果孩子在这个阶段遇到了一些困难,一定要给孩子鼓励,增加孩子的信心,帮助孩子渡过这个难关。

第三个关键时期是五年级临近毕业时,不过对有些家长来说已经提前到四年级了。这个阶段家长的主要问题是焦虑,因为面临升学,很多家长开始择校。

我对这个阶段的家长的建议是,不要把孩子的时间排得太满。很多家长因为焦虑,把双休日都排满了语数外的补习班,但其实这个时候需要的是对症下药,不是盲目把时间排满就行了。如果觉得孩子需要补习,可以针对孩子的具体情况适当安排。而且要给孩子更多可以自由支配的时间,培养孩子管理时间的能力。

　　还有些家长为了择校让孩子学奥数。我是教数学的,在我看来,奥数并不是适合所有人的。学得好对孩子的思维能力是个锻炼,但学得不好可能会抹杀孩子对数学的兴趣。所以,家长一定要摒弃功利主义的想法,要从孩子成长的角度,而非择校的角度考虑是否学奥数。

　　对于择校这个问题,我觉得一定要选适合自己孩子的,适合的就是最好的。

徐 谊

中学高级教师。毕业于华东师范大学教育管理专业，现任上海市教育学会宝山实验学校校长，上海市兼职督学、兼任教育部中学校长培训中心兼职教师。编著有《有效学习设计——问题化、图式化、信息化》《问题化学习教师行动手册》等。

做家长要用心不用力

家庭教育关键点

·做家长要用心不用力：

让孩子有目标比有理想更重要；

让孩子懂得主动是学好的前提；

让孩子懂得对自己负责；

让孩子从学习中获得乐趣。

一、要用心不用力

太多父母做家长都是"用力不用心"，非常努力，但不是按照孩子成长的规律办事。

在孩子一生当中有两条线都在成长，一个是情感逻辑，另一个是认知逻辑。但我们目前的教育往往过分强调认知逻辑，而不注重每个孩子各自不同的情感逻辑。

当然，即使从认知逻辑的角度来看，每个孩子也是不同的。我们现在所认为的教育规律也没有将不同孩子的不同认知逻辑都研究清楚，从而导致我们的教育对孩子的认识和给孩子的帮助不充分，因此孩子的发展可能出现这样那样的问题。

对于孩子个人来说，学校教育有限，毕竟学校教育遵循的是一般规律。所以家庭教育、社会教育就应该提供遵循孩子认知、情感发展个性化的支持。

（一）让孩子有目标比有理想更重要

我常说一句话：家长一定要相信孩子，但永远不要信任他们。

什么意思呢?所谓"一定要相信孩子"是说,如果孩子某次考试没考好或者犯了什么错误,他眼泪滴滴嗒嗒地向你检讨,向你承认错误,你一定要相信他是真心的。所谓"永远不要信任他们"是指,对于他"今后再不犯了"的保证,你内心永远不要信任。

孩子在做保证时确实是下决心要改的,但大部分的情况是,第二天他就会忘了自己的保证,也一定会重复犯他犯过的老错误。这是正常的。因为孩子通常就是"常立志"而不是"立长志"的。一个遥远的理想对他并不能产生现实的意义与即时的效果,更多时候不如一个具体的、可达成的目标更有效。

所以我说,孩子有目标比有理想更重要。当然,我们永远都会鼓励孩子去追寻自己的远方与诗。但是,如诗般的远方是由无数个靠谱的目标累积起来的。

这个目标可以非常具体,比如每天晚上8点半上床睡觉。我儿子小学时我给他规定了这个目标,为了达成这个目标,他就要学会按照这个时间倒推,规划自己做作业、吃晚饭、洗澡等各种事情的时间安排。

再比如制定学习目标。我家书房里有个折线图,儿子每次考试的情况会通过这个折线图标示出来,从图上就可以清楚地看到他进步与退步的折线走向。这样一来,孩子就知道自己每一个阶段的学习情况,利于制定下一阶段可达到的近期目标。

儿子小时候成绩并不拔尖,我常常对他说:比起分数,爸爸更看重你的健康。但是我也抓住机会鼓励他的自信心,还一直用所谓的"第12名比第1名更优秀"的理论鼓励儿子——虽然其实我自己觉得这个理论根本不靠谱。但我要让他知道他的学习能力在那儿,要让他相信自己。

儿子自己要求学奥数之后,我对儿子说:"你看,你学了奥数,不管怎么说你比别人懂得多了。数学再考不好就太丢脸了吧?"这就是给他一个高期待,让他觉得他应该比别的孩子考得更好。

儿子初中"低空飞过"进入复旦兰生,一度担心自己会中途被踢出去;高中保送华师大二附中后,看到优秀的高一同学已经参加高三竞赛,他压力很大。我对儿子说:"儿子,你要相信你不见得是最优秀的,但你一定是最优秀群体中的之一。人家得奖,是人家先走。只要你按照自己的步骤去走你也会得这些奖。"

这一点他听我的,所以很受益。第一不好高骛远,第二不妄自菲薄。后来果然以全市第二名的成绩进入了物理奥林匹克竞赛的上海市代表队。

(二)让孩子懂得主动是学好的前提

初中时儿子语文成绩不好,一直抱怨老师不好。我们对他说,你先要搞清楚老师为什么课堂上提这些问题。

我们夫妻两人都是研究问题学习的,我们知道,如果孩子的认知规律能够和老师教的教路统一起来,孩子就学会了。我们不给他讲这些原理,只告诉他该做什么。他要搞懂老师为什么提这些问题,就必须自己先看懂文章,主动思考,这就扭转了他原来只等着老师讲解的做法。

儿子在初二时要参加竞赛,但我们没有给他找老师辅导,而是找了一个大哥哥(复旦物理系的大学生)。为什么呢?因为老师会直接告诉他答案,但是大哥哥会和他一起做题目,有时候大哥哥也做不出来,两个人就一起探索,互相启发,互相碰撞。

很多人对奥赛有很多误解,虽然这确实不适合所有的孩子,但是它仍然有挺多正面的因素。

比如我儿子在准备竞赛时需要自学很多课程,一定会有很多搞不懂的问题、讨论不完的问题。有时候,儿子会兴奋地说:"今天我发明了一个公式,至少到目前为止,我没有推翻它。"过了一阵子,他又沮丧地说:"因为有反例出来,所以我的发明宣告失败。"

自己发明公式,然后有一天沮丧地因为一个反例而推翻它,这种学习可以理解为是一种研究。有了这种主动的学习,又何愁孩子的学习成绩?

(三) 让孩子懂得对自己负责

这也是从小到大我一直对儿子强调的。从很小的时候,我就让他知道,你要知道自己在做什么。从学校每一次考试到假期兴趣学习的选择,都是他自己做决定,但既然决定了就要为之负责与努力。当他学会了真正对自己负责,对社会负责,做哪件事情都一样。

我家很早就买了电脑,而且是两台电脑,但我们从来没有设置过密码。儿子该玩就玩,我们也从来不限制他。和很多男孩子一样,他也会玩游戏,但我会提醒他知道自己在做什么,并对自己所做的事情负责。我儿子也从来没有沉迷于游戏中,他告诉我说:"爸,你要知道,对我来说,在学习中获得的乐趣比打游戏获得的乐趣要有意思得多!"

我认为,如果孩子知道要学什么,那一定比他会什么更重要。不过要注意一点的是,因为孩子不同年龄的理解不同,他也不一定在很小的时候就能知道责任是什么。家长就要用孩子能理解的方式,以他在那个年龄阶段能够认知的方式去引导他。

(四) 让孩子从学习中获得乐趣

这一点非常非常重要。我所研究的问题化学习,就强调一定要让孩子成为有着强烈学习内驱的持久的终身学习者;我最嗤之以鼻的就是培养考试机器,这不是我们教育的本质。

教育不要那么功利,生态的、有机的教育就像农业一样,是牡丹花就开牡丹花,是喇叭花就开喇叭花,不要强求喇叭花一定要开牡丹花。每朵花的花期不同,所需要的土壤与空气也不相同,没有高下之分,各有各的可爱与价值。

要让孩子从学习中获得乐趣,首先就一定不能让学习占据了他所有的时间。我算了一下,我家儿子玩的时间肯定比学习时间多。对他来说,周末、寒暑假最多的是身体锻炼。我要求儿子每个假期要学会一样玩的东西。所以,轮滑、踩单车、乒乓球、游泳、羽毛球、航模等他样样都会。

其次,要顺应孩子的天性。让孩子对学一样东西充满了兴趣和渴望,这个比什么都重要。兴趣是要让孩子自己去选择,而不要让家长为孩子做出选择。比如,我们喜欢音乐,但儿子不喜欢,我们不会让他选择音乐;我个人非常喜欢书法,但儿子他不喜欢,我都随他去。因为是他自己的选择,所以他后来游泳和乒乓球都学到要请专业教练,乒乓球在高中甚至打了全校第一名,他为此非常兴奋,获得了非常大的乐趣。

二、做家长要习惯抬头看孩子

做家长的第二个要,是要习惯抬头看孩子。

儿子教给我最重要的一件事,就是懂得敬畏孩子。很多时候,孩子的认知水平、天赋秉性都远远超过我们。家长要清楚地知道,我们自己所了解的教育教学规律可能不一定适合这些孩子。

如果按照我们大人的认知方式去教他们,或者用我们对于学习认知的未必正确的规律去规范他们,这些孩子一定会被我们教得越来越平庸。

我儿子从来都不是尖子生。从小到大,他性格木讷,不善于表达,是个非常普通的孩子。但我一直相信他潜力巨大。

潜力是怎么来的?我认为,让孩子满脑子充满问题,是激发潜力的最好办法。因为在孩子那里,永远是不知道的东西比知道的多,而正是因为这个,孩子就永远可能对学习充满了兴趣。

如今儿子已经比我高很多,我也在反思,当我习惯抬头看他时,我是否还能给他让他信服、让他理解的意见、建议乃至批评,即使是在他完全长大、成年后!因为,我不希望我所给他的是出于父亲权威的、武断的乃至让他觉得"无知"的意见、建议或

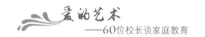
是批评,而是让他从内心感觉到是善意的、平等的、有建设性的意见、建议或是批评。只有这样,我才不感到羞愧,才不感到年迈。

三、永远不要试图让孩子替自己实现梦想

我看到太多父母,自己考不上清华、北大,让孩子去考;自己成不了音乐家,希望孩子成为音乐家;自己成不了舞蹈家,希望孩子成为舞蹈家……这样的例子太多了。永远不要试图让孩子去实现家长自己的梦想,这真是我非常深切的感受。我们应该顺应孩子的禀赋和成长规律让孩子成长。

还有些家长很容易焦虑,但孩子成长和发展要遵循自然规律,急也急不来。孩子成长的每一个阶段,不管开心不开心,都是那个阶段孩子最宝贵的东西,父母就应该在旁边慢慢陪着他,这对于我们来说也是人生最重要的东西。

现在回想起来,我特别享受那段看着孩子一天天成长的日子。孩子犯错我也很生气,甚至也打他,但我不觉得这有什么不好,当时该怎么教育就怎么教育,但不用急躁。犯错是孩子成长过程中很正常的东西,也是父母必须经历的过程。所以没有什么好急躁的,就该陪着孩子慢慢长大。

四、永远不要用世俗的价值观去影响孩子的选择

家长的价值观对孩子的影响是浸润式的。所谓世俗的价值观,比如人们常说的"学而优则仕""读好书就是为了赚大钱"等。我的价值观是,要让孩子首先成为对自己负责任的人,其次是对家庭负责任的人,最后是对国家负责任的人。有了这种责任感,才能派生出许多其他东西,做人才能很正。

孩子们以后改变世界的方式也许会和我们很不同,所以不要用自己的选择去替代孩子的选择,也不要让世俗的价值观去影响孩子的选择。如果孩子可以开开心心、健健康康的,可以自由地选择自己要的东西,还有什么比这个更好的吗?

爱的艺术

徐　静

　　上海市特级校长，中学高级教师。现任上海市静安区闸北第一中心小学校长，兼任静安区第一届人民代表、上海市人民政府督学、上海市心理健康校长（书记）专业委员会理事、上海市陈鹤琴思想研究会理事。曾获得上海市"三八红旗手""上海市星星火炬奖章""上海市育德之星"等荣誉称号和奖项。著有《小学语文感悟式教学》《办一所理想小学校》等书，多篇文章获得上海市学校教育科研奖。

小学阶段家长的三大任务和孩子的三大能力

家庭教育关键点

·**孩子成长三阶段,家长的三大任务:**

0—3 岁,一定要自己带孩子;

3—6 岁,提供各种刺激;

小学阶段:培养孩子的自信心。

·**入学前培养三大能力:**

语言能力,自我管理能力,交往能力。

一、孩子成长三阶段,家长的三大任务

作为一个家长,每个阶段都要伴随孩子成长,要了解一些孩子成长的特点和规律。了解了儿童成长的规律,你就能够找到最近发展区,更好地帮助孩子成长。这一点很重要而且是不可逆的。

(一)0—3 岁孩子家长的任务:一定要自己带孩子

我们学校成立了进行心理健康教育的非正式教研团队,研究学校的一些"特别儿童"的案例。这些"特别儿童"不仅包括一些学习困难的孩子,还包括一些学习成绩优异,但发展不均衡的孩子。

我们选取了 10 个案例进行研究。在研究过程中,我们通过寻访,深入了解孩子在0—3 岁期间的成长经历,就发现很多儿童的行为问题都和家长的观念、教养方式有关。

比如,我们有个学生在学了《丑小鸭的故事》这篇课文后,马上就说:"我就是那只丑小鸭。"老师就鼓励他说,丑小鸭也能变成天鹅呀!但这个孩子却说:"我不可能!"我们去追寻了这个孩子早期成长经历,发现他在三岁以前不是和自己的父母生活在一起,而是和祖辈生活在一起的。这些早期成长经历可能和这个孩子在学校表现出来的缺乏自信、自我评价不高有一定关系。

我非常推崇母乳喂养,并且建议家长哪怕再忙都要亲自带小孩。在孩子三岁以前,父母最好和孩子睡在一个房间里。因为这个阶段就是小孩子和父母建立一种亲密关系的阶段。母乳喂养的温暖感觉,父母换尿布时的身体接触,父母的拥抱、声音,等等,都可以帮助孩子建立一种安全感。

如果孩子没有在这个阶段建立安全感,在后续的发展过程中就容易出现一些情绪、行为方面的问题。可能会表现得过分依赖,也可能完全不信任别人。

(二) 3—6 岁孩子家长的任务:提供各种刺激

3—6 岁的孩子一个非常重要的特点是发展出了自主意识,并且这个阶段的孩子好奇心很强,要探索周围的世界。这时候我们家长给予孩子的爱就体现在支持、鼓励和引导孩子接触世界,探索世界。

在孩子 3—6 岁这个阶段,大脑的发育是通过各种各样的事物来刺激的。换句话说,孩子看得越多,建立的具象越多,他的大脑发展就越丰富。这个阶段要让孩子变得聪明起来,就是要让他看各种各样的东西,抽象的、具体的、书本的、现实的……

比如说马,既要让孩子看书本上马的图片和介绍,又要看电视里面马的形象,还可以看动物园里活生生的马,甚至可以带孩子去内蒙古旅游,看看草原上奔驰的马。不同样子的马刺激他的大脑后,孩子对于马的认识就会丰富起来。

我们常说"见多识广",不仅孩子的知识技能,而且孩子的情感发展都和他的见识相关。所以这个阶段家长的任务就是提供条件,让孩子的大脑得到充分的刺激,从而得到充分的发展。

(三) 小学阶段孩子家长的任务:培养孩子的自信心

小学阶段主要是 6—11 岁。这个阶段是勤奋感和自信心培养的关键时期。所以,这个阶段家长要鼓励孩子学习,并表达出孩子和其他孩子一样有能力,让孩子体验到"只要我努力了,就能得到肯定",这样慢慢形成正确的自我认知。

家长要有意识地创造机会,让孩子感受到成功的积极情绪体验,一定要避免对孩子吹毛求疵,让孩子感觉不如别人。

我们现在的教育比较喜欢精确评价,但儿童是不能精确评价的。0—18 岁是一

个成长的过程,这个过程中不应该进行定性评价,而要进行发展性评价。

这不是说分数就完全不重要,但小学阶段最重要的还是要帮助孩子了解自我,建立正确的学习目标,让孩子获得成功感。家长不要太纠结于分数,孩子能够寻找到适合自己的学习目标,体验到成功的乐趣这是最重要的。培养孩子踏踏实实学习,通过自己的努力去获得成功的认识和习惯,这种习惯一旦建立就会受益终身。

家长们往往陷入一个误区,就是对孩子要求太高。在绿色指标测试中,有一项是让孩子给自己打分,很多孩子对自己的评价不高,为什么? 其实孩子已经够好了,但是因为家长的要求高,所以孩子自信心不足。这就是家长无形当中给学生造成的压力。还有,家长千万不要骂孩子笨,孩子是会越骂越笨的。如果孩子成绩不尽如人意,也不要把孩子"一棍子打死",要让他看到自己的优势,他就会对自己有信心。

家长们要知道,自我评价、自信心建立是小学阶段的任务,只有自信心建立起来,自我评价正确了,才能够帮助他在中学阶段承受更大的压力。

二、入学前培养三大能力

刚刚进小学的阶段,我们称为"适应期"。通过观察入学适应期的孩子们的表现,主要有三大能力是需要家长们在孩子进入小学前特别注重培养的。

（一）语言能力

在0—6岁的发展过程当中,孩子会经历一个飞速的语言发展期。进入小学时,有些孩子的语言能力已经发展得非常好,在课堂上的表达,和同学之间的交往,都很顺利。但也有一些孩子语言能力方面存在问题。

问题之一是表达不清。比如口齿不清,或者是表达过程支离破碎,又或者是说出来的和想表达的意思不一样。

这是什么原因造成的呢? 我们分析认为,可能是因为家长在平时太迁就孩子,用宝宝语和他说话,或者孩子说了半句就自己揣摩出他的意思,时间久了,就形成了爸爸妈妈和孩子特有的语言,或者爷爷奶奶和孩子特有的语言,但是在学校里别人却听不懂。

问题之二是不会倾听,或者不停插话,或者答非所问。其实这些习惯是从幼儿园时候就开始养成的,家长和孩子交往当中就要注意,要让孩子学会听别人讲话不插嘴,自己讲话要讲完整。

家长也可以在亲子阅读过程中不时提几个问题和孩子互动,看看孩子是否在认真听,是否能明白地讲出自己的想法。

语言能力非常重要,这是小学五年当中要培养的一个基本素养。不管是口头语言能力还是书面语言能力,对于孩子未来的生存发展都很重要,所以家长要多重视。

(二) 自我管理能力

所谓自我管理能力,也就是自我服务能力,这是一个人最基本的生活技能。培养孩子的生活习惯是养成良好学习习惯的重要基础。一个孩子学习习惯好不好是和生活习惯密切相关的。

我们有些家长不重视生活习惯的培养,把生活习惯和学习习惯剥离开来,其实两者是相通的。比如一个孩子如果从小养成了整理玩具的好习惯,他到了学校里就很容易养成整理书包的好习惯;如果一个孩子在家里生活很有规律,这个孩子在学校里就会适应得比较快。

正常、稳定的家庭结构,比较和谐的家庭环境,比较规律的时间作息安排,都有利于孩子学习习惯的培养。

我们学校是陈鹤琴先生创办的。陈鹤琴先生有句话:习惯养得好,终身受其益,习惯养不好,终身受其累。其实习惯的影响还不止"终身",还会通过家庭生活向下传递。所以我们说"三代才能出一个贵族"。

如果孩子习惯丢三落四,或者拖拖拉拉,或者作息时间不规律,家长就需要从自己身上找找原因,看看是不是家长的生活习惯需要改改了。

(三) 交往能力

对刚上小学的孩子来说,我们所说的人际交往能力包括:能不能主动去结识新的朋友;愿不愿意去帮助别人;当和同学发生矛盾的时候,是否可以主动处理好出现的问题。

我们发现90%的孩子做得到,但是有10%的孩子会出现两种问题:

一种孩子表现得很孤单,缺少朋友。这种孩子通常都很乖,但也很被动,从来不主动去交朋友。他们往往很听话,只关注和老师之间的关系,特别依赖老师,下了课就黏在老师身边,但同伴交往有问题。

有些家长觉得这种乖孩子很好,不惹麻烦,但这种孩子往往不会分享,也不会寻求帮助,缺乏必要的交往能力,不利于今后的发展。

我们发现这种孩子的家长往往比较强势,喜欢包办代替。我们的建议是,让孩子每天花半小时到小区里去找其他小朋友玩,家长千万不要怕孩子在交往中吃亏,鼓励孩子慢慢学会和小朋友交往。

另一种孩子很活泼外向,但不知道怎么交朋友,于是用开玩笑或者打闹等方式和同学交往。这样的孩子一般语言发展也有问题,说话说不清楚。交往能力伴随孩子一生,家长要鼓励孩子学会语言表达,引导孩子正确的交往行为。

另外,在孩子的人际交往过程中,家长的心态也很重要。比如我们有个孩子,每天爷爷奶奶放学接到他的第一句话都是:"今天学校里有没有人欺负你?"不难想象,久而久之,家长的"负能量"就可能通过这种沟通传递给孩子。

总之,家长要了解孩子的发展规律,才能够在家庭教育中事半功倍。

吴子健

　　上海市特级校长。上海市建青实验学校原校长。现任上海包玉刚实验学校校长，兼任上海市九年一贯制教育专业管理委员会主任，上海市民办中小学协会副会长。具有幼儿园、小学、中学教育的理论与实践经验，从20世纪90年代起从事教育国际化与双语教学的实践与研究。主编《快乐体验》《九年一贯制素质教育模式研究》《学生创造力培养序研究》《探究学习与教师行为改善》。著有专著《教育在哪里》，发表论文数十篇。主持的课题获教育部基础教育课程改革研究成果三等奖，全国第三届教育科研成果三等奖，上海市第七届教育科研成果一等奖，中国可持续发展项目"十五"优秀研究成果专著三等奖。

中国家庭如何培养孩子的双语能力

> **家庭教育关键点**
>
> ·中国家庭如何培养孩子的双语能力?
>
> 学龄前儿童:先把孩子的汉语基础打扎实。
>
> 在校学生:精选校外机构,增强孩子对学习英语的兴趣。

我觉得关于目前如何培养孩子的双语能力,尤其是"怎么培养在汉语为母语的家庭中成长的孩子的双语能力",是我们必须重视的问题。

目前以母语为汉语的家庭可以分为以下三类:第一类是父母没有英语或其他语种的基础;第二类是父母有英语或其他语种的基础,但并不精通;第三类是父母精通英语或其他语种。

对于这三类家庭,可再分为两种情况,第一种是孩子是学龄前儿童,第二种是孩子已经是在校学习的学生。

一、学龄前儿童双语能力的培养

对于学龄前儿童双语能力的培养,尤其是英语的学习,在国内已经形成了一种赶时髦的潮流,目前针对学龄前儿童英语教育的培训机构也非常多。主要原因有两点:一是国内大中城市中许多的民办学校尤其是双语学校,在面试的时候虽然并不会举行学科能力的考试,但由于在面试的时候可能有外籍教师,并且在语言交流时也可能会使用英语,同时,进校后的一些课程也是外籍教师授课,经过一定培训或是具有英语基础的孩子相对有明显优势。二是经济全球化对教育国际化提出了更高要求。《国家中长期教育改革和发展规划纲要(2010—2020年)》就明确指出要提高我国教育国际化水平,适应国家经济社会对外开放的要求,培养大批具有国际视野、通晓国际规则、能够参与国际事务和国际竞争的国际化人才。很多家长深知,要想让自己的孩子以后在中国乃至国际社会上立足,英语是许多场合下沟通、工作的第一用语。因此,越来越多的家长寄希望于孩子在将来以自己英语的优势获得更多的资源和机遇。提高英语水平在家长们看来,不仅仅是为了应付考试,更是为了日后在职场上(尤其是商业经济、科技研发等领域)能够拔得头筹,充分展现自己的才能。

我认为,培养学龄前孩子双语能力的关键在于如何先把孩子的汉语基础打扎实,就拿孩子出生后所接触的外界来讲,他生活的环境、所接触的语言主要是汉语,那么在这样的一种汉语学习环境中运用语言时的语法、逻辑、修辞,都是按照汉语的规律来进行的。如果在孩子汉语还没有很好掌握的情况下,又让孩子学习英语,会对他掌握语言本身造成一种思想上的混乱和基础上的差异。例如,如果孩子的汉语不扎实,就容易将"What's your name?"按照英语的语序译为"什么是你的名字?"我这样说并不代表我不建议让学龄前儿童进行适当的英语培训,不过这种培训首先要建立在加强汉语学习的基础上,学习汉语也不是简单地学习汉语拼音,而是通过听、说、读、写来培养孩子对汉语的兴趣及正确的表达能力。此外,还应该遵循孩子学习语言的规律,也就是说从兴趣出发,而不是单纯地以会说几个英语单词、几句英语句子来评判孩子的英语能力。

可以让孩子看一些绘本来提高他们的语言能力,家长可以给孩子看英汉对照的绘本,还可以看一些英语的动画片,甚至可以到英语为母语的家庭做客,或是到一些英语环境相对比较好的场所让他们得到熏陶。当然,如果有条件,每年到国外旅游那就更好了。

对于学龄前儿童的英语学习,绝对不能拔苗助长,不能让他们单单靠背英语单词或是简单地说几句话来提高他们的语言水平,这样反而可能会让他们对英语失去兴趣。

二、在校学生双语能力的培养

第二种类型是已经在学校学习的学生,目前他们在英语培训方面的需求特别大。主要原因有以下几点:第一,从中考、高考来看,英语是一门重要的学科,现在教育部发布了中高考招生考试制度改革方案,北京和上海的高考都进行了改革,一年

两考,考生可自行选择参加一场还是两场考试,选择成绩较好的那次计入总分,还首次引入口语测试,并计入总分。这些都对学生的英语能力提出了更高的要求,而且许多英语能力光靠课堂上所学的这些知识是远远达不到的。第二,可能许多学生虽然小学读的是公办学校,但他们希望到了初中或是高中可以到以双语教学为特色的民办学校、国际学校读书,甚至有少部分学生希望能出国留学,因此对他们来说语言学习就尤为重要。第三,考级的需要,有些国际学校或者国外学校招收学生时对证书(语言能力考试)有要求。第四,随着"全球化"观念的不断深化,英语的使用日益融入到经济、文化及社会各个方面,具备双语能力的人才在工作岗位中也更能得到用人单位的青睐。总而言之,这些与经济全球化、中国进一步融入世界是分不开的。

对于在校生而言,我认为在有资质、办学质量好的校外机构里进行一些补习并没有坏处,肯定是有益处的,关键是怎么来正确对待。首先,你如果把孩子送到校外机构去培训的目的仅仅是为了提高孩子的英语成绩,可能可以得到短期的效果,但不一定对孩子某些方面英语能力的培养有好处。而且校外的机构也是良莠不齐的,要经过一定的筛选。其次,参加校外机构培训的关键是进一步增强孩子对英语学习的兴趣,通过校外机构这一种形式的学习让孩子能够更好地掌握英语背后的文化,这一点也很重要。语言背后肯定有文化,"会说"并不等同于"会这门语言",包含文化的语言才是真正的语言。

另外,在读的学生也可以利用学校里的资源来提高英语能力,例如上海很多学校都设有基础型课程、拓展型课程和研究型课程,涉及所有国家课程、学校特色课程。如果我们能够在这些学科进行拓展性、研究性的学习,同时查找一些英文的文献资料,有条件的,若能和国际上的专家学者沟通交流,那么这对学生英语水平的提高更有好处。原因有两点:第一,这会让语言更有学术的含量,学术本身对语言的要求非常严谨,所以这也会培养学生在学习语言时的严谨态度;第二,通过这样的学习能进一步培养学生在其他学科上的创新思维,同时也提高了学生对语言学习的兴趣,能让他们在查找文献资料后,了解世界政治、经济、文化、科技、艺术、体育等各方面发展的动态。

在这里我想举一个包玉刚实验学校学生的例子。我校八年级学生席时雍与丁坚容在《中国校园文学》上发表了三万多字的短篇小说《光明与黑暗之书》。当代著名语文教育家、语文特级教师、全国语言学会理事于漪老师在《初试锋芒赞》中评论:"19世纪70年代普法战争之事,初中学生学习都德短篇小说《最后一课》时均略有知晓。教学时因不作具体阐述,学生印象往往是抽象的、模糊的、概念化的。而今,席时雍、丁坚容两位八年级学生创作《光明与黑暗之书》，用文学的笔触把这场战争刻画得波澜迭起，惊心动魄，一个个人物形态各异，历历如在眼前。"

外界普遍认为，包玉刚实验学校是一所以双语见长、尤其注重英语学习的学校，学生怎么会发表汉语小说呢？对此，席时雍同学认为，英语学习与汉语学习两者不可偏废，必须同样重视。从创作的角度而言，一门语言所代表的是它背后所蕴含的文化。尽管写的是普法战争时期的故事，但由于《中国校园文学》杂志只接受中文投稿，所以包括前期的计划、主旨中心的思考、获得背景知识、整理素材以及和丁坚容之间的沟通交流用的都是汉语，这也成为他们锻炼汉语能力的一大契机。很难想象，如果没有汉语作为基础，两位小作者是如何用富含中文文字艺术的笔触将小说写得扣人心弦的。更何况，这部小说之所以受到评委的青睐，除了深厚的文学功底之外，更重要的是其思想上的认识深刻，是他们对历史和哲学的反思。小作者们的这些思考都是以大量阅读中文学术书籍为基础，再进行创作的。可以说，他们写这部小说的目的和动机以及创作的内涵，都和汉语密不可分。同时不可忽视的是，英语能力也对写作起到了重要的辅助作用。普法战争发生在19世纪的欧洲，因此通过与外籍教师的沟通、查阅英语原版资料，得以核实许多文化元素，使小说更加生动、真实。他们的小说和其他优秀的作品相比，更胜在细节，充分利用了包玉刚实验学校的教学资源是他们的一大优势。老师、书籍、网络等都是他们获得第一手信息的途径，外籍老师对自己文化的解读，再加上中文教师的指导建议，使得这部"外国小说"与中国文学完美结合。这就是包玉刚实验学校中英文双语教学成果的结晶。但席时雍事后也承认，英语只是当他们将主题内容定下来之后，用来画龙点睛的细节处理，若没有过硬的汉语（母语）能力，写小说就像是建造空中阁楼——地基不稳，有再多的外语资源辅助也无济于事，永远无法达到艺术性文学创作的高度。

让我欣喜的是，现在两位小作者已经开始计划把《光明与黑暗之书》翻译成英文出版。为此，他们已经多次阅读国外名著及其中译本，认真学习翻译的知识与技能，准备在跨过非艺术性翻译的门槛后，进入艺术性翻译的更高领域。对于艺术性翻译而言，精通两国语言或者说精通两国文字，只是最起码的条件，译者必须具备像原著一样的艺术标准、艺术要求，也就是说，要让读者能准确地感受到原著的思想感情、精神生活，准确传达语言背后所蕴含的文化。虽然这是他们的原创作品，但在翻译时也遇到了许多困难甚至瓶颈——对于两种语言语法上的冲突，翻译时往往无从下手；词句之间不是简单地直译和替换；翻译过程中，两个文本的主旨很有可能出现偏差，在中文里优美流畅的意识流式的文字，到了英文却像是在报流水账，主旨也模糊

不清。总的来说,小说在翻译时丧失了原文字赋予它的艺术美感,少了内在的"灵魂"。这种现象进而又造成了逻辑上甚至是价值观上的冲突,使得外国人看来有点奇怪荒诞。为了准确传达原文,需要进行大量的修改和校正,甚至要借助英语为母语的老师来检查才能发现错误;为了顺从语境和语感,有时候整段的修改都是必要的。通过这个过程,他们认识到,只有对两种文化都有深刻的认识,体会了解读者的思维模式、习俗传统,才能融会贯通,让小说不再是生硬刻板的翻译,而成为一部接地气的作品。毫不夸张地说,要想让译作达到原著的艺术标准,译者必须同时具备与两种社会文化相适应的条件。

在读的学生还可以利用寒暑假到国外去旅游。我说的这种旅游可不是单纯的玩。语法和单词是国内语言学习的重要部分,而国外学习语言的方式却不大相同,他们可能把语法和单词放在次要位置。像我们学校外籍教师告诉我的:"我们教学生英语就好比教他们骑自行车,先学会骑,然后在骑行中了解自行车的构造。"所以他们就按照分级阅读来培养孩子的阅读习惯,提高孩子的阅读兴趣。我们对每个孩子的阅读的能力进行分级以后,推荐比他的能力略微低一点的课外书,让他在阅读中培养对语言的兴趣。我们知道看书,并不是每一个词汇都认识,即使经过大学教育的成人在阅读小说或是论文时也会碰到陌生的词汇,这些都是很正常的。但只要能把文章通篇读下来,而且对这文章有兴趣,学生就会逐渐认识反复出现的生词。为了把某篇文章或某本书读下来,他们必须了解这个起初并不熟悉的词汇的意思,他们往往会通过查词典去了解这个词的含义。通过这种方式,学生们对于某个生词的记忆会特别深刻。

总而言之,我认为学习英语还是要克服急功近利的思想,在学习语言的同时了解它的文化,比如阅读原版书籍、浏览英文网站、与外国人士沟通交流等,通过这些途径了解英语国家,这样社会所提倡的寓教于乐的目的也就达到了。

吴蓉瑾

　　中学高级教师。现任上海市黄浦区卢湾一中心小学校长。上海市名师后备，黄浦区学科带头人。获上海市"教书育人"楷模，"上海市园丁奖"等荣誉。编写了《培养健康教育，构建完整教育》等。主持的课题多次在全国、市、区立项并荣获一、二等奖，现主持的"云课堂"受到教育界、社会人士的广泛关注，多次在各大媒体上报道。

努力找到孩子身上的"穴道"

家庭教育关键点

·让孩子宣泄负面情绪：

每天至少和孩子沟通一次；

学会安静地听孩子表述；

按捺不住外出散步。

·培养孩子的积极情感：

找到孩子的"穴道"，激发孩子的潜能；

让孩子体验成就感，知道你以他为骄傲；

和孩子一起嬉戏，一起"疯狂"一次。

我在学校新生的家长会上，讲的第一个话题总是"情感教育"。我们从2004年就尝试开展情感教育，先是让孩子们可以宣泄自己的情感，进而培养起孩子们积极的情感。

一、让孩子宣泄负面情绪

（一）每天至少和孩子沟通一次

让孩子宣泄情感，就是要让孩子愿意讲，家长要善于听，耐心地听孩子说任何事。孩子可能会跟你讲很多学校里发生的很琐碎、细小的事情，可能会讲开心的事，还可能会讲不开心的事，甚至是无关紧要的事，年纪小的孩子可能会表述不清，但家长千万不要不耐烦,要耐心地听孩子说。久而久之,孩子就会养成和家长交流的习惯,对家长产生情感上的依恋和归属感,有什么事情都愿意和家长交流。

我知道现在很多家长工作都很忙,但再怎么忙,每天也一定要至少和孩子交流一次,即使是出差或者在外地工作的家长,每天也至少要和孩子通一次电话,进行一次交流。

(二) 学会安静地听孩子表述

在和孩子交流的时候,家长一定要多听孩子讲。有时候孩子的心思非常细腻,超乎我们成年人的想象,所以家长和孩子沟通时,一定要多听孩子怎么说,学会管住自己的嘴巴,不要中途打断,不要动不动就批评孩子。

这个说起来容易,做起来却不易。

我曾经在新学期接了一个班级上语文课,孩子们都很喜欢我。但有一个小男生,总是在课间跑过来问我:"老师你属猪吗?""老师你是不是属猪的?"三番四次之后,我有点不开心了:"这个孩子是在说我胖吗?"但我忍住了,细细问他为什么想知道我属什么,结果孩子说:"因为我是属猪的,我非常喜欢你,所以希望你也是属猪的。"我这才知道,我差点误会了这个孩子的好意!

家长也是一样。如果孩子讲到班级里哪个同学调皮了,或者今天和哪个同学闹不愉快了,家长千万不要听着听着就忍不住对孩子的行为评头论足或横加指责,这样孩子今后再有什么事情都不会和家长沟通了。

家长对孩子的影响要通过自身的榜样示范和日常生活中的潜移默化一点点深化,不急于在和孩子沟通过程中三言两语教育和训导。

(三) 按捺不住时外出散步

另外,家长要允许孩子犯错误,要有这种包容的气量和心态。卢湾一中心小学的老校长程华曾经说过一句话,我觉得非常有道理:"我们要把孩子当人,要把孩子当未成年人,要把孩子当成会犯错误的未成年人来看待。"被大家喻为"熊孩子"的小家伙们总会闹些这样或那样的"麻烦",此时家长要学会克制自己,不能口不择言,更不能管不住自己的手脚,实在压制不了了,就出门散步,等火气消了再与孩子交流。

二、培养孩子的积极情感

(一) 找到孩子的"穴道",激发孩子的潜能

让孩子宣泄情感之后,还要培养孩子的积极情感。在这方面,我们也探索了很

多做法,主要通过教书育人、活动育人、交际育人三条途径。对家长来说,最需要做的一点就是:准确地找到孩子的"穴道"。

每个孩子身上都有一个"穴道",这个"穴道"可能是孩子的特长,也可能是他的兴趣点,还可能是他身上的某种特质。点到这个"穴道",孩子的潜能就被激发出来了,家长对孩子的教育就能切中要害,事半功倍。

我们学校有个"小百花人才库",就是让学生自己报名来展示自己的风采。有一个小女孩,在班上一直默默无闻。某一天,我偶然得知她一直在给《少年报》作插画,我就特意去找到她,鼓励她报名参加"小百花人才库",加入我们的"小画家"队伍。刚开始她还有点不敢相信,后来在我的鼓励下报了名,我还在升旗仪式上介绍了她。

到了"小百花人才库"的才艺展示当天,这个女孩摆了一个现场作画的摊位,吸引了大批老师和学生前来围观,纷纷点赞。为了鼓励她的出色展示,我还送了一套美术专用画笔给她。

当天晚上已经很晚了,女孩的父亲发了个微信给我。他说虽然担心这么晚发微信会打扰我休息,但全家人还是实在忍不住激动的心情,因为女孩回到家非常非常兴奋:"我觉得我'活'过来了!"

从那以后,这个孩子的自信心明显增强了,越来越多的小伙伴认识了她,知道了她,她的热情完全被激发了,积极投入到学校各项活动中,充分展示她的才华。

还有一个男孩子,对手工特别着迷,他制作的洋娃娃让老师们都惊叹不已。不过,这个孩子学习能力较弱,一到做题、上课总令老师们十分头疼。后来,学校开设了手工类的课后兴趣班,老师鼓励他参加,但前提是先认真地完成当天的功课。从那以后,男孩真的做到每天抓紧时间,及时完成作业,高高兴兴地参加兴趣班,用一双巧手为小伙伴们做了很多可爱的小制作。

每个孩子的"穴道"都不一样,而且同一个孩子的"穴道"也是会变的。做家长,就像做老师一样,要努力找到、找准这个"穴道",为他们的发展助力。当然,要找到这个"穴道"可不是那么容易的,家长必须要真的用心陪伴孩子,观察孩子,理解孩子。

(二)让孩子体验成就感,知道你以他为骄傲

孩子需要积极的情绪体验,学校和家长都要努力创造条件,让孩子体会到成就感,让孩子觉得自己是父母的骄傲。

我们学校经常搞各种活动,每个活动都需要小主持人。如何选小主持人呢?我们的做法是在学生中随机抽取,这样一来,平时默默无闻的学生也有机会上台了。

有一次,我们抽到的活动主持人是一个很内向的小男孩。这个孩子平时言语不多,在选中要求当主持人后,老师特意帮他反复排练,做了充分的准备。

男孩的父亲平时工作非常忙,学校发了嘉宾邀请函,请父亲一定要给第一次上台主持的儿子鼓鼓劲。父亲被学校的诚意打动,那天特意向单位请假来观摩孩子的主持,看见儿子的表现,他由衷地高兴,毫不掩饰自己的自豪之情。活动现场,老师也特别引导孩子们为这个"小主持人"的表现鼓掌欢呼,这个男孩非常有成就感,活动结束后,依偎在父亲身边,幸福地笑了。

我们不要总觉得孩子年纪小,其实他们是很敏感的,很在意大人对他们的看法。当孩子觉得大人以他为骄傲的时候,会有一种被重视的感觉,从而爆发出潜力。

因此,即便家长觉得孩子身上的毛病很多,学习成绩暂时不如人意,也要让孩子感到,在大人眼里自己在进步,哪怕每次进步一点点,父母也会由衷地喜悦,孩子处在这样的环境里才会是自信和快乐的。

(三) 和孩子一起嬉戏,一起"疯狂"一次

卢湾一中心小学以丰富多彩的活动而闻名,我们的家长也是各类活动的积极参与者,活动是培养孩子积极情绪的非常好的载体。

比如,开展"宝贝去哪儿"的活动,到郊区进行野炊、郊游。因为父亲不太会做饭,在烹饪的过程中手忙脚乱,只好打电话求助,母亲从市区赶来,紧急救援,孩子们看见父亲的狼狈,感受到一家三口其乐融融解决困难,亲子之间在最自然的环境下亲密地合作与交流,有效地提升了彼此的感情。

今年我校还有了一个首创的"面粉节",发动父母、祖辈一起参与,用面粉做出各种造型的食物,用照片、视频记录下合家做面点的过程;通过学校的"云厨房",让孩子在厨房里自学做菜,家长在另外的教室观看孩子们做菜的过程,然后全家人一起吃做好的饭菜……

这些活动的过程都非常欢乐,在这个过程中增进了亲子之间的交流,拉近了亲子之间的感情,也培养了孩子的积极情感。

有些家长每个周末也带孩子玩,但更多的家长在看着孩子玩,没有真正参与其中。我建议家长要经常和孩子一起玩,一起笑,一起闹,嬉笑打闹中让孩子依恋你们,依恋家庭。在一起面对种种困难,共享喜悦成果的过程中,亲子关系就不知不觉地更加亲密了,孩子的积极情绪也就建立起来了。

张依武

　　上海市数学高级教师。毕业于华东师范大学数学系。历任上海市爱国学校、上海市育才初级中学校长。荣获"上海市园丁奖""静安区科研先进工作者"等奖项。主持市、区级课程多项，主编《启航》一书。

管孩子就像散文，要形散神不散

家庭教育关键点

一定要相信孩子具有向上的力量；

要给孩子提供必要的支持和平台；

让孩子掌握学习方法至关重要。

我个人认为，教育理念很重要。如果你真的对它认可并可以内化为自己的教育行为，就会在自己的家庭教育中自然而然地体现。

一、一定要相信孩子具有向上的力量

我认为成人要相信孩子有自我向上的追求和力量，我们需要做的，就是给孩子提供可以激发这种追求和力量的平台、契机。所以，我们有时会做一些其他家长可能不太敢做的事情。

比如说，我女儿从中班开始学钢琴。一般学琴的孩子每天要练琴半小时到一个小时，但我女儿每个星期练琴的时间加起来也就一个小时左右。每天练琴多少时间是女儿的事，我只要求她练好，回琴的时候不被老师批评就可以。如果她很快练好了，哪怕只用了五分钟，多出来的时间就是给她的奖赏，她就可以任意做自己想做的事情。

虽然女儿练琴的时间比别的孩子少，但是因为兴趣保护得比较好，她学得很愉快，六年级就考出了钢琴十级。更重要的是，在这个过程中她养成了一个很好的习惯，就是每天先把该做的事情做好，做好了就可以做自己想做的事。

有家长说孩子还小，不敢随便信任和放手，我认为家长的信任包括两个方面：

一方面是家长在做出信任之前要充分考察和评估。要评估这件事是对的,还要通过观察,判断孩子的成长路径,在这件事上孩子是否值得信任。如果判断下来不能信任,就不能放任自流。另一方面是你是否真的从心底信任孩子? 如果孩子感觉到你并不是真的信任他,而只是装装样子的信任,他就不可能表现好。

我女儿小学三年级时,有一次临近开学了寒假作业还没做完,赶作业赶到半夜十一二点。奶奶看了跑过来问我:"孩子的作业负担怎么这么重?"我了解了情况之后,就把她的作业本全部撕了。没有按时完成作业的后果是你自己造成的,就要自己承担。不允许这样补作业,自己不休息也影响家人休息。从此以后她放假第一件事就是把作业完成,再也没有拖拉过作业。

校长的话

我觉得家长绝对不要限制孩子应该做什么,家长给孩子的应该是一个框架,一个目标,要相信孩子。当然,这个相信绝对不是放任不管,不是信任孩子就把自己做家长的责任都丢了,把自己对孩子的要求都降低了。就像散文一样,要形散神不散。

这里我想谈谈奖赏。把孩子很快完成任务之后多出的时间当做给孩子的奖赏,这是发展孩子个性的一个很重要的方法。孩子写作业慢、吃饭慢、做事慢,很多就是家长过度干预、不恰当奖赏造成的。

比如练琴,有些孩子五分钟把琴练好了,家长为了让孩子多练,就会表扬说:"孩子你练得很好,妈妈还想听,你再练一遍好吗?"那么孩子得到的信息是:练好了得到的奖赏就是多练,有些孩子就不愿意好好练了。

这就好比说,我们表扬一个人:"你扫地扫得很好,隔壁房间你也一起扫掉吧!"我们大家都知道这种表扬是错的,为什么放在孩子身上就对了?

校长的话

家长应该记住,奖赏一定要给孩子喜欢的才是真正的奖赏。

二、要给孩子提供必要的支持和平台

成人要相信孩子自己会向上成长,同时也要给孩子提供恰当的支持和成长的平台。这也是学校教育和家庭教育共通的一点。这种平台和支持包括很多。其中一种是给孩子提供更好的学习机会。

我女儿从小到大没上过学科补习班,但在幼儿园中班开始学了三样东西:美术、钢琴和英语。这几样要么是学校教育有缺失的,要么是学校教育不能满足我们需求的。

比如英语,外教上的这个英语课纯粹是玩的形式进行的,没有作业、考证的要求,但对女儿的帮助非常大。她在这个语境中学习,直接和外国人对话,也不胆怯、不害羞了。

兴趣是最好的老师,她找到了学英语的快乐,喜欢学英语,自己给自己加码,小学毕业就通过了中级口译,上了初中就获得了英语老师的"免学金牌"。

第二种是给孩子提供获得成功的机会,让孩子体验到成就感。

我女儿中班的时候曾经获得一个艺术节会标设计的特等奖。坦白讲,这个特等奖是有"水分"的——这是我和女儿一起做的。因为当时设计这个会标要用电脑,她太小了,电脑操作还不行。拿了这个特等奖,对女儿的鞭策特别特别大,她自此在这方面非常投入,拿了很多绘画设计的奖项。

第三种是情感上的支持和鼓励,时间上的陪伴和付出。

高一的时候,女儿去哈佛大学参加了一次模拟联合国大会,回来之后就决定大学要出国去读。她的理由很充分:要学得更多更好。我们尊重她的决定并全力支持——这种支持不仅是金钱上的。

虽然她从小读书我从来没有陪读过,也一直反对陪读,但在她高二、高三阶段,我投入了很多时间"陪读"。因为她必须接受国内和国外两个高考,还要进行很多社会实践。我带她到广西的贫困地区去参加社会实践,陪她写申请文书到半夜一两点钟……我觉得父母要给孩子一种心理支持和安慰,让孩子始终觉得自己是最重要的。

校长的话

要让孩子发现自己某一方面的能力,首先要给他提供平台。如果家长总是从消极方面影响孩子,总是批评孩子,那么除非孩子有大志,有顽强的毅力,否则就可能被淹没了。

三、让孩子掌握学习方法至关重要

我和妻子都是老师,但我们从来没有给女儿补过课,也从没让她上过补习班。女儿读书成绩一直不错,我现在反思下来,可能其中一个原因在于,她从小在静安区

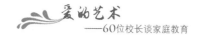

接受义务教育,静安"轻负担、高质量"的教育理念对孩子有很大帮助。另外,学校教育也教会了她很多学习方法。

她复习的时候第一要务不是做题,而是会把自己所有的笔记、错题等整理一遍。她的笔记本很厚的。一个让我印象很深刻的例子是,她高二、高三两年因为忙着准备社会实践、冲刺美国高考等,基本上没有到学校好好上过课,可是,高三一模、二模成绩她都是全 A,语文甚至考了年级第一。

我就在反思,那些全身心准备国内高考的孩子们整个高三都在刷题,但刷了那么多的题,为什么效果却不佳? 我觉得很重要的一点是,我女儿因为没有大量时间刷题,就只做精选题,而且进行了大量的自我整理。

校长的话

这些学习方法中最重要的一点就是自我整理。对学习的知识体系进行归纳整理,对自己的错题进行归纳整理,对自己的学习方法进行归纳整理,等等。这种自我整理比机械模仿、闷头刷题效果要好得多。

说到这里,我特别想提一下育才中学的段力佩老校长提出的学生"三自"育人目标:"自治自理、自学自创、自觉体锻。"我觉得我女儿从这"三自"中获益良多。除了从小养成比较好的生活习惯,自己的事情自己做之外,她每天坚持两个小时的自觉锻炼。

我印象最深的是,她在幼儿园时第一次去学游泳,因为怕水,在游泳池旁边整整蹲了两个小时。但到小学三四年级时,她就喜爱游泳,到了每天要拖着我去游泳的程度了。

当时我的做法也很简单。女儿怕水就不要强求她一定要下水,关键是引导她接近水,让她慢慢不怕水。所以我带她在脸盆里慢慢把脸贴近水面,慢慢学闷水,直到她不怕水,才开始学游泳。

其实学习数学、物理等其他科目也一样,关键还是要让孩子接触它、感受它、亲近它,才可能感兴趣。如果害怕只能是越来越远离它。

校长的话

自觉体锻不仅可以锻炼体魄,还可以锻炼规则意识、团队精神、互帮互助、集体精神、尊重他人、诚实守信、意志力等。

王从连

上海市特级校长，中学高级教师。现任上海市民办进
才外国语中学校长，兼任上海市督学、上海市民办中小学
教育协会副会长。出版《教海拾贝》《做智慧型校长》等
多部教育教学专著。

让孩子做个有平常心的幸福的人

家庭教育关键点

家庭教育不只是知识的积累,还是潜移默化的影响;

家庭教育,首先为人,其次为生,最后才是为学;

家长对孩子的不同价值判断决定了不同的教育观。

一、家庭教育不只是知识的积累,还是潜移默化的影响

我认为,真正的家教,不只是教知识或技能,它应该是在日常生活中无形地影响和自然地流露。也就是说,生活即教育。

首先,家长对孩子的培养,不应该用说教来进行,而应该融于家庭活动和沟通中。这样的沟通可以有很多,比如家庭成员一起吃饭时的聊天和讨论。其次,家长在家里的言行举止非常重要。尤其是在孩子上学之前,家庭教育更重要。

从孩子开始有视力、听力的时候,家长对孩子说话声音的大小,表达方式是否文明,对孩子都会产生影响。孩子所具备的真正素养不是可以教出来的,而应该是在家庭和生活环境当中熏陶和感染而来。举个例子,孩子在外面被人欺负了,很多家长直接的反应就是教他打回去:人家推你一下,你也要把人家推倒。多几次,孩子自然也会学会了。因为家长处理事情的方式就直接影响到了孩子那里。

我孩子小时候遇到这种情况,我通常会让他先找自己的原因。现在他们长大了,在单位与任何人发生不愉快或分歧的时候,从来都是先从自己身上找原因。

或许很多人会担心孩子吃亏,但我不担心。因为我们也是这样过来的,怎么就不

能吃亏了,吃点亏又有什么不好呢? 再比如,家长带着孩子出去买东西,如果家长一直斤斤计较,小孩自然也会看在眼里。这些生活小事对孩子有潜移默化的作用。

我在学校碰到过同样的两个案例:打羽毛球的时候,一个小孩在挥拍子的时候把另外一个小孩打到了,头部流血,受伤孩子的家长到学校又吵又闹,叫人家赔。但是另外一名家长遇到这种情况的时候,却强调,是误伤,没关系,就破了点皮。实际上后面这名家长的小孩缝了六针。我相信,后者的孩子在这样的家庭环境下长大,肯定会大气、宽容。

二、家庭教育,首先为人,其次为生,最后才是为学

我有一个儿子和一个女儿,但是作为家长,从来没有盯着他们的学习成绩高低,反而对他们的行为习惯,他们为人、为生更看重。

(一) 为人

"为人",首先,要做好人。我认为,决定孩子一生的,肯定不是知识和学习成绩,而是其人格修养的完善。如果一个人人品不好,有知识有什么用?

现在家庭教育和一些学校教育的误区,都太重智轻德。但我认为"德"最重要,家庭教育如果不是以道德行为为中心,肯定会扭曲。因此,我非常注重孩子的两个习惯。一是良好的心灵习惯。比如,要为人善良,有悲悯之心,要学会控制自己的情绪。二是思维的品质。对于小孩子,形象思维的品质很重要,而对于大孩子,逻辑思维的品质很重要。我也非常看重孩子的独立性。在孩子们求学过程中,我从来没给他们找过家教。学习上,只给他们做好了规矩,从小学开始就是回家先完成学校任务,后面自己安排。

儿子读小学的时候,因为我当时工作比较忙,只在开学第一天送他去了学校,教他认了路。之后我跟他讲,让他自己走。他同意之后,我在后面悄悄跟了他几天,发现他自己真的可以顺利去学校,就开始让他自己独立走去了。

(二) 为生

儿子小时候身体不太好,我要求他一直坚持体育锻炼,所以他足球、篮球、游泳等运动每一项都不错,身体也越来越棒。另外,培养孩子从小的自我保护意识也特别重要。我一直都告诉我的孩子,要有安全意识,学会保护自己的身体,从小教他们了解防火、防电的知识,以及知道在碰到危险时学会保护自己。

（三）为学

我对孩子的期望是:成为幸福的人。我并不认为他们一定要获得多大成功,或成为大家、名家。我自己都不是名家,怎么能对孩子持那么高的期望呢?为什么一定要把他们培养成精英呢?我的孩子也没有出国留过学,也没有上名校,但是他们发展得很好。他们的心理状态和个人素质都很好。

在社会转型期,很多家长思维是混乱的。家长的期望越高,失落就越大,也会越来越痛苦。这种痛苦很自然地会传递给孩子,在这个过程中,很多孩子的心理其实会发生变化,压力增大,甚至会产生学习和考试恐惧症。有太多的家长希望把孩子培养成精英,很多的家长,因为自己在某方面的缺失,于是把所有的希望都寄托在孩子身上,希望孩子出人头地。所以我们周围才会有那么多"虎妈""虎爸",也有很多这样的书籍。这种书就像成功学的书一样,我从来不看。

三、家长对孩子的不同价值判断决定了不同的教育观

有的家长希望孩子成为平常的人,自我幸福就好;有的家长希望孩子成为精英,获得成功。我认为,家长需要先教好自己,千万不要一心期望把孩子培养成什么人。人的成功由很多因素决定,很多时候机遇也很重要。名家或大家也不是可以培养出来的,它需要有天赋。

我想,我对孩子教育最成功的一点就是:把他们培养成了对社会有一点贡献,能够为社会做点事的人。

爱的艺术

吕华琼

中学语文高级教师。现任上海市长宁区天山第一小学
校长。兼任区小学语文中级教师职务评审委员会成员。获
得"上海市园丁奖"国家级科研论文二等奖等奖项。现领
衔国家级和市级科研课题，有多篇论文在国家和省级教育
杂志上发表。

关注孩子看不见的成长

家庭教育关键点

· **成功的家庭教育需要什么？**

爱，温和的教育方式，家长的陪伴。

· **怎么关注孩子看不见的成长？**

关注隐性成长，注重教育的低处、静处、小处。

· **孩子"一不怕死，二就怕苦"，怎么破解？**

家长可以让孩子参与家庭生活，和孩子一起运动，一起欣赏艺术，一起做公益。

在教育中，那些看不到的、隐性的东西才是孩子在经过教育之后的成长，也正是那些教育者不知不觉中种在孩子心里的东西，会在十年、三十年、五十年之后，慢慢生发出来，影响这个孩子的人生。这看不见的教育，必须要基于一点——那就是爱。

一、成功的家庭教育需要什么

我们很多家长不是不想做好家长，而是不知道怎么做好家长。现在社会上有关教育的各种信息很多，比如"狼爸""虎妈"等。如果家长片面地去学习这些比较单一的案例，对于自己的孩子未必合适。我们应该站在大多数案例的基础上看孩子的身心发展规律和特点。

任何成功的家庭教育肯定都不能少一样东西，那就是——爱。不管这个家庭的经济条件怎么样,父母的职业是什么,原始起点怎么样,都和爱不能相比。一个幸福完整的孩子,不可能在没有爱的家庭中培养起来。而且这个爱最好是以一种比较温和的教育方式呈现。我们学校的教育团队对"狼爸""虎妈"的教育方式不太认可,觉得这种极端的做法眼前可能会有效果,但对孩子的长久发展是不利的。

我们推崇的是在爱的教育下一种温和的教育方式,家庭就应该营造一种让人感觉心里很舒适、很温暖的环境。你家的书柜可能很破旧,但要给孩子一个书柜;你家的台灯可能很普通,但能让孩子得到基本的照明需要……这些细节,都渗透着爱,营造出良好的、温和的家庭氛围。

有爱的、温和的教育方式虽然效果显现出来比较慢,但最能够滋养人。我们可以看到,那些成长过程中不缺乏爱的孩子,即便可能有点骄娇之气,但还是宅心仁厚的。因为孕育这个孩子的土地是温和的、善意的。

家长要像家长,要回归家长的角色,而不是扮演其他的角色——比如成为孩子的老师,甚至惩罚者等。应该怎么样做好家长?我觉得关键词就是陪伴。陪伴孩子阅读,陪伴孩子运动,陪伴孩子劳动,陪伴孩子欣赏艺术,陪伴孩子参加公益活动……我特别强调陪伴。孩子和家长能够成为一个学习共同体。

有了爱、温和的教育方式、家长的陪伴,基本上能够孕育一个良好的家庭氛围。这三点就为孩子的成长奠定了比较良好的生理、心理基础。接下来,孩子的学习技能、知识、综合素养等就可以交给学校,让学校来承担了。

二、要关注孩子看不到的成长

很多家长都非常关注孩子的成长,但我们更应该关注的是平时看不到的地方,那些隐性的教育因素。

比如,家长 A 跟孩子说:"今天如果你考 100 分,我就给你 10 块钱。"家长 B 跟孩子说:"今天你要考不了 100 分,回来我会揍你一顿!"家长 C 说:"今天如果你能在原来的基础上再努力一把,再仔细一点,妈妈会很高兴。"三个孩子同样是 100 分,但背后的东西是不一样的。而恰恰是背后这看不到的、隐性的东西,才是孩子经过教育以后的成长。

我们现在看到的学业成绩,大多是孩子身上显性的成长和变化,但我们要关注一个人三十年后、五十年后,那么这种隐性的教育因素在他身上到底种下了什么,才是最重要的。

当然,很多家长不仅关心孩子的学业成绩,还关注孩子的性格养成。但在这个过程中,同样有显性成长和隐性成长的问题。比如说孩子的勇敢,很多家长判断孩子是否勇敢的标准就是:很多小朋友坐在一起,我的孩子是否是举手最积极的那一个?一架高高的滑梯,我的孩子是不是敢从高处滑下来?而不是关心孩子的内心是不是真的强大、坚定。

家庭教育中也一样。我每天下班回到家,儿子都会给我拿来拖鞋。有一天回到家,儿子正在做作业,孩子爸爸知道他现在年级高了作业多了,马上对儿子说:"你不要去拿,我帮你妈妈拿拖鞋。"这件事看似不大,但其实就是一种价值观传递。做作业和给妈妈拿一双拖鞋,哪件事更重要?拿拖鞋的背后其实是家人之间的爱。那么爸爸的行为传递出来的价值观就是:作业大于家人之间的爱。那就不难想象,三十年之后,儿子工作了,在回家看父母和加班赚钱之间,他会选哪个?

教育的点都是在低处,都是在静处,都是在小处。小的地方不注意,不可能教育出具有伟大人格的未来公民。所有小的细节都彰显出人格中闪亮的东西。

说到教育都是在小处,我想起来一个故事。

我们不久前曾经邀请特级教师于漪老师到我们学校做讲座。会后我们学校一位老师请于漪老师给学校题字。于漪老师说:"我现在年纪大了,手有点不稳,我要回去练一练再给你写。"我们当时觉得这应该是于漪老师的一种婉拒,虽然遗憾,但也都能理解。没想到过了不久,我们真的收到了于漪老师寄来的一幅字!这种细节就能看出,于漪老师真是大家啊!也正是这种细节,就是教育最为润物细无声之处。

看不到的教育还有一个含义,就是教育存在一定的滞后性,效果不会都是立竿见影的。所以,作为教育者,老师也好,家长也好,要学会耐心,学会等待。但教育的滞后性也会给我们带来惊喜,有时候慢慢会绵延出一些可能比你当初预设的还要多得多的东西。

如果我们作为教育者时时考虑到"人"这个字,心中有人,而不仅仅是背后的利益的话,那么将来生发出来的滋味就会更加深远。

三、为啥孩子"一不怕死,二就怕苦"

华东师范大学研究儿童心理的陈默教授曾经说过,现在的孩子,一不怕死,二就怕苦。这是谁造成的?

在物质非常贫困的时候,孩子身上没有这些问题,他们珍爱生命,珍惜资源,热爱学习,现在物质条件那么丰富,他们反而在某些方面出现问题。问题可能不是出在他们身上,而是出在成人世界里。我们当时物质可能很稀缺,但人的精神引导非常强化。我们现在对孩子的精神引导有哪些呢? 有多少时间全部是基于显性的、功利性的? 有多少时间是关注孩子精神成长的?

物质的丰富带来了孩子的精神空虚感。这个怎么解决? 劳动、锻炼、艺术、公益活动等都是能充实人的内心的。家长可以让孩子参与家庭生活,交给孩子一些力所能及的任务,比如倒垃圾、收放碗筷、整理玩具等任务。我们发现很多孩子入学后还缺乏基本的生活技能,比如剥鸡蛋、系鞋带等。不用怕孩子小,给孩子一些家务劳动吧,他会更快乐,成长更快!

我们也特别提倡家长和孩子一起运动。复旦大学一名教授做的研究显示,我国许多发达城市离婚率高、家长与子女交流少的一个重要原因是:家长"低头族"太多,很多家庭父母和孩子一旦空下来,就各自用手机、平板电脑看微信、打游戏,相互交流很少。如果家长和孩子能经常一起锻炼,不仅增加了沟通和亲情,还能让孩子感觉更有价值感。

此外,全家一起欣赏艺术、一起做公益,都能给孩子带来愉悦和快乐的感觉,避免孩子的空虚感。

从小就要引导孩子从这些当中获得满足感,不是试卷,不是证书,也不是别人廉价的夸奖(比如"你好漂亮啊,你真聪明啊,你真能干啊")。

在我看来,孩子的身心健康是一切的物质基础,这也就是为什么学校的口号是"阳光、智慧",而不是"智慧、阳光"。我相信每个孩子与生俱来都是向善、向真、向美的,也希望我们的教育者和家长,都相信我们的孩子,了解我们的孩子,成为一名有"大智慧"的家长。

爱的艺术

花 洁

上海市特级校长。现任嘉定区教师进修学院副院长，兼任中小学校长国家级培训专家、中国教育技术协会小学协作会副理事长、上海市特级教师特级校长联谊会副秘书长、上海市督学、上海市德育基地主持人等职。先后获教育部在线教育研究中心教育信息化优秀个人、第三届全国教育改革创新优秀校长、上海市"三八红旗手"等荣誉。先后承担五项国家级课题并出版专著《互联课堂引领教学革命》《趣味作文ABC》。

五句话发现"学习的秘密"

家庭教育关键点

学习是礼物不是任务；

"静待花开"需要家长的知识储备；

注意力是新时代教育的关键培养能力；

早期孩子的体力与智力同等重要,体力甚至更重要；

学习和生活不应人为割裂。

一、学习是礼物不是任务

聊起孩子们的教育,从教 28 年来,我觉得有个观念带给家长:学习是开心的事情。学习是我们给予孩子的一件礼物。

许多家长都很关心子女的教育,也关心学校质量,所以经常会询问我和老师们有关学习的问题。然而,大家有没有想过,孩子们为什么要学习呢?

不同时期家长对学习的理解有所不同:学习是为了建设祖国;学习是培养德智体美全面发展的社会主义建设者和接班人;学习是为了谋求一份体面的工作……在这样一个目标下,一些家长往往就将学习视为一种任务,并将这种态度和观念传递给孩子们。孩子每天到学校,面对的是更多的任务,体会不到成长的喜悦和求知的快乐。

那么,如何做到将学习视为礼物呢? 我想举我和儿子的例子。我们母子之间进

行平等交流的基础是我站在他的角度去看问题,去尝试他喜欢的事物,去了解他。学习是为了促进作为"人"的个体的发展。所以不妨建议家长不只是站在父母的角度看待子女,而是将他们作为一个人。

很有意思的是,当你和孩子交流时,转换对象,不是对"自己的孩子"说,而是对"一个需要提供成长帮助的人"来说,你会客观地正视问题,增加教育的属性,语气、话语都会发生变化。很有意思,大家不妨试试,会收到意想不到的效果。这样就能更多一些理解,避免眼睛里只有事,而没有人。

在学校中我把每件事情都当成教育来做。例如元宵节,传统的做法是在学校张灯结彩,开展各种活动。但由于受到各方面因素的局限,可能只是提供了一个人造的"教育盆景"。所以我们学校元宵节活动,在充分调研学校附近各街镇场馆元宵节活动安排的基础上,集各方力量,打通学校和社会的联系,让师生们遍布到嘉定城区各个元宵节活动点,到各个街镇居委、博物馆、文化中心、图书馆、敬老院、家庭中去"寻找元宵的味道",参与更富民俗韵味、更具真实情境的元宵活动。从组织到实施都体现了对教育的思考。

二、"静待花开"需要家长的知识储备

最近有一种教育观点很流行,家长在教育中要"静待花开"。我觉得,这个观点也是不科学的。在孩子的成长中,家长的角色不应该是被动地无为而治,而是充分学习相关教育知识,充分了解掌握每位孩子情况之后,根据孩子的成长过程,或主动引导或等待他的自然成长。

面对孩子的成长,家长的等待是后一步,先要观察,土壤里种下的是一棵树还是一棵草,需要什么样的土壤和栽培手段。花朵的种类决定了它什么时候开,盲目的等待是违背教育规律的。对孩子教育不要操之过急,我觉得更多的是指家长的心态不要操之过急,要学会观察和等待。观察和等待的前提是充分的准备。

比如,家长需要知道孩子每个年龄段需要培养的关键能力。0—3岁阶段是大脑神经触突密集发展的阶段,是建立大脑发育的基础。3—7岁是链接期,这一阶段起到引导孩子发展的关键作用,但主要并不在于学习具体知识。在3—7岁时,孩子自主选择会增多一点,关注社会交往,形成认知风格。而在6岁后孩子开始学习,形成较好的思维方式后会经久不变。据我在小学教育的观察,有的孩子在0—3岁时手指接触物体较多,说话做事得到家长引导,在小学就能得到很好的发展。所以,家长需

要了解孩子发展每个阶段的核心能力。

比如学校中有些孩子社会交往能力比较弱,从小就觉得同学在欺负他,其原因有可能是未重视社会交往能力培养的关键期,这对未来他们的社会交往能力是有影响的。

三、注意力是新时代教育的关键培养能力

经常有家长看了成功的案例,或者基于自身的学习经验而教育孩子。我认为,教育的特质就是个体化,每个成功的教育案例都是个案,都是无法简单复制的。教育,尤其是小学教育阶段,每位孩子都需要细致的观察与引导,这同样是小学教师有别于中学、大学教师独特的价值与专业素养。

我认为注意力是新时代教育的关键培养能力。在孩子的成长中,有多种能力得到发展。以前的教育,记忆力是第一位的,因为以前信息获取成本很高。现在注意力是关键能力。这里所指的注意力是具有频度、广度和幅度的注意力。所以孩子未来能在社会上捕捉事物、找寻信息与解决方案是很重要的,不要再把记忆力培养放在第一位。

家长需要与时俱进,在信息社会自己一桶水、给孩子一杯水的时代,已经过去了。所以,家长不能局限在自己原有的教育观念与知识体系中,需要与教师沟通,完善学习家庭教育知识。

四、早期孩子的体力与智力同等重要,体力甚至更重要

目前,所有教育在事实上都是将智育放在第一位。而体育,也只是强调锻炼身体素质。体育不仅仅是身体的锻炼,还在于体育能力让孩子在有风险的环境下锻炼,培养他们面对困难的勇气,教会如何面对风险,培养与人交往的能力、团队合作的能力乃至领袖气质。

另一方面,小学阶段和幼儿园阶段发展的运动能力是不同的,运动与学习也具有相关性。家长关注孩子的速度与敏捷,现在一些孩子欠缺的恰恰是平衡与协调、力量与精细动作。只有从幼儿时期关注运动,才能培育健全的运动能力,发展体能,从而适应未来社会的挑战。

五、学习和生活不应人为割裂

家长将学习和生活人为割裂的情况经常表现为家长管生活、孩子管好自己的学习。我们经常会在餐厅里看到，小孩子自己拿个 iPad 或玩具在玩，家长喂他吃饭，这已是见怪不怪的现象。孩子从一出生，就有吃的本能，长大后这种能力在家长的关爱中弱化了。

经过长期观察，我发现，生活习惯差的孩子，学习习惯也相对差。家长有意无意地破坏了自己孩子的生活习惯，培养良好的学习习惯的难度一定会增加。所以，培养学习习惯应该先从培养生活习惯开始。

比如吃饭比成人晚 10 分钟结束，洗澡根据季节设定时间，让孩子有时间概念。又如，表面看是作业拖拉，但在孩子心理层面则是他们在生活中没有时间概念。如果他们吃饭、洗澡、玩乐都能自主合理安排，有时间概念，那么学习也是有规律的。当然，家长也要学会时间管理。

在小学阶段的家庭教育中，家长还需要培养孩子在规定时间专注地做一件事情的能力。所以学校给孩子们发了一张卡片，让他们带回家。上面印着：学习中请勿打扰。半小时内独立完成作业，遇到问题半小时后才可以求助讨论。"爷爷奶奶请不要端茶送水，爸爸妈妈请不要嘘寒问暖……"老师自编这样一首小儿歌就是希望家校共同配合，在生活中养成良好的学习习惯。

爱
的
艺
术

郭 雄

上海市数学特级教师。现任上海市延安中学校长，兼任上海市数学会常务理事兼中学教育委员会主任、上海市教育考试命题和评价指导委员会委员。荣获"全国优秀教师"（1995年）、"苏步青数学教育二等奖""全国师德先进""全国优秀教育工作者"和"全国五一劳动奖章"等。负责的教育部课题"探究学科思想，改善教学方式"获第五届全国教育科学研究优秀成果奖三等奖、上海市第十一届教育科学研究优秀成果一等奖。

如何培养孩子有后劲

家庭教育关键点

· 如何让孩子有后劲？

培养孩子的好习惯，培养孩子的观察能力，培养孩子关心他人，多和孩子讨论，让孩子多动手、多劳动和多体验，保护孩子的好奇心。

· 好学生的普遍问题是什么？

规则意识太强，创新意识不足。

· 奥数最重要的技能是什么？

学习如何解决问题的基本方法。

我们常常看到这样的孩子，小学时成绩平平，到了初中、高中却开始崭露头角；也常常看到这样的孩子，读书时独占鳌头，走上工作岗位却频频受挫。一个孩子未来发展如何，不看起跑，关键看后劲。那究竟什么样的孩子才会有后劲呢？

一、如何让孩子有后劲

（一）培养孩子的好习惯

首先是培养孩子生活的好习惯，以后才会有学习上的好习惯。

（二）培养孩子的观察能力

培养孩子的观察能力对孩子今后的成长非常有利。家长可以有意识地引导孩子观察周围的世界，比如在马路上散步时，就可以引导孩子看看左边有什么，右边有什么,让孩子说出来。这种观察力的锻炼对孩子有几点帮助:一是让孩子的视野更宽阔,不会眼里只有自己;二是帮助孩子看问题更全面;三是通过锻炼观察力还可以培养孩子的记忆力。

（三）培养孩子关心他人

这点为什么很重要?因为会关心别人的孩子长大后就会有一种全局观。没有全局观的学生,高中的学习成绩也很难提高。当然,在工作中全局观就更加重要。这是孩子今后进入社会的必要素养。

一个自私自利的孩子今后发展肯定不好,因为他考虑问题比较单一,周围关系也比较差。但如果一个学生从小学会了关注他人,那么这个孩子在学校中常常会成为小干部。周围的同学会推选他(她)当小干部,在这个过程中他(她)又得到了很多锻炼。

有很多方法可以培养孩子关心他人的品质,比如引导孩子关爱小动物,或者关心帮助周围有困难的人。关键是家长的心态不要太狭隘,不要太功利,生怕孩子吃亏。要从孩子成长的角度看得更加长远。

（四）多和孩子讨论

家长要多和孩子讨论问题,不要一天到晚训斥孩子。哪怕孩子的想法是错的、不全面的,家长也要和孩子进行平等的探讨,引导孩子,培养孩子思考问题的方式方法。当然,要讨论孩子感兴趣的内容。讨论之所以重要,是因为讨论的过程就是思考的过程,不会讨论其实就是不会思考。

（五）让孩子多动手、多劳动和多体验

对开发潜能来说,动手、体验非常重要,比读书还重要。动手的核心就是动脑,即培养思考,而且这种思考看得见、摸得着,对孩子的智力开发非常重要。小学和初中都应该多增加一些动手的课程,家庭也应该更加重视孩子的动手能力。在动手做和劳动的过程中,孩子会学会思考,会探索更好解决问题的途径。有了这两点能力,还有什么事情做不好?

（六）保护孩子的好奇心

对我们家长来说,一定要保护好孩子的好奇心,好奇心是兴趣的基础,是未来发展的动力。

很多孩子到了高中之后,就没有学习后劲了。为什么?从家庭的角度看,可能是因为家长忽略了上面这些重要的东西,让孩子把大量的时间、精力花费在补习班上了。

如果家长做好了这些,可能孩子小时候成绩不突出,但有潜质,到了初中会慢慢冒出来;到了高中,这样的孩子则一定会冒出来;进了大学,这样的孩子一定是学习有兴趣、发展有潜质、而且自己有目标的孩子!

二、好学生的普遍问题

这里还要提到一个问题。我们现行评价体系内的"好学生"普遍有个问题,就是规则意识太强,创新意识不足。我们正在反思这一点。当然,规则意识是必须建立的,但对学业而言,创新意识、质疑能力还是需要加强的。就社会发展来讲,要推动社会的发展,就要有"社会需不断完善的、规则是可以改进的"这种意识。所以,我们既要培养学生的规则意识,又要培养学生推进社会发展的意识,质疑、反思和解决问题的意识,对于培养优秀学生,这方面非常重要。

在这方面,我认为讨论式教育有利于培养学生的创新精神和质疑能力。因为讨论的过程中,孩子就要考虑:这个问题哪里可以改进,该如何改进。学校和家庭都要努力给孩子创设这种讨论式教育的环境。

之所以造成这种"有些好学生缺乏创意"的现象,与我们现在的教育有关。因为听话才能在我们的教育体系内成为好学生。我们现在这种只有高考一条路的教育,对家长、对社会都是有问题的。这是我们教育的一种局限,也是一种社会进程中暂时的困难。但是从学校教育来讲,绝对不能唯分数论,而是要以人的综合发展来评价。从家长的角度来看,也不能以学业这个单一标准衡量孩子,因为孩子今后还是要走上社会,靠的不是分数,靠的是能力,是眼界。

生活与生存比学业更重要。学业只是生存的一个台阶,要更好地生存,需要的是发展性的能力。这些要从小进行培养。能力教育中,很关键的一点是要培养学生学会看书,学会看自己感兴趣的书。我做校长,但我对现在很多学生"没有自己喜欢的问题想研究,没有自己喜欢看的书"的这种现象也不赞成。当然,我们教育者有责任,大量学校的作业没有给孩子们自己看书的环境和氛围。我们教育要好好反思,一定要让我们的学生有时间、空间和环境,去研究自己喜欢的问题。

三、奥数最重要的技能是什么

家长在教育上不能急功近利。现在很多家长不是根据孩子的实际情况,而是根据自己的期望培养孩子。我把这种教育叫做"龙凤教育"，这实际上不是一种因材施教。

我可以举个例子，比如很多民办的奥数培训班，家长打破头要把孩子送进去。为什么要学奥数？家长的心愿是让孩子能进好的学校，受好的教育。这种心情大家都一样。但问题是，进了奥数民办培训之后，是否对孩子有智力开发的作用？

我曾经以专家身份担任由某网站组织的"全国五星金牌教师（上海赛区）"的评委，给各培训机构选送的"优秀"义务教育阶段教师的说课环节进行打分，20多位数学教师轮流登台说课、展示，结果只有一位教师的教学能力达到正规学校的及格线。事实上，这20多位参赛者都是各个著名辅导机构的骨干教师，培训着数百名、甚至上千名中小学生。这些教学功力不达标的校外教师能教好学生吗？这对很多有兴趣但目前不适合进行奥数开发的学生来讲是一种摧残，对他们今后的发展实际上是一种阻力。就像第六、第七个葫芦娃在污泥浊水中长大，原本的潜质无法得到开发一样，有些孩子在这些机构的误导下，可能把本来的思维潜质也压抑了，只会套用公式、套用老师的方法，不会自主求智了。

其实，对于奥数，重在学习如何解决问题的基本方法。如小学生家长也可以用最基本的方法引导孩子。比如，一根线剪一刀会变成两段；把线对折一下剪一刀，会变成三段；还是一根线对折多次剪一刀，会变成几段……给孩子一根线、一把剪刀，让孩子试着去做，孩子会慢慢通过这个看得见、摸得着的过程去尝试。家长不要帮孩子总结，让他自己去思考，慢慢就学会了归纳总结。具有这种学习意识，孩子的智力一定会得到开发。

再比如，一个小组排队，小明从左往右数是第5个，从右往左数是第6个，问小组一共有多少人？这个解题思路其实是有一套方法的，但这套东西一定不能从老师嘴巴里出来。就让孩子自己去琢磨，让孩子自己慢慢总结出来，而不是老师教给孩子一个公式让孩子去套。这种数形结合的问题，孩子会有各种不同的思考。这种思考的过程才是学习最宝贵的地方。

此外，中国一些传统游戏，比如"九连环""鲁班锁"等，都是非常好的数学小玩具，可以开发孩子的数学智力。

爱的艺术

赵均宁

英语高级教师。毕业于上海外国语大学。现任上海市浦东新区万科学校校长，兼任中国教育学会外语教学专业委员会常务理事兼外国语学校工作部部长、上海市教育评估院专家组组长。曾在美国任教，在日本等国讲学。在《中国教育报》《中小学外语教学与研究》《上海民生发展报告》《解放日报》《文汇报》《上海教育》等报刊杂志上发表论文多篇。主编的外国语学校英语系列教材（小学、初中、高中）是目前全国各外国语学校的通用教材。

要培养孩子健康的体格、独立的人格、中庸的性格

家庭教育关键点

做家长,立意要高,眼光要长远;

好父母要向孩子学习;

培养孩子健康的体格、独立的人格、中庸的性格;

学习语言是"看世界的第三只眼"。

一、做家长,立意要高,眼光要长远

一个现代的、理性的家长,培养孩子首先要立意高、眼光长远。我认为家庭教育的立意要高,就是对孩子要有高期待。要从小培养孩子成为面向国际和世界的人,能同世界上其他国家对话的人。对话不仅是语言,更是精神上、思想上的。我认为,每一个成功的孩子后面都有成功的父母,甚至说,有一个成功的家庭团队。

二、好父母要向孩子学习

家长要学会向孩子学习,这样才会让孩子超出你的预期,而不会永远在家长搭建的框架内。

我也会向孩子学习。在家里,我很多的东西都是女儿教我的。甚至我穿衣服的搭配与颜色选择,女儿也会时常给我指点。

同样,我也从我的学生身上学习。虽然我是英语老师,但是我有时候好多英语的思维都是无形之中受了学生们的影响。举个例子,我有一天问孩子们怎么翻译"欲速则不达",我们之前的翻译一直是"More haste, less speed"。但孩子们给我的答案却让我至今都难忘。他们问我,"Short cuts will lead nowhere"是不是也可以。"抄捷径将一无所获",很明显,他们给我的答案似乎更耐人寻味。

很多时候,大人很容易受自己思维定势的影响,但孩子们思维却是活跃的。我们更应该多倾听,多向他们学习。

三、健康的体格

身体是一切。让孩子健康也要掌握技巧。比如,对孩子从小的营养以及体育锻炼都要做合适的选择。我孩子从小的游泳和篮球投篮都是我教会的。

体育锻炼不仅仅是跑跑步。我知道他们这一代以后肯定是成为国际化的人。一方面,我会让孩子学习有中国特色的体育运动,比如从小就打乒乓球。另一方面,我也会让她学网球等西方的运动。当然,所有这些体育运动也是锻炼孩子合作、团队的精神,培养他们抗击打能力的重要方法。

我还有一个建议是:体育锻炼也要立意高,可以向专业方向靠近。既然学了就要学好。这方面是需要家长花时间、花精力的。比如根据孩子的兴趣鼓励他们参加学校的俱乐部,课后寻找专业的教师学习等。

我也特别关注孩子要有健康的体型。我女儿四年级的时候很喜欢吃麦当劳。我之前在国外出差,很久没见到她,回来之后发现孩子胖了很多,原因是她喜欢上了吃汉堡。然后,我就一直想办法改变她的这个习惯。有一天我和孩子在路上走,孩子无意中看到橱窗里面的礼服,说很漂亮。然后我拉着她停下来,故意说,是很漂亮,不过你估计穿不上,女孩子要有好的身材才能穿得上漂亮的礼服。之后每次她想吃汉堡的时候我就会用类似的话跟她讲,慢慢这个习惯也改掉了。

四、独立的人格

独立主要体现在人格上。

我首先会给孩子毫无保留的安全感,其次也要培养她独立的人格。一方面,我会告诉孩子,我的一切都是你的。如果你有需要,你可以跟我提出来,只要我能做到,我会尽量满足你。但是我也告诉她,爸爸也不能永远在你身边,所以你要学会靠自己。我告诉孩子,其实在这个世界上任何人都不一定会保证永远在另一个人身边。父母是这样,夫妻也是这样。完美的夫妻是两个人成为好朋友,朋友的意思就是两个人互相帮助,可以互相分享和面对困难。这个基础就是每一方都要有独立的思想和人格。

家长如果希望孩子将来成为能超越你的人,那就要给他们独立生存的机会。比如,我女儿小的时候,我一直告诉她,如果万一走失,做三件事情:不要哭,不要紧张;呆在原地,不要乱走,等家人过来;家人很久没过来的话,找穿制服的警察。为此我还专门在大马路上"走失"几次,测测她会怎么做。

独立人格的培养一定要用鼓励法。家长要根据每一件具体的事情加以鼓励。比如小时候我每次在家里,孩子只要帮我做了一件事情,我会对她说:谢谢你,今天这个做得不错。

当孩子慢慢大了以后,家长要给孩子独立的空间。比如我是英文老师,但是我从不教孩子英文。她自己有老师,我相信她可以学好。我只会在需要的时候稍微启发一下她。

现在家庭教育中的一个问题,就是妈妈通常很啰嗦,这是不行的。我记得我女儿初三考试的时候,我妻子会做一件事情:晚上切好水果端给孩子,摸摸女儿的头,用鼓励的眼神看她就关上门走开。这样反而孩子学习的效果非常好,因为她是完全可以领会到父母的爱和支持,自己也会努力。一唠叨,反而会产生逆反心理。

独立的人格还包括尊重别人的独立情感。当孩子遇到挫折难受的时候,我的做法就是:让她自己先难受,有需要再提供一点帮助。我觉得这样的情感经历是必须的。如果一遇到事情家长就给予帮助和安慰,那她慢慢就过于依赖。这里很重要的一点是,家长要尊重孩子的想法和独立。

五、中庸的性格

"中"指的是不偏不倚、公允,不走极端。"庸"并不是庸常,而是学会合作。中庸其实就是宽容。宽容的人是容易幸福的。

我培养孩子中庸性格的一个做法是,与孩子一起学《论语》。我会经常和朋友、亲戚的孩子一起学习。我懂论语,就会定期教他们,并和他们讨论论语。

举个例子,某一天我问他们,子曰:"克己复礼为仁""非礼勿视,非礼勿听,非礼勿言,非礼勿动"。"礼"指的是什么?孩子们一起讨论,后面他们告诉我,这个"礼"

是规矩,是法律。然后我问他们,为什么现在很多网站不能让他们上?他们瞬间就明白,因为法律不允许。于是他们知道,"礼"还跟地域、国别有很大的关系。继续衍生到生活中的其他问题,比如为什么小孩子不能喝酒等,他们就懂了。

就跟我刚才讲中庸的内涵一样:中庸是不偏不倚、公正的、阳光的、不走极端的性格。性格是动态的培养过程。比如,春天来了去踏春,出去见朋友带他们一起,家里婚丧嫁娶带着孩子们一起来参与,在动态的参与过程中他们对生活的理解更快。

我认为,人生的最高境界就是中庸,有所为,有所不为,懂得什么该做,什么不该做。其实做老师也应该做到这一点,该教的教,不该教的不教。要尊重"最近发展区"原理,给孩子一定的空间。

六、学习语言是"看世界的第三只眼"

作为一名英语老师,我认为,在上海,学英语已经到了后工具时代。英语已经不是一个工具。工具有可用性和不可用性,但是现在我们人人都需要用到英语。我认为,学习任何语言都一样,学习它更多的需要学习一种语言的内在文化。语言其实是给我们过"第三种人生"提供了机会。

语言的作用有两点:一是让孩子生活和工作更开心,通过学习不同的语言体会别人的生活。二是让孩子具备和世界主流国家对话的机会,并且用共同的语言解决生活、社会,甚至人类共同的问题。流利的发音不是关键,关键是能表达出好点子,不管是用美国英语、印度英语、中国英语、日本英语,还是西班牙英语,能在一起解决共同的问题就好。这才是学英语的一个用处,才不至于太短视。就像学数学,数学是整理世界、认识世界、管理世界的逻辑体系。

因此,孩子需要大量接触,大量阅读、听、读出来,能读能说,有声有形。目前很遗憾的是,大多数学校的英语在中学阶段就已经被教死了。大部分孩子在为了做题而学习。用现在时下的话,我们应该说"英语+"。真正的英语学习是它能让你过更精彩的人生。

杨振峰

　　上海市生命科学特级教师，上海市首批正高级教师。教育博士研究生。现任上海市建平中学校长，享受国务院特殊津贴。兼任上海市人民教育督察员，教育部"国培"专家，全国生物教学专业委员会理事，上海市基础教育课程改革专家委员会委员，上海市教育专业学位培养指导委员会委员，上海市生物教学专业委员会副理事长，上海市"二期课改"教材特约撰稿人，上海市生命科学课程标准审核组专家，上海市高考、学业水平考命题专家，上海市高级教师学科评审委员，上海市生命科学名师培养基地主持人，生物奥林匹克竞赛高级教练。曾主持或参与国家级、市级课题11项。编著有《从学生立场出发》《生活中的生命科学》等12部，发表论文60多篇。

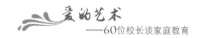

家庭教育的三个关键词

家庭教育关键点

关键词一：人；

关键词二：才；

关键词三：能。

家庭教育需要实现的目标有三点：一是为孩子成为一个人打下必须的情感基础，二是为孩子成才培养两个好习惯，三是为孩子培养今后必备的能力：自控力。这三个方面概括起来就是三个字：人、才、能。

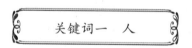

关键词一　人

·家庭是孩子社会化进程的起点

我认为一个好的家庭教育是要在培育学生的家庭认知、家庭伦理、家庭规范等方面有充分的准备。良好的家庭秩序是支撑中国社会的细胞。中国传统文化讲究长幼有序，尊老爱幼，这些优良的传统文化要传承下去，一定是源于家庭教育，而非学校教育。

我认为，今天家庭教育的一个重要功能是培养孩子对家庭的认知，培育家庭伦理道德和中华传统文化，这是教育的功能，也是家庭的功能。只有每一个家庭有序，才能做到古人所讲的"修身、齐家、治国、平天下"。

修身是个体行为，齐家则走向了合作，而且是跨年龄的合作，在多子女家庭还包括和兄弟姐妹的同年龄群体合作。孩子都是在家庭中学会和成年人相处、和未成年人相处、和兄弟姐妹相处,然后再把这些迁移到学校、单位、社会、国家、全人类。所以,家是中国传统文化里面最特质的一个东西。

我们千万不要忽视中国的传统文化。注重家族伦理的这种做法,既扎根于传统文化的教育,又能够促进教育的核心功能——人的社会化进程。这是家庭教育中最重要的一点,必须做到。

关键词二　才

·培养爱学习、善思考的习惯

我认为家长要有意识地给孩子养成爱学习、善思考的习惯。因为一个人如果不爱学习,就无法获得新信息;不善于思考,就没有创造性思维,不能独立地解决问题。只有将这两点结合,才有可能成为人才。不爱学习,不善思考的孩子,即使顺利考上高中、大学,也可能会出现各种状况,退学的有之,厌学的有之,因为他不是将学习作为本初的动力,而是将学习当作获得分数的诉求,这就有问题了。

那么,如何才能帮助孩子培养爱学习、善思考的习惯呢? 我认为可以从两个方面着手,一个是要从培育家庭民主开始做起,另一个是适当去除学习的功利性,也就是家长一定不要过于功利地看待孩子的学习,要适当以退为进。

举个例子,几年前榨汁机还没像现在这么普遍的时候,我去德国出差就买回来一台。孩子对这个机器很感兴趣,连续两周主动榨果汁。为什么呢? 他并不是突然爱上了家务劳动,而是他对如何使用这台榨汁机有着很强的好奇心。

任何一个儿童,都会对未知世界抱有好奇心。好奇心是学习的原初动力。但很多家庭没有给孩子的和学习成绩无关的好奇心留出空间,认为这是没有意义的事情。还有的家庭由于缺少儿童和成年人之间的民主,更加阻碍了好奇心的发展。要去除功利心,保护孩子的好奇心对很多家庭来说很难做到,因为孩子可能学习成绩一时半会还是上不来。但是我们依然要鼓励儿童去思考,一旦儿童发现了他存在的价值,自然就有了学习的基础。

教育过程中不能老是以"进"为进,而要适当地以"退"为进。

关键词三　能

·培养最关键的能力：自控力

前面讲了培养人，培养才，将来的孩子还要有能力，要能够解决很多具体问题。第一，要培养孩子善于规划的能力，做事要有计划性。第二，要培养孩子扎实的行动力，不能只会夸夸其谈，规划好的事情要通过行动落实好。这两点结合起来就是自控力。所谓自控力，就是把想做的事通过规划安排好，通过行动落实好。在这个过程中，可能会有诱惑，有冲击，但如果能有效地调节自己，朝原有目标不断前进，就是能力。

已经有大量的研究表明，孩子的成功最终取决于自控力。而自控力是可以培养的。那么，如何培养孩子的自控力呢？

我的体会同样有两点。一是强调孩子自己的事情自己做，家长不要越俎代庖。比如孩子的作业时间、玩耍时间都引导孩子自己进行安排，自己进行规划。二是要求孩子在规定的时间、规定的地点，完成规定的任务。比如吃饭。规定的时间10分钟，规定的地点饭桌，规定的任务吃饭。时间到了吃不完就收掉，孩子也饿不坏。再比如作业。规定的时间40分钟，规定的地点书桌，规定的任务完成作业。时间到了不管做没做完，必须结束。

家长必要的时候要狠下心，通过一些挫折和惩罚逐渐培养出孩子的自控力。不妨就让孩子失败几次。很多孩子没有受挫能力，因为他们没有失败的感受，家长太害怕孩子失败了，总是尽力避免孩子可能经历的失败。而且，我觉得最开始实行的时候应该是"高利害、高惩罚"。比如明天就是期终考试了，今天让孩子规定时间、规定地点完成复习任务，没有完成也收掉书本。第二天他可能考砸了，这是一个惩罚，也可能因此受到老师批评，这是双重惩罚，这样孩子的印象会很深。

采取这种强制措施时，家长要言而有信，说到做到，而且运用一段时间。不用担心孩子会因此记恨父母，父母和孩子之间的情感化因素是教育的绝佳素材，孩子会朴素地感觉到父母这是为自己好。

总的来说，家庭教育的任务可以用这三方面来概括，那就是培养人、培养才、培养能。

爱的艺术

方培君

　　上海市特级教师，正高级教师，国家二级心理咨询师，家庭教育指导师。现任复旦大学附属中学副校长，兼任华东师范大学特聘教授，上海市第二、第三期名师基地主持人，上海市特级教师特级校长联谊会副会长兼秘书长，"上海市家庭教育讲师团"专家。

好习惯是如何养成的

家庭教育关键点

· **孩子成长过程什么最重要？**

健全的人格，习惯的养成，自信。

· **如何培养孩子的习惯？**

两个关键词：一是抓早，二是坚持。

· **如何与孩子有效沟通？**

慎用"你总是……"，慎用"我是为你好"，学会倾听孩子说话。

一、优秀孩子的家庭的共同特质

我利用工作便利，研究过很多优秀孩子背后的家庭教育。

我曾经在复兴高级中学工作了27年多，又在复旦附中工作了6年。在和很多优秀学生接触后发现，高知家庭的孩子成绩未必就如大家所认为的很好；经济条件非常困难的家庭的孩子的视野也会受到一些影响；倒是很多中等家庭，如果家长比较注重家庭教育，孩子更容易成才。为什么呢？

我分析了一下，高知家庭往往会走向两种极端：一种是放任自流型，希望让孩子接受快乐教育。这类家长常用的是鼓励，"你真棒"常挂嘴边。最终发现，不加以任何约束的快乐是短暂的,不快乐是长久的。另一种是严加管教型,自身很优秀的家长,对孩子也有很高的要求。这类家长在孩子面前常常会说:"你怎么一点不像我,我当年读书是如何如何的优秀……"我们要承认,两代人在许多方面有着非常大的差异,你绝对不能将你成长时的场景照搬到今天你的孩子身上。

很多经济条件中等的家庭,家长对孩子有一定的要求,但又不是特别高的目标。当他们看到孩子取得一些成绩时,就会很欣赏孩子,由衷地肯定,这样家庭中成长的孩子往往更加自信、更加容易成功。

另外,最近一个国内的调查显示:会听取孩子意见的家庭,或者说比较民主的家庭,子女的成绩优秀比例比不听取孩子意见的家庭要高;面对教育分歧,家长选择私下协商的家庭,子女的成绩优秀比例比较高;父母情绪越正向,子女成绩优秀比例越高……国际上的一些研究也显示:母亲心态好,孩子成绩佳;走路上学有助青少年提高学习成绩……

上述这些都给我们家庭教育以启示,要给孩子一个什么样的家庭环境。

二、培养好习惯

孩子成长过程什么最重要?我觉得有三个方面:一是健全的人格,二是习惯的养成,三是自信。今天我想特别谈谈第二点,就是习惯的养成。

我很多年前曾经读过一位台湾作家写的一本书《命好不如好习惯》,其中有句话印象很深,"一个养成好习惯的人要不成功都难",可见习惯养成的重要性。习惯影响一生,学会改变习惯,命运跟着改变。我们每天 90% 的行为都是出自习惯的支配。可以说,几乎每天所做的每件事,都是习惯使然。因此,唯一能够有效改变生活的手段就是有效地改变我们的习惯,幸运的是,每个人都有这个能力,只是常常被我们忽略。

习惯一定是行为,而且是稳定的,甚至是自动化的行为。因为习惯是一种自动化的行为,潜意识表现的行为,并不一定是他自己希望的行为。每个人身上一定有很多好习惯,也有些不好的习惯。成功往往就是从好习惯开始的。

20 世纪 60 年代,苏联发射了第一艘载人宇宙飞船,这艘飞船的宇航员叫加加林。当时挑选第一个上太空的人选时,有这么一个插曲:几十个宇航员去参观他们要驾驶的飞船,进舱门的时候,只有加加林一个人把鞋脱了下来。加加林觉得:"这么贵重的一个舱,怎么能穿着鞋进去呢?"就是这一个习惯动作,让主设计师非常感动。他认为:"只有把这艘飞船交给如此爱惜它的人,我才放心。"在他的推荐下,加加林就成了人类第一个飞上太空的宇航员。所以有人开玩笑说,成功从脱鞋开始。实际上就是从好习惯开始。

我是非常赞同中国青少年研究中心副主任孙云晓在谈到习惯养成时说的三个重点,即学会做人、做事、学习。做人的核心是要培养孩子要有爱心;做事的核心是要遵守规则;学习的核心是要勇于创新。

三、如何培养好习惯

习惯的养成与年龄的关系非常密切。年龄越小越容易养成。研究显示,孩子在3岁时,生活习惯基本养成;6岁时,会养成许多行为习惯;9岁时,学习习惯已基本养成。所以我们常说"三岁看到老"。

习惯养成了是不是就没有办法改变呢?就学习习惯而言,最佳的矫正期有这样几个,如新学期开始的时候或者换了学习环境时等。因而当学生进入初中、高中或大学后,过段时间再回母校看望老师,常会听到老师的评价:"士别三日,刮目相看。"

这种改变的前提必须是,孩子自己希望改而且又存在这样的契机。等到习惯养成要改的时候,需要下很大决心,习惯也不是牢不可破的。在现实生活中,我们还可以看到很多老年人退休之后重新培养起很多好习惯,许多都是希望自己的老年生活更健康而改掉了许多年轻时的一些不良习惯。

研究者有个说法,养成一个习惯需要21天,就是说,一个习惯的形成,一定是一种行为能够持续一段时间,他们测算是21天。当然,21天是一个大致的概念,只能养成一些简单的习惯。根据研究发现,不同的行为习惯形成的时间也不相同,复杂一些的习惯养成一般需要30—40天。总之是时间越长习惯越牢。

有人也提出了培养习惯的"三二一模式",我觉得颇有道理。"三"是认识必要性、选择可行性、具有操作性。"二"是两句话。一句是"关键在前三天",这里的前三天并非确指,而是指刚开始一段时间的坚持;第二句是"奥妙在缠缆绳",就像缠缆绳一样,只要每天缠上新的一股,要不了多久就会牢不可破。"一"是一句口诀:"三七二十一",坚持 21 天培养起一个好习惯。

四、给女儿培养习惯

习惯的培养是贯穿在整个家庭教育过程中的。

关键词一:抓早

因为意识到习惯养成的重要性,所以我们很早就注重养成孩子良好的习惯。最早可以追溯到她出生后,父母就可以通过语言、眼神、行为告诉孩子一些基本的规范的东西,对于孩子身上出现的一些好的行为积极鼓励,对于一些不好的习惯也及时纠正。

女儿进小学前,我跟她说:"你马上要进入小学。我会给你两个闹钟,以防其中一个失灵。妈妈教你调闹钟,然后你自己调好,要是起床晚了迟到了,该被老师批评就得接受批评,因为读书是你自己的事情。"从起床如何调闹钟、叠被子开始,到教会她前天晚上如何整理书包等,养成习惯的内容非常具体,在养成的同时又培养了她的自立。

在我看来,小孩子的自信非常重要,而且年龄越小的孩子自信越重要,这些需要家长去关注并帮助她养成。

在女儿上小学之前有两个学校需要进行选择,一个是她自己考取的竞争非常激烈的实验班,另一个是家门口的普通小学。我让女儿自己选择,她说:"你们决定吧,因为反正读书都是靠自己,在哪里都是一样。"我听完很欣慰,然后决定上离家里近的小学,并且告诉她虽然学校离家里近,但是每天上学要带的东西自己记得带,不要指望父母帮你送过去,不要过于依赖父母。

这样的事例实在是太多了,但一个好习惯的养成会使她受益终生。

关键词二:坚持

习惯的养成要从小抓起,从细微处抓起。在这个过程中父母和孩子都要坚持。在我们家里,孩子和父母都有一些必须坚持的事项。

比如,女儿自小学毕业后,坚持给她的小学老师,后来是给她的初中、高中老师在教师节的时候写信,这样的习惯坚持了十几年,在坚持的同时又学会了感恩。在她开始写信的时候,我就告诉她要有内容、要有诚意。她每年在信里告诉老师在一年中自己的成长并感谢老师在自己求学的关键时期给予的帮助。她的小学班主任告诉我,每年教师节等待她的信成了习惯,从中能感受到做教师的意义和快乐。

我们家长现在也坚持了一件事。女儿十八岁以后去了国外,我和她父亲每年她生日时分别给她写信。因而不管是习惯的养成,还是孩子良好品行的背后,实际上都离不开家长的言传身教。

亲子沟通小贴士

1. 慎用"你总是……"

心理学当中有个图示叫做"自然应验的预言",就是说,你觉得对方是一个什么样的人,就会用什么样的态度来对待对方,结果对方的行为不知不觉就和你的预期相一致了。比如,有的家长说:"我说了吧,我们家的孩子会考好";还有的家长说:"我说了吧,他这种样子不可能会考进好学校的。"如果你经常在嘴边这么说,孩子可能就真会如你所说。

因此心理学中常说,我们要慎用"你总是"后面的话,其实"你总是"这样的话就已经暗示他实际上就是这样的人了。小孩子喜欢听肯定的话,要考虑孩子的接受心理。

2. 慎用"我是为你好"

当和孩子沟通不畅的时候,你是否常以"我这样做是为你好"这样的句式说话?千万注意这句话,因为在孩子叛逆期的时候,这句话常常会导致跟孩子的冷战。

虽然你可能是为他好,你的做法也是对的,但是,当他不理解的时候,就应该我们家长来改变,因为他是一个未成年人,所以一定要改变我们的方式,让他能够接受。

当我和孩子不愉快时曾采用了一个办法,我们两个人坐下来,各拿出一张纸,孩子把自己眼里妈妈的优缺点写出来,妈妈把孩子的优缺点也写出来。我女儿说:"你写我的缺点有七条,我写你的缺点就只有三条。"沟通以后,我们各自选一个不足来改正。

这样的态度让孩子能感受到家长也是愿意反思,也会承认自己的不足,这样我们之间的沟通才能越来越顺畅。

3. 学会倾听孩子说话

当孩子跟你的观点不同时,你一定要等待,而不是马上打断他说"你这样是不对的"。

首先做到倾听,专心、耐心地听孩子讲话,这是交流的首要基础,倾听是一门艺术。不轻易打断孩子说话,即使有不同意见,也慎重表达,或者另找时机沟通。你设想一下这种情景,孩子兴高采烈地和你交流她的看法,而你老是充当"警察",居高临下地发表你的意见,时间久了,孩子就失去了与你交流的兴趣。

其次是肯定。在交流时,适时给孩子肯定,这个肯定不是说表扬,而是给孩子激励。此时,家长不宜使用一些反面的语言加以评价或打断,如"胡说八道""哪有的事"等,这会给交流带来伤害。在倾听孩子讲话的同时,即使孩子的话你不同意,也没必要以激烈的语言反驳,我常采用"哦,是吗""这样啊""真的"来表示肯定,这时的问句是半开玩笑半惊讶的语气,先保持住孩子交流的积极性,这很重要。

再次是尊重。今天的孩子是值得我们学习的,他们获取信息有时候比我们快得多,只要说的有道理我们就要采纳。

沟通是一种学问,是一种艺术,也是一种能力。如果你希望跟孩子能够有良好沟通的话,就应该走进孩子的心灵世界,与孩子共同成长。

爱的艺术

张　烨

高级教师。毕业于新加坡南洋理工大学，获教育管理硕士学位。现任上海市黄浦区第一中心小学校长，兼任黄浦区政协委员，上海市第二批"名师名校长"工程学员。近年来先后获得"上海市园丁奖"等荣誉。撰写的《在导学服务中智慧育人》一书曾获上海市教育科研成果奖。

孩子进入小学前，家长要做好这些准备

家庭教育关键点

· **家长要培养孩子的三个素养：**

好奇心与求知欲；

良好的习惯；

更强的社会适应能力。

素养一 好奇心与求知欲

孩子的好奇心是天生的，3—6岁是孩子主动性发展的阶段，他们对什么事情都感兴趣，觉得什么事情都能够胜任，都想去尝试。

对孩子好奇心的满足，我觉得现在的家长做得还是不错的。但是有了兴趣之后，如何培养孩子持久的关注是非常重要的，这方面，未必每个家长都能够意识得到。不少家长只知道，孩子喜欢的东西，我尽量满足他就行了。

好奇心有时带来成功，孩子会很开心；有时也带来不成功，比如受到别人的批评，这时孩子觉得受到了挫折，就需要做出调整。孩子碰到挫折也好，困难也好，都是正常的，关键还在于家长适时、正确的引导。

帮助孩子在经历了一次成功的体验之后，把好奇心保持下去，内化为持久的求知欲，这一点尤为重要。当然，要将偶然的好奇和兴趣变成持续的求知欲望，需要家长付出耐心、时间和精力。

比如孩子喜欢阅读，一开始可能只是偶然的兴趣，这时父母可以多陪伴阅读，在

过程中多加交流,你读到些什么? 是怎么想的? 父母又是怎样来认识的……通过亲子陪伴这种行为模式的固化,逐渐帮助孩子养成阅读的习惯,再慢慢过渡到独立阅读。

但是,即使孩子能够独立阅读了,家长也要注意继续和他保持沟通,让他分享由阅读产生的理解,并让他感觉到他的认识和理解是被认同的,这么做会鼓励孩子在以后的日子里开展更多的阅读。

素养二　良好的习惯

现在大家都知道习惯的养成很重要。小学生的习惯主要可以分成学习习惯、行为习惯和生活习惯,三者之间又是互相联系,互为影响的。

对于学习习惯的培养,老师们都比较重视,学校在这方面也会做大量的工作。比如在学习准备期,老师们都会放慢教学进度,将更多的课堂时间用于对良好学习习惯的培养。通过创设情境、编儿歌等丰富多样的形式,循序渐进地帮助学生建立"身站直""人坐正""认真倾听""发言响亮"等一系列学习习惯。

这些习惯在家庭学习的时段,也需要保持一致。

对于行为习惯以及生活习惯的培养,其实从孩子一出生就开始了。如:待人有礼会主动招呼长辈、说话轻声能正视对话者、遵守规则、不奔跑喊叫等行为习惯;又如:准时睡觉、按时起床、自己的东西自己学着整理等良好的生活习惯,这些靠入学之后再来建立或纠正就比较晚了。

有些家长在这些方面比较随意,自己睡懒觉,让孩子陪着一块儿睡;到了晚上,自己可能要看看电视、打打游戏,放松放松,想起来了会喊孩子睡觉,若孩子贪玩不睡,也没继续跟进的约束和要求,也想不到从自身的行为示范做起。

现在不少家庭由于父母工作繁忙,由老人帮着照顾孩子,许多事情老人"包"了,父母缺失了培养孩子习惯方面的意识和能力,除了指责、训斥、打骂,没有其他更有效的沟通办法。

孩子在行为上产生小小的偏差,有些家长简单地理解为孩子年龄小、不懂事,没有适时地加以劝阻和纠正。这些疏忽和纵容实际上对孩子的健康成长非常不利。由于迁移的作用,这样的一种基础状态,对于孩子在入小学之后建立良好的学习习惯非常不利。

我们现在口头上称呼的"习惯",其实是教养的重要组成。教养单靠学校教,力量是单薄的。家庭教育中，教养的责任是不能忽略或缺失的。家长要学会多跟老师沟通，根据孩子的个性特点，适时地提醒他、帮助他、纠正他，共同承担起教养的责任。只有学校和家庭一起配合，才能让孩子建立起良好习惯，为终身的可持续发展奠定基础。

素养三　更强的社会适应能力

当下，学校的课程越来越丰富，有人不理解，搞这么多活动干什么？认为课堂学习、试卷分数，才是有实际作用的。其实，这样的认识是片面的，是对育人规律的不了解。

更丰富的课程体验，其实是在给学生提供更多的学习和成长经历，在这过程中，可促进学生非智力因素的综合提高，特别是有利于帮助孩子提高社会适应能力。

同样，家庭教育也要致力于培养孩子这方面的能力。概括起来，学龄前儿童应该具备的社会适应能力主要体现在以下三个方面：

·融入集体的能力

在集体中，孩子首先要学会自我定位，"我是这个班级的一员，我能够为班级做些什么？"这样的角色定位对于现在的孩子来说有点困难。

如今的孩子大多是独生子女，不像我们以前，兄弟姐妹、堂姐堂妹、表哥表弟很多。现在的孩子在生活中，缺少交往的氛围。除了学校的同学，很少有其他的交往圈子了。因此，父母要为孩子营造融入集体的氛围。在这方面，学校的家委会做得比较好，发挥了很大的作用，在学校的活动之外，创设了很多亲子活动。

比如前几天学校开运动会，当天下午孩子们放假休息。这时候，有些班级的家长就精心设计了配套的活动，在某某公园自发组织拔河比赛。现在的家长很多都是80后，文化水平高，组织、策划活动的能力、创意和专业性不比学校差。

前一阶段，学校一年级某班的家委会模仿《奔跑吧！兄弟》节目，组织了"奔跑吧！宝贝"的活动，在事先与班主任老师沟通好的前提下自发组织开展，取得了不错的效果，班级文化也在无形之中逐步建立起来了。这类由家长自发组织的课外活动，拓展了独生子女的交往圈，为他们的成长提供了更多的体验和经历。

这种让所有家长的资源和能量积聚起来，由孩子们共享的做法，是提高孩子社会适应能力的有效载体。当然，这背后也需要有学校的一些专业指导。

·自我控制的能力

前不久，我们学校的副校长到英国的几所学校开展教育交流，她很惊讶地发现

英国学校的学生基本没有我们这里所说的"行为规范很差"的现象,比如大喊大叫、不懂规则意识等。他们说话都是轻轻的,在走廊上始终以适当的速度行走,没有随意奔跑的现象。这其实是一种自控能力,和从小的家庭教育是分不开的。

事实上,我们在教学过程中遇到的问题小孩,比如作业拖沓不肯做,不遵守行为规范等,都与早期家庭教育中对自控能力、规则意识的教育缺失有关。

家长往往觉得孩子还小,和他讲这么多他也搞不清,顺其自然就行了,于是不给他一定的约束和要求。这些孩子在家里想干什么就干什么,在任何时间、任何地点做任何事情都可以。等他们进入学校,在集体的环境中,也就不懂得举手和倾听,不懂得如何在集体中与老师和同伴相处。这样的孩子,如果不尽早进行纠正的话,会变得很自我,今后难以融入社会。

过去,一些老教师会让这样的孩子静坐,对他们进行约定时间的行为约束或惩戒。这种做法如今很难与"体罚"区分开来,现在的教师不会也不敢这么做了。但是我个人认为,家长不必对此矫枉过正,遇到这样的情形,可以在家里尝试要求孩子安静地坐定几分钟,或者取消某项娱乐作为惩戒。如此循序渐进,逐步纠正,帮助孩子形成良好的自我控制和管理的能力。

·良好的情绪

现在有些孩子遇到不称心意的事情,容易走极端,严重的还会用自虐的方式逼迫家长达成自己的某项意愿。这时候,家长和孩子之间的沟通显得尤为必要。通过沟通,家长要告诉孩子什么样的反应是适合的、恰当的,而不能一味地包容、妥协。

新生入学时期,家长最好每天保持一定的亲子沟通时间,了解孩子在校的行为以及行为背后的想法,特别是关注孩子情绪的稳定性,一旦发现有波动,及时与老师沟通,一同帮助他做调整。毕竟,学校的教育是有限的,帮助学生建立起稳定和良好的情绪,家长做在前、做得多的话,自己孩子的成长就会得益多。

学习和成长是需要素养作为支撑的。小学生的学习素养有很多方面,核心部分是什么,教育者已经在理论和实践层面开展了许多研究。作为家长,也可以有一些基本了解。

家长作为孩子的第一任老师,对于学龄前儿童的前期干预是不可或缺的。帮助自己的孩子在上述几个方面建立一些正确的认识,形成良好的规范,培育基本的能力,对于他们平稳度过幼小衔接的关键时段,乃至促进今后的发展,都是很有必要的。

赵国弟

　　上海市特级校长，中学物理高级教师。物理教育本科毕业，获教育管理学硕士学位。现任上海市进才中学校长，兼任教育部"国培"兼职专家，上海市高中教育管理专业委员会副主任，上海市"双名工程"中学校长培养基地副主持人，上海市特级教师特级校长联谊会副秘书长，上海市物理学会理事，上海中小学心理健康教育专业委员会理事等职。

用四种方法"唤醒"青春期的孩子

家庭教育关键点

·家长该如何说孩子才会听？家长该如何听孩子才会说？

孩子不肯说？家长先说；

孩子开始说了,家长不要轻易打断；

和十几岁的孩子平等对话；

给孩子提供选择的自由。

给十几岁的孩子当家长,是件很有挑战的事情。这个年龄的孩子,往往开始进入了所谓的"叛逆期",就像把自己包在茧里一样,有什么事情都不喜欢和父母沟通。有时候家长苦口婆心说了半天,孩子也不一定听进去多少。

那么,对十几岁的孩子,家长该如何说孩子才会听？家长该如何听孩子才会说？

一、孩子不肯说？家长先说

因为工作关系,我平时接触到很多中学生和学生家长。现在的中学生家长普遍有个困惑:孩子不肯和自己进行交流,有什么事情都闷在心里,不说出来。

为什么孩子不肯说？其实,这是因为家庭中没有营造出足够的平等氛围。家长要让孩子表达自己,首先要让孩子感觉到家庭中的氛围是平等的、友好的。这样孩子才可能把心里的话说出来。

我的建议是,要打破孩子不肯和家长沟通的僵局,家长首先要主动和孩子沟通。

在和孩子沟通的时候,家长不要总是追着孩子问读书、考试怎么样,作业做完了没有,可以主动谈谈自己工作中遇到的事情、生活中的经历等,把孩子当做一个平等的朋友来对待。

比如在晚饭桌上,父母就可以谈一谈,今天遇到了一件什么事情,自己是怎么看待这个事情的,当时有哪些考虑,甚至有哪些困惑,都可以告诉孩子。

还有,要视孩子为家族一员。譬如家里买房子、配家具等家庭"大事",也可以和孩子沟通,听听孩子对买房子的看法,希望买在什么地方,是基于什么考虑,等等。一般来说,孩子也会很积极地参与,提出自己的看法。虽然最终的决定权还是在我们大人,但孩子会感觉到自己是家庭的一员,感觉到自己被尊重;有些涉及孩子的家具、衣服类完全可以尊重孩子的意见。

当然,孩子比较小的时候可以有选择地讲,孩子长大一点,就可以把一些面临两难的选择也讲给孩子听。这样一来,孩子就会感觉到自己被当做成人一样对待,感觉到家庭的氛围是平等的。与此同时,也在孩子听取两难问题的选择中形成自己的价值观,也会有意识地去学习各方面能力。

二、孩子开始说了,家长不要轻易打断

如果平等友好的家庭氛围营造起来了,孩子就会有和父母交流的愿望,就会开始讲自己的事情了。但这个时候,父母一定要注意,不要轻易打断孩子的话,不要轻易对孩子的观点、想法进行评判。

有一次,一对父母因为觉得孩子很闷,两天内基本不进食,也不肯和父母沟通,就带着孩子来和我谈。

我和孩子聊了一阵子,刚开始这个孩子不怎么说话,后来,孩子感觉比较安全了,开始讲话了。但他刚讲了几句话,他的老爸马上就说:"哎,你这个不对!"我对这位父亲说:"你少讲几句! 听孩子讲。"

父亲停下来,但让孩子愿意讲话的氛围已经被破坏了,又要重新培养和孩子的感情了。好不容易重新培养起来,孩子又开始说话了,这时在旁边听的妈妈又忍不住来打断了!

很多家庭都是这个状况,孩子一说话,家长就忙着评判:"你这样想是不对的,你不应该这样说……"这就不难理解孩子为什么平时不愿意和家长沟通了。

对于孩子,家长最重要的是倾听、陪伴、引导。孩子讲话的时候,家长不要打断,

要慢慢听完、听明白,不要急着用自己的价值观去加以评判,多听听孩子为什么这么想,为什么这么做,再慢慢加以引导,有的时候,孩子讲完了,问题也就解决了。

三、和十几岁的孩子平等对话

我以前在东昌中学做校长,2014 年离开东昌的时候,很多孩子都表现出不舍,甚至哭了。为什么这些十几岁的孩子会这样? 可能是他们喜欢我平等地对待他们,许多孩子有什么事情都愿意和我说,在家里和校内受的委屈也能释怀,我觉得是因为他们感受到了我的信任。

我的办公室的门总是敞开的,孩子们有什么的话会来找我,他们好的建议我会去逐步落实。

比如我刚到进才中学第二个星期,有孩子跟我反映,说喝开水的同学们排队排得很长。我在校园里看了一下,确实提供的开水源不够,在与学校职能部门商议后,就在每幢楼安装了开水供应装置。当然,如何保证安全,需要职能部门做好相应的准备。还有像学生进阅览室看书(自习)的时间限制问题,学生晚上洗澡水问题,都列入学校需要改进服务的具体事项之中。

当然,这个年龄段的孩子也有考虑不周全的地方,这时候也要和孩子进行平等的沟通。

2015 年新年之前,学生们提出要买焰火迎新,尽管以前有燃放的先例,但这次我没有同意。后来学生们跑来找我,一位学生干部说:"校长,我们迎新活动都策划好了,您为什么不同意?"

我说,进才中学是培养什么人的学校? 我们要培养的是未来的领导者,是具有国际视野、创新精神的谦谦君子、大家闺秀。这些未来的领导者要能够站得高、看得远。所以,我们要关注什么? 我们需要关注我们所在的环境,如今的空气质量已经如此糟糕了。如果大家觉得我们就放个烟花没什么,我们不放,别人也可以放,那么环境同样会影响。我们不是一般的学生,是国家民族的栋梁之才,将来作为领导者,在决策过程中,我们仅考虑自己的感受,能担当未来之使命? 我们就是要从行为意义上去保护和考虑这个社会。

学生马上就明白了。于是,我问学生们:你们明白了,接下来要怎么做呢?

孩子们很聪明,他们马上想到一些办法。又一位学生干部说,我们学校有个环保社,我们去做一些宣传环境保护的印刷品,包括关于禁止燃放烟花的宣传,这个校长您同意吗?

我同意了,并且又布置了一个"任务"给他们。"我们不燃放烟花,辞旧迎新的气氛确实会有所减少。今年来不及了,但你们能否动动脑筋,想想明年有什么办法,既不影响环境,又能体现过节的氛围?"

这样一来,一次谈话就谈出了三个话题。这就是教育。

新年活动结束之后,有件事还是遗憾的。因为本来我准备在迎新活动中讲话表扬他们的做法,但因为时间不允许,就没讲。我想,孩子们也是能理解的,因为我们对孩子是真心的尊重和信任,孩子们是能够感受到的。

四、给孩子提供选择的自由

要想唤醒和激发孩子的潜力,除了有效的沟通之外,我觉得学校和家长还有另外一个共同的任务,就是要尽量减少对孩子的强制性要求,给孩子一定的选择自由。

除了国家规定的基本的学习要求、品行要求和学校特色的文化教育必须做到之外,学校、家长和老师都不应该再强加给孩子更多的要求,而是要努力提供平台,提供给孩子更多的可选择的机会。

比如,现在许多学校都有场馆教育课程,这是上海学生的环境优势,组织学生们到有关的场馆去上课学习,是件对学生有好处的事。但是,现在大多数学校统一组织的多,学生能选择的相对较少。如果某个学生恰好对某个博物馆不感兴趣,这种强制大家都要去的做法不就起不到教育的作用了吗?

所以,需要我们教育单位提供更丰富的上海场馆教育的课程。上海有百余个各种各样的博物馆,是否能将每个博物馆的资源编制成小课程,提供给孩子自主选择?当然,在学校的课程方案中应明确场馆课程的学习要求(学分要求),学生就可以从这100多门博物馆课程里选择自己喜欢的。这么多的门类,基本上每个孩子都可以找到自己感兴趣的内容了。

当孩子广泛涉猎各种知识的时候,如果找不到自己的兴趣点,那这些知识对他并无意义;但如若他在这个广阔的世界中找到了自己的兴趣点,这一个点就可以带动他其他方面的学习。教育中有非常多的这样的案例,这种迁移能力是非常宝贵的。

所以,我们学校和家庭需要尝试"广种薄收",需要组织并提供丰富多样的学习机会和内容。如学校可开设各类短小的讲座,一个学期有几十个,涉及各个领域。学生可能对其中某些不感兴趣,但几十个讲座中学生总能找出那么几个感兴趣的吧?

　　同样的学校的学科教育需要建设学科文化宣传,可以通过校园宣传栏,每隔一段时间换一期,提供环境让学生能够找到自己感兴趣的点,这样就随时随地激发他的学习兴趣。

　　这就是给孩子的发展提供平台,提供选择的机会。对于家庭来说,还可以给孩子提供另外一种成长平台和机会。比如:家庭的出游计划、客人接待等。现在每个家庭都会组织一些家庭旅游活动,完全可以让孩子去做计划、做攻略。虽然孩子的考虑未必周到,出游过程可能会更累一点,但是我觉得这是值得的。因为大人包办就剥夺了孩子成长和展示的机会。

朱 萍

中学高级教师。现任上海音乐学院实验学校党支部书记兼校长，上海音乐学院实验学校教育集团理事长。2009年入选上海市第二届名教师、名校长后备人选，2011年入选长三角第二届名校长研修班。2013年赴芬兰参加上海市中小学校长高级研修班学习。发表《以艺术为载体，推进学校特色发展》等多篇论文。

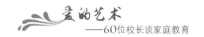
让孩子快乐学音乐的五个关键阶段

家庭教育关键点

艺术教育中,要让孩子的兴趣变为爱好,爱好成为习惯:

出生—幼儿园:提供艺术氛围,培养兴趣;

幼儿园—小学:因材施教,选择适合自己的艺术门类;

学习起步阶段:专业培训,规矩起步;

学习过程中:创造条件让孩子体验成功;

学习瓶颈期:帮助孩子坚持下去。

如今,越来越多的家长开始重视孩子的艺术教育。不少家长在孩子年幼时就为他们报各种各样的乐器班,想让孩子与音乐早早就能有个"约会"。然而,这些"约会"很多都不欢而散。"分手"的原因,大多是孩子碰到难关消极怠工,家长看到无进展就信心动摇。孩子学乐器,甚至成为不少家庭亲子关系的一大"杀手"。怎样才能让孩子坚持乐器学习,在音乐艺术魅力的感染下全面发展?

在艺术教育中,要让孩子的兴趣变为爱好,爱好成为习惯,才能从艺术中受益终身。要实现这个两个转变,家长需要在孩子成长的不同阶段做好五件事。

一、出生—幼儿园:提供艺术氛围,培养兴趣

要让孩子对艺术感兴趣,就要及早让孩子感受到艺术的氛围。如果希望孩子未来喜欢上音乐,家长在孩子小时候就应该为孩子营造音乐艺术的氛围,培养这方面

的兴趣。

当孩子还是小宝宝的时候,就可以适当在家放一些古典乐,让孩子耳濡目染到高雅的音乐艺术。等孩子大一些,进入幼儿园,家长便可以带着孩子去听一些普及性的音乐会。诸如上海音乐厅十分有名的星期广播音乐会等,还有一些专门给小朋友听的亲子音乐会,孩子在音乐会现场可以亲身感受到音乐艺术的魅力。

我们现在很多家庭每年都会带孩子出去旅游,国内、国外都有,让孩子开阔眼界。这当然很好,但家长会带着孩子去音乐厅听音乐会的却屈指可数。这其实恰恰是许多家长艺术教育意识淡薄的体现。建议家长可以在这方面有意识地进行一些尝试。

二、幼儿园—小学:因材施教,选择适合自己的艺术门类

当孩子对音乐的兴趣培养起来了,从小学或者幼儿园中大班开始,就可以试着给孩子选择一两样乐器开始学习了。

进我们学校的一年级孩子们有一个特点,就是学钢琴的特别多。这也和当下社会上学习艺术的情况相一致。现在很多家长想到让孩子学乐器,第一个就想到钢琴。其实音乐教育远不止钢琴一种。我们学校的音乐专业课就有24门之多,没有必要所有孩子都扎堆学钢琴。

值得一提的是,有些乐器对于孩子是有一定生理要求的,并不是每一件乐器都适合所有孩子。例如,管乐对孩子的唇形、牙型、气息和肺活量都有一定的要求。因此,在选定一件学习的乐器前,应当去专业的机构询问专家意见,看孩子是否真正适合学习这门乐器。如果盲目地学习,可能在一开始上手容易,但之后会带给孩子无尽的挫折和痛苦。只有顺应孩子的天性,因材施教,孩子才能真正体会到音乐的快乐。

同时,学习乐器也要掌握一定的时机,不同的乐器适合不同年龄的孩子起步。当然,因为每个孩子都有个体差异,所以很难说出一个对所有孩子都合适的起步时间。但从总体来看,民乐非常看重"童子功",需要比较早地开始学习,一般在幼儿园就开始学习了;管乐则需要孩子有比较好的体力,起步时间较晚,可以在小学中高年级开始。

家长可以结合自己孩子的实际情况,做好相应的准备和计划。

三、学习起步阶段:专业培训,规矩起步

我们有一些来考试的艺术特长生,学了很多年的声乐,却连音高的概念都没有,

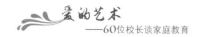

甚至一些基本旋律也唱不出来。这种问题的出现,归根结底,是音乐基础教育培训的环节出了问题。

对于孩子的音乐教育,必须要有规有矩,追求专业。这就和学习汉语拼音一样,一定要规规矩矩学,才能给日后的语文学习打好基础。

很多家长在音乐培训上没有什么概念,随便就把孩子送进了一个培训机构。有些培训机构固然有比较好的老师,但也有很多培训老师的专业性是不够的,没有办法给孩子打造良好的基础。

专业的老师会有系统、有章法地来训练孩子,发挥孩子的潜力。作为初学者,必须要接受专业的培训,才能为日后的发展奠定良好的基础。因此,在为孩子选择老师的过程中,家长一定要注重老师的专业性,不要一开始就把孩子的基础打歪了。

四、学习过程中:创造条件让孩子体验成功

要让孩子把对音乐的兴趣转变成对音乐的爱好,一个重点就是让孩子体会到成功的喜悦。

我们学校因此为孩子提供了许多的平台去展现自我。比如每个月的"家长开放日"演出、社区公益演出以及一些不同级别的比赛,我们都积极鼓励孩子参加,并给他们颁发证书和奖状。这些经历对孩子是一种肯定,是塑造他们成就感的一块块基石,这种成就感,正是兴趣向爱好转变的关键。

不过,我并不赞成去考级。因为考级一般就是反复练几首考级曲目,只要练好练熟这几首就可以过关了。这就会造成孩子除了考级曲目弹得动听,其他曲子都不尽如人意的情况。孩子的整体音乐质素没有提高,长期而言对孩子还是一种信心上的伤害,所以,过分注重考级反而可能挫伤孩子学习音乐的积极性和兴趣。

五、学习瓶颈期:帮助孩子坚持下去

孩子学习乐器,坚持是最重要的一环。

许多家长都会碰到这样的情况:孩子遇到一个难关,一直无法克服,便开始慢慢失去热情。这种情况很正常,在音乐学习过程中,孩子一定会遇到各种各样的关卡。家长在遇到这种情况时不要过分紧张,可以做出一定的让步,鼓励孩子,并联系专业的老师。

一般来说,专业老师在这种情况下会根据孩子的情况,对学习的曲目难度和要求做出相应的调整和变化,适当放慢进度,增加梯度,让孩子渡过难关。

还有一位家长的做法是,在孩子遇到困难想放弃的时候就带孩子去听音乐会,用台上优美的演奏来鼓励孩子坚持下去。

我是不赞成强迫孩子练习的。很多家长是不熟悉音乐知识的,强迫反而有可能造成孩子的抗拒情绪,使孩子在家长不知情下胡乱练习,反而造成更多的问题。我也不赞成家长看到孩子无法坚持就任随孩子放弃。其实,坚持本身也是一种习惯的培养,是意志力的锻炼,是责任感的建立。所以,坚持对于孩子的音乐素养以及素质教育都至关重要。

还有些父母会和孩子一起学习一样乐器,虽然这种情况下,一般来说,父母总是不如孩子学得好,但这也是一个陪伴孩子成长的过程,对父母和孩子来说,都会有所收获。

孔宇玮

中学高级教师。毕业于华东师范大学教育管理系。现任上海市浦东新区上南实验小学校长。曾获得上海市"十佳模范班主任""上海市园丁奖""上海市三八红旗手""上海市教育科研工作先进个人"等荣誉。先后承担了国家青年课题一项，市级课题三项，区级课题若干项。其中"小学走班制教学研究"获得"上海市第八届教育科研成果"一等奖，出版《让学生喜欢课堂》。

孩子学英语先要解决三个问题

家庭教育关键点

· **学习英语的三个困扰：**

孩子是否越早学英语越好？过早学习英语会影响母语学习吗？小学阶段的英语学习要注意什么？

· **小学阶段学习英语，必须注重培养以下三个方面：**

培养对英语的学习兴趣和学习习惯，帮助孩子习得良好的英语学习策略，鼓励孩子用英语进行交流。

关于孩子们的外语学习，一直存在着各种各样的观点。有的观点认为，外语学习开始得越早越好；有的观点则认为，应该在孩子掌握了母语之后；有的观点认为，第二语言会干扰母语的学习；也有的观点认为，两种语言的学习可以相得益彰……

事实到底如何？

 困扰一：孩子是否越早学英语越好？

支持者说：YES！主要基于这些理由：

1. 语音优势

从目前国外对关键期的研究结果来看，起始年龄在学习外语方面有优越性，尤其在语音方面有优势。如果一个孩子从小就接触到数种语言，有充分的机会使用这些语言，他的发音器官自然会配合这些语言发音系统调整形状，发出这些语言需要

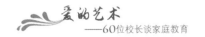
的各种声音。过了青春期再学习另外的语言,发音上会有一些限制,需要花费更大工夫才能达到孩童时期所拥有的发音弹性。

2. 心理、生理优势

处于小学阶段的儿童在心理和生理上有学习外语的优势,包括记忆力好、模仿力强等。这些也比年龄比较大的学习者占优势。孩子从出生后,就能够从各种情境中不断吸收、记忆各种听到的声音、看到的影像,以及触摸到的东西,渐渐地组成有意义的概念。到了一两岁时,孩子就能模仿大人的发音、姿态、手势等动作语言。这些都是低年龄段孩子具有的优势。

反对者说:NO! 主要基于这些理由:

自从关键期假设提出以来,在语言学领域就有许多反对的观点相伴而生。Ellis(1985)明确提出"习得语言的年龄越小,语言习得越容易"的观点是不完全正确的,充其量只是部分正确。事实上,习得语言年龄小的优势只在语音方面。"外语学习年龄应再向下延伸"或"外语学习越早越好"之类的说法目前仍缺乏理论和实践上的充分依据。

我们的观点:

小学生作为英语学习者,在语言输入以及神经系统方面具有优势。我们应该重视儿童的外语教育,并且在开展英语教学的过程中,从实际出发,既要重视关键期的积极作用,又要避免过分夸大关键期对语言学习的作用。由于智力层次、社会背景和环境条件不同,个人在情感、认知和生理方面的发展不一样,将来人们即使找到所谓的最佳年龄和关键期,恐怕也是因人而异。

学校教育要创造宽松的学习环境,充分利用好各种教学手段,激发孩子们学习的兴趣,在注重培养听说能力的同时培养英语思维方式。比如低年级的学生对故事很感兴趣,如果一个英语故事非常有趣,那么他们就会试图理解它,这就训练了孩子的理解能力。孩子们还很喜欢唱歌,学唱英语歌又显然训练了他们的发音。这就是为什么孩子们所学的内容和教师所教的过程都是很重要的。

我校是上海市较早引入外教的公办学校,而且在英语教学方面对中外教师的课堂进行了比较研究、整合课程学习内容。小学阶段,我们就开始比较关注学生英语思维能力的培养、英语综合运用能力的培养。我们得到的普遍反映是,我校的孩子在升入高一年段学校后,英语语言学习的后劲足、潜力大。

 困扰二:过早学习英语会影响母语学习吗?

有一种广为流传的说法,过早学习英语会影响母语的学习。果真如此吗?

让我们来看看小学一年级孩子接触英语的时间:一年级英语课堂教学时间35分钟,每周2节课,共70分钟。学生一个星期在学校时间大约为1225分钟,英语课总共占了孩子在校时间的5.7%。可见,中文背景下的孩子学习英语、接触英语的时间是特定的、有限的,不会影响到母语的学习。

事实上,英语学习和母语学习不是一对矛盾,母语学习可以促进英语的学习。根据语言学的规律,学生英语阅读的策略是从母语阅读迁移过来的。汉语的魅力和生命力都是巨大的,在很多古文字已经成为考古对象的今天,历史悠久的汉语还是活生生的。我们要重视母语学习。

我想,很多家长也知道母语学习的重要性。问题是大家很可能存在这样的观点:母语不需要特别培养,自然而然就能发展好。其实,母语的学习是无处不在的。我们可以从小培养孩子良好的阅读习惯,让孩子感受到母语的独特魅力。这对于英语学习也会是一种促进。

 困扰三:小学阶段的英语学习要关注什么?

儿童语言学习是遵循一定的顺序和规律的,他们先对语言进行吸收、内化,然后才可能创造性地使用语言。要对语言进行吸收,就需要语言的输入。语言输入的形式不同,有听的、有看的;输入的渠道多种多样,有课内的、有课外的。也就是说,家长要让孩子有机会多听、多看、多读、多用英语。

我们家长要有这样的意识,要充分利用课外的英语学习资源,如英语的动画片、英语的"Big Book"(英语的故事书)、英语报纸,以及媒体资源来学习英语。这些视听、阅读材料都是孩子感兴趣的内容,也是孩子语言信息输入的资源。

值得一提的是,语言学习的成效有些是显性的,如孩子今天学了哪些单词、句子、儿歌,会看图说一个简单的故事等。这些反映的是孩子知识和能力层面的内容。也有些成效是隐性的,比如学习习惯、对语言学习的自信等,这关乎学生的学习素养和综合素养。

小学阶段,家长要特别关注与学习素养、综合素养有关的这几个方面。

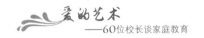

1. 培养孩子对英语的学习兴趣和学习习惯

叶圣陶先生曾深刻指出:"教育是什么,简单一句话,就是要养成良好的习惯。"小学低年级英语教学的要求主要是培养学生学习英语的兴趣和良好的学习习惯。

英语学习的过程也是习惯养成的过程。小学生良好的英语学习主要是指良好的听、说、读、写的习惯。

"听说"包括:训练孩子静心听,大胆开口、仪表大方、音量适度地表达。"读"对小学生来说,主要是指"朗读"。拼读单词有利于学生记忆单词,积累词汇。朗读英语有利于培养学生语音、语调、节奏、语感等,这也有助于"说"的能力进一步提高。"写"对于小学生来说,主要是指"书写"。要求:书写姿势和方法正确,规范书写,大小写、标点符号和格式正确。

培养孩子科学的学习方法和良好的学习习惯,最重要的是"训练"。因为,习惯是一种动力定型,必须经过长期、反复的训练,才能形成。

2. 帮助孩子习得良好的英语学习策略

良好的英语学习策略包括很多,比如及时复习的习惯,每天听读的习惯;家长也可以指导孩子回家听磁带,督促孩子看英语电视节目、英语录像、VCD 等。利用孩子喜欢看电视节目的特点,家长可以适当帮助孩子选择适合小学生的英语节目,条件允许的可以给孩子买英语录像带、VCD 等,让孩子养成爱听英语、爱看英语节目的习惯。

3. 鼓励孩子用英语进行交流

招数一:家长可以做孩子的忠实听众。初学英语的孩子大多有一种强烈的表现欲望。课堂上,有经验的教师会尽其所能,为学生提供展示的空间,但每节课毕竟时间有限。家长应该在孩子回家以后,给孩子提供一个说的机会,让孩子读读当天学的内容,甚至可以要求英语程度好一点的孩子背背、或者表演课文的内容。让孩子在不知不觉中养成爱读、敢说英语的习惯。

招数二:利用现有的资源,让孩子尽情地说。现在的英语书图文并茂,有很强的趣味性,贴近孩子的生活。家长可以翻看一下英语教材,选一些图配上英语单词,让孩子用几句话去描述图片;也可以鼓励孩子去根据课文中的人和物,大胆地创编动作和对话。这样对于发展孩子的想象力和创造性也是很有益的。

对于高年级的孩子,家长还可以和孩子轮流写一些单词(一个名词、一个动词、一个形容词或一个副词、一个代词,写四五个),然后口头编故事。这些都是孩子很喜欢的学习方式。现在还有很多的配音软件,孩子也可以尽情发挥。

爱的艺术

卢起升

上海市特级校长。毕业于上海师范大学数学系。现任上海市第八中学校长。荣获"上海市园丁奖""全国教育系统先进工作者""上海市年度教育新闻人物""上海市教书育人楷模"等奖项和称号。著作《增效减负高中教育模式的建构和操作》获2011年上海市教育科学成果一等奖。

我当家长最有挫折感和最有成就感的几件事

作为家长，在孩子成长过程中，我遇到过两件让自己很有挫折感的事情。

最有挫折感的两件事

· **故事一　儿子学围棋失败**

我儿子在幼儿园的时候学过一段时间围棋。应该说这个孩子领悟能力还是比较好的，学得也快。老师也天天说，这个孩子很聪明啊！

我听了之后，觉得既然孩子资质不错，那就对孩子要求高一些。所以我不允许孩子有一点点失误，只要有失误，我都会批评他、责备他。慢慢地，孩子对围棋的兴趣和自信心都逐渐减少了，后来他围棋就学得不好了。

教训：对于这件事情我后来进行了反思，觉得主要是我们对孩子的期望值过高了，不给孩子失败的机会，操之过急，拔苗助长，结果使得孩子的学习兴趣、学习潜能逐渐消失了。这是我很大的一个遗憾。

·故事二　没有养成有条理的好习惯

孩子小时候,我带孩子多一些。我做事不是很在乎细节,经常东西随便乱放。孩子长期跟我在一起,也变得比较粗线条,不太会整理东西。

教训:我觉得这个遗憾给我一个教训,就是家长一些不好的习惯会影响到孩子。所以,家长对自己的行为习惯要慎之又慎。

当然,我也经历了一些让我非常有成就感的事情。

最有成就感的三件事

·故事一　我摁住了,等孩子先开口

儿子小学一年级的时候开始学习汉语拼音,当时每天回家的作业就是反复练习读拼音,比如说"a""o""e"每个字母读五遍,让孩子熟悉、记忆。儿子就"啊啊啊啊啊"读一通,糊里糊涂就混过去了。

我很清楚这样学习是不会有效果的,但我没有急着向他指出来。我要等他自己意识到这个方法有问题。只有当孩子自己意识到问题,家长再去帮他调整,才可能有效。

一个月后,学校里进行拼音测验,全班所有人都在90分以上,只有他一个人考了79分。

我去跟老师确认了一下原因,老师告诉我,儿子对拼音掌握得很不熟练。我知道这是他之前巩固、练习不到位的结果,但我仍旧忍住,不主动跟孩子指出这个问题,继续等他自己发现这个问题。

开学五个星期之后,有一天,儿子问我:"老爸,怎么才能把我对汉语拼音的反应变快一些呢?"

我等他这句话等了五个星期,他总算问这个问题了!我不动声色地告诉他:"人们有两种学习方式,一种是大和尚的学习方式,另一种是小和尚的学习方式。大和尚念经知道自己在做什么,小和尚念经则是有口无心。"

我问儿子:"你想做大和尚还是小和尚?"

他说:"大和尚。"

我说:"好!那么我们来找一个方法。"

我明白,儿子已经否定了自己原来的学习方法。这时家长再提供新的方法给他,他才可能真正接受。

我告诉他,可以先读一次"a",在纸上写一写,心里想一想,然后再做第二遍。做完以后,可以先去做其他事情,随后再来做第三遍、第四遍、第五遍。虽然同样是记五遍,但这种办法显然比他之前随便读五遍要好。到期中考试时,他的成绩就上去了。

我后来想,如果我等了五个星期,孩子还是没有来问我,怎么办? 我要不要帮他指出他的问题所在?

不! 如果孩子不问我,我就一定不主动说。他不问,就说明他在进取心、学习主动性等方面没有到这个程度,我会调整对他的期望值,但一定不能在他还没有做好准备的时候主动告诉他该怎么做。

· 经验:"让它发生"和"愤悱状态"的重要性

这件事情让我发现,对孩子的引导有两点很关键:

第一,对于那些孩子无法预见后果,但我们可以预见后果并非常严重的事情,就让它发生。事情发生以后,孩子就会产生自己的应对方法。很多家长不希望孩子发生任何与自己的期望有差异的事情,所以会提前告诉孩子,这样做比较好,那样做比较差。但这样孩子就无法有自己的尝试和体验。

我们说"学习",这个"习"字很重要,要让孩子有自己体验的过程。所以,我认为"让它发生"在教育当中是很有价值的。当然有些事情后果是无可挽回的,比如说伸手碰电源插座,这种就不能尝试。不过家长可以创造一些模拟条件,让孩子有感受,有体验。

第二,孔子曾经说过:不愤不启,不悱不发。这句话的意思是:不到他努力想弄明白而不得的程度,不要去开导他;不到他心里明白却不能完善表达出来的程度,不要去启发他。

愤悱状态是一种什么状态? 就是自己有一种想解决问题的欲望。比如我儿子在开学五个星期之后,问自己为什么做得比别人差,这就是愤悱状态。在愤悱状态时,家长去介入就会产生很好的效果。

我儿子在小学一、二年级时,论成绩绝对是不出挑的。但每一次都是因为他在学习当中碰到困难后,自己有了意识,我们再共同解决,所以后来成绩进步得非常快。

· 故事二 作业签字的学问

到小学四年级,儿子的成绩全部都保持在 95 分以上了。所以,到了五年级毕业班,我们对儿子的期望提高了,觉得他应该朝上海最好的初中去努力,于是花了比较多的力气在他的学习上。每天我都会很认真地帮他检查作业,写家校联系册,等等。

但是,这样过了两个月,期中考试成绩出来,儿子成绩反而退步了!

于是我们经过反思,应该调整作业检查的方法。从先前的关注作业内容转向关注作业完成的数量:检查作业只看数量有没有完成,至于质量如何,做得对不对,尽量不看。只要你写完了,我就签字,质量是学生和老师的事情。这样一来,很快孩子的成绩又提升了,期末考试又回到了95分以上。

· 经验:把责任心还给孩子

学习上,孩子自己要有责任心,家长要把这个责任心还给孩子。如果父母会检查作业质量,特别是小学一、二年级时,孩子做作业就可能想,反正有父母帮忙检查,自己不用太动脑筋,那么他的责任心就没有了。

· 故事三　放弃了最好的学校

因为成绩优秀,儿子初中考入了一个非常好的学校,他所在的班级尖子生云集,竞争非常激烈,容不得学习上有半点闪失。如果粗心错了几道题,很可能就从前十名掉到班级后面。所以,整个初中阶段,虽然儿子学习不错,但分数、排名还是给了他相当大的压力。

到初中毕业时,两个学校愿意录取他。一个是上海最好的中学,一个是也很好但算不上"四大名校"的中学。我们需要在"最好"和"很好"的两个学校中做一个选择。

我建议儿子去"很好"的学校,他也采纳了我的建议。

为什么不去"最好"的学校?因为我看到儿子初中的经历,不希望他在高中三年因为关注分数、排名而无法兼顾健康成长和综合能力的培养。

果然,在进入高中后,儿子的成绩占有一定优势,自信心增强了,也有更多时间和精力做一些社会工作,在高中时就入了党,后来还保送到了清华大学。我认为这都得益于当初对学校的选择。

当然,环境变化最重要的是让孩子因为自信而内心变得非常强大。

高二时,学校评选上海市三好学生,评上了,高考就可以加20分。我儿子和另外两个同学都是候选人,而且他的综合排名是第一位。但是,儿子主动表示放弃评选,把机会让给其他同学。他的理由是,那位同学在学校工作中承担了更多工作,花费了更多时间。我想,这个举动充分说明了他不再仅仅盯着分数,仅仅盯着排名,心态、胸怀都发生了很大的改变。

· 经验:能让孩子产生自信的环境才是好环境

我认为家长在为孩子选择学校的时候,最好选择这样一所学校:你的孩子是这个学校群体中前20%的学生。

为什么选前20%呢？就像一片树林,树林中获得阳光最多的就是顶部的树叶。孩子在这样的环境中,首先能够得到更多老师的关注、发展的机会。其次同学们看你的眼光不一样,而且这种从同伴那里获得的自信心是其他任何人,包括家长、老师都无法给孩子的。

当然,适度的压力也是成长的动力,但这个压力不能过大,否则就会弊大于利。

给家长的几点建议

1. 把"期望"变成"期待"

我个人的感受是,我们家长首先要把期望变成期待。

期望是好的,但期望过高,效果往往会适得其反。期待就比较好,既有期望,又有等待,给孩子挫折的时间,给孩子犯错误的时间,容许他犯错的可能性。期待把"待"字强调了,就是让孩子有过程,有真正的体验。这也就是我前面说的"让它发生"。

要在孩子成长当中有主目标,要用一个个小目标把大目标构建起来。而且这一个个小目标应该要逐步提升,而不能逐步降低。

现在很多家长在孩子刚出生时觉得孩子是最聪明的,可以做中国科学院院士。到孩子读小学时,希望孩子考清华、北大。小学毕业时,觉得考上复旦、交大就挺好了。初中毕业看成绩,觉得要不就上海大学吧。到了高中毕业,觉得孩子有个大学上就很满足了。这是有问题的。

标准如果能够逐步提升的话,是累积成功的过程;逐步下降,则是逐步丧失信心的过程。定期望、定目标时,不要定到某一点上,定到一个范围里。千万不要定超越孩子实际能力的目标,这是没有意义的。

2. 了解孩子学习能力的上限和下限

对孩子,不能用同一个标准衡量,应该用独特的标准对待每一个孩子,对孩子进行解读。

我认为孩子的学习能力是有一个范围的,有其上限和下限。如果老师和家长能够共同努力,保证孩子的学习不低于他学习能力的下限,甚至于逼近上限,就算完成教育任务了,也就是说,让孩子的学习潜能得到了充分的发挥。

那么,怎么样就算孩子的学习没有低于下限?又有什么标准体现出孩子的学习能力逼近上限了呢?

我认为，为了不低于下限，应让孩子养成自我规划、自我管理的能力，这就是我刚才讲的，要"让它发生"，让他知道自己有问题，把责任心还给他。

那么怎样去逼近上限呢？很简单，找到孩子的兴趣、发掘他的潜能，这就是我刚才讲的"愤悱状态"。

3. 如何看待孩子考试分数

很多家长最常问孩子的两个问题是：你成绩多少分？你们班上第一名是多少分？看看差了多少分，然后让孩子去追赶第一名的分数。其实没必要。家长只要看孩子这次的分数和过去比怎么样，另外看他最近学习状态怎么样，如果是正常的，那你就应该鼓励他。

家长一定不能希望孩子的名次可以连续上升，其实名次只要在一个范围里面就可以了。做老师的都知道，孩子每次考试多几分、少几分其实没什么。分数不是用来跟别的孩子比较，而是用来检测孩子这段时间学习状态、学习能力和学习方法的。

也有些孩子明明实力到了，却考不到一百分，总是不小心做错题。那么原因是什么呢？关键是找到这个原因，而不是纠结于没有考到一百分的结果。

以我教的数学学科为例，很多时候孩子们连明明很简单的运算都会做错，这是什么原因？其实是孩子做到最后几步时，已经分心了。怎么能保证他专注到最后？家长、老师不用跟孩子讲道理，关键是要给孩子提供一个方法。

比如我们学过数学的简便运算，做题做到最后两步时，就让他看看最后两步可不可以用简便运算，回忆一下自己学过的简便运算的方法，看看有什么可以用上去，他就又开始思考了。这样就可以提高孩子的专注力。

4. 优秀学生家庭的共同特质

作为校长，我也看到过很多优秀的孩子，如果说他们的家庭教育有什么共同的特质，我觉得主要是三点：

第一，家庭氛围比较民主。

第二，家长鼓励孩子自立。

第三，家长在关键时候用的方法比较合理。

其实孩子成长的过程也是家长成长的过程，做个合格的家长是给孩子最好的礼物，也是家长给自己的成长礼物。

龙 梅

　　2009年，加入德怀特学校国际集团，担任中国项目部主任。2013年，（上海）七宝中学与纽约德怀特学校共同宣布成立国际学校：上海七宝德怀特高级中学。该学校是国内第一所中美独立合作举办的高中，在2014年9月正式开学。在加入德怀特学校之前，龙梅女士在中国从事了多年的市场研究和国际教育工作。龙梅女士来自纽约，在过去的20年中大部分时间居住在中国。她热衷于实现中国与西方文化的交流，并具有流利的中文书写和口语交际能力。目前她同丈夫一起居住在上海，育有三个子女。

中美教育的价值理念是共通的

家庭教育关键点

· 中美教育的价值理念有哪些共通之处?

相同的基本要素,包括培养孩子如下的品质:

尊重,诚信,坚持,在乎,挑战自己。

我们常常把中国的家庭教育和西方的家庭教育加以对比。很多人在谈到教育的时候,喜欢把中国和美国分开并进行详细对比,去评判两者存在的差异和不同。我认为,看似风格迥异、根源不同的中西家庭教育,其实有相同的基本要素,这恰恰是我希望大家看到并互相借鉴的。

例如,大家对于做人处事原则的教育:尊重、善良、礼仪、诚信等,这些素养不应该只是目的导向下的刻意表现,而是素质和教养的自然流露。

近些年,很多中西方家长都希望孩子成为"国际公民"。我相信"如何做人"这样基本的核心价值观是共通的,主要是来自家庭教育的。家长需要做的是以身作则,把优秀品质言传身教给孩子。

品质一 尊重

我认为我们必须要有尊重别人的态度,与人为善,待人有礼。大家都懂得"镜面效应",要让孩子做到,首先父母要做到。我所想强调的尊重是指对所有人都一视同仁,而不是功利的表现,不是基于对方工种、身份、收入、地位的区别对待。

品质二　诚信

我大女儿所在的幼儿园有个奖励规定：上课参与烤面包的同学可以在放学后带一块回家。但有一天，我女儿没有参加烤面包，却很想带一块回家，被我拒绝后，她开始哭闹起来。可能孩子在公共场所哭闹会让一些家长选择息事宁人，但我没有妥协。事后，女儿的老师特别找我谈话，感谢赞扬了我的做法。我的坚持不是出于对家长权威的维护，而是认识到这小小的面包不仅是对孩子们诚信的考验，更是对家长教育原则的考察。

家长违反规则或者违背原则，敏感的孩子都会观察、感受。规矩打破容易树立难，家长的以身作则是孩子良好品行养成的必要条件。

品质三　坚持

我所想强调的"坚持"首先是对于"好习惯"的养成，比如我的孩子们从来都是在晚上8点前睡觉，这需要家长的牺牲。类似这样的坚持，在孩子幼年体现为健康的生活习惯，长大了就成为了良好的学习习惯，孩子会自然知道在何时做何事，有良好的自律能力。

其次体现在对于"规则"的坚持。刚发生一件小事：雨天刚放晴，我带着三个孩子在户外玩耍。大女儿为了清理滑板车上粘着的胶带，走出了平时规定的游戏区域，进入了较为危险的行车道。虽然家长非常希望孩子开心玩耍，但是权衡之下，我还是终止了玩耍时间。

这样的"做规矩"是为了让孩子形成规则概念，并且让他们知道规矩一旦订立是不能轻易更改的，学会遵守规矩才能获得更多自由。

品质四　在乎

我在教育行业多年，观察到不少高中生常有"我不在乎"的态度。"在乎（Care）"二字看似平实、简单，但恰恰是需要被重视强调的。

"在乎"代表了对于世界的责任和义务，我们希望孩子不仅仅只关注自己的成绩，希望愿意花时间去关注他人、与他人交往，关注环境，用自己的力量让世界更美好。

另外,我希望家长能够也用"在乎"的态度来对待孩子,对于孩子的关注不仅仅是健康与学业的关注,更要有精神层面的交流。

关于交流,我给中国家长一个实用的建议就是多提"开放性问题",即不是"YES/NO"可以回答,而是需要孩子思考、表达、总结思想的问题,这样的亲子交流才是高质量的。

品质五　挑战自己

很多人羡慕我出身名校,那我就来分享下我的家庭教育:我的父母从来不要求我的考试分数,他们只要求我不断挑战自己。我正是因为想挑战自己,在大学最后一年才开始选修汉语。

如果只是为了拿 A,我完全可以选自己本来就熟悉掌握的法语课。我很庆幸自己当年挑战了自己,学习了中文来到中国,成就了今天的我。

同样的,我对于自己三个孩子的最大期望也是"挑战自己",唯有挑战自己,孩子才会拥有强大的内驱力,支持他们好好学习、成就更好的自己。

赵国弟

上海市特级校长，中学高级教师。现任上海市浦东新区进才实验小学校长，1992年走上校长岗位，先后服务于9所学校，担任过6所学校的校长，其中4所为创办学校，把每一所学校都办成同类学校的佼佼者。2001年赴云南支教，筹建创办楚雄开发区实验小学，成效显著。曾获区思品学科带头人、"上海市园丁奖""全国百名优秀小学校长""上海市育德之星"等诸多荣誉。参与上海市"二期课改"《品德与社会》《世博礼仪》等教材编写，主编《小学金融与理财》教材，出版专著《我的小学校长之路》。

爱 的 艺术

现在的孩子们最缺四样东西

家庭教育关键点

· 现在的孩子们最缺哪四样东西？

缺规则意识，缺努力意识，缺责任意识，缺玩耍的机会。

如今的孩子大多生活在物质条件富裕的家庭，似乎什么都不缺。不过，富裕家庭的孩子在拥有良好物质生活条件的同时，也往往容易缺少四样很重要的东西。

一、缺规则意识

对于东西方家庭教育的差异，我喜欢拿吃饭打比方。

西方家长对孩子的吃饭一般是定时定点的，到了时间就坐在饭桌上来吃饭。中国的家长则宽容多了。到了该吃饭的时候，孩子不肯吃，那就等会儿吧，等孩子饿了再热热给他吃；这样东西孩子不喜欢，那就换一样吧，变着法做点孩子喜欢吃的；孩子不喜欢在餐桌上吃，那就到客厅一边看电视，一边吃吧……

这导致了一个什么结果呢？那就是不利于建立孩子的规则意识。对西方孩子来说，吃饭的时间、地点都是规定好的，这就是规则。中国孩子则无所谓固定的吃饭时间和吃饭地点，反正饿了总会有人给我吃的。

另外一个例子是请假出去旅游。我知道现在很多家长都很重视让孩子开拓眼界，不仅重视读万卷书，更重视行万里路。这当然是好的，但是凡事都有个界限。比如，每年九月份刚开学不久，就会有家长来请假，说是要带孩子出去旅游。对此，我的观点是：不能太任性。

为什么这么说呢？

学校的学习也是一种制度、一种纪律。在上学期间，家长带孩子出去旅游，虽然确实可以让孩子开拓眼界，但是也无意中培养起孩子另一种危险的潜意识：我今天可以破坏学校的学习制度，意味着未来到社会上去，我就可以不遵守社会上的规则。家长如站在这样一种高度来理解请假的问题，可能会有不一样的思考。

二、缺努力意识

还是用吃饭的例子。西方的家庭教育中，一旦孩子能拿得起勺子了，就会让孩子自己吃饭，哪怕吃得满头满脸，孩子也在很努力地吃。再看我们中国的家庭中，很多家长一看，孩子自己吃得到处都是，马上就把勺子接过来喂孩子吃……

这种做法会造成一个后果，就是不利于培养孩子的努力意识。

对西方孩子来说，饭是要自己一勺一勺送到嘴巴里的，这就需要自己付出努力；对中国孩子来说，则无所谓努力，反正饿了总会有人送到嘴巴边的。我有时会用这样一个比喻，现在孩子们在家里就像蜂群里的蜂王一样被供养着，什么都不要努力，不需要去做，只要拼命地学习。但这样恰恰是不利于孩子学习的——因为学习也是一个必须要努力的过程。

同样在学习过程中，也要不断培养孩子的努力意识，不要把知识送到孩子嘴边。要让孩子付出一定的努力，自己去获取知识。我常常对老师们说，该让孩子做的事要让孩子做，课堂里可以自学的知识要让孩子自己去学，否则孩子就缺少了一种探索精神。

三、缺责任意识

湖南卫视有一档真人秀节目，叫"变形计"。这个节目里，城市里的孩子和农村里的孩子对比非常明显，差异很大。不少城市里的孩子非常叛逆，但农村的孩子虽然生活艰苦，却非常有担当。

富裕家庭的家长往往一味把自己小时候缺失的物质条件给孩子，却从来不问孩子需要什么，想做什么，这就将孩子完全置于一个被动的地位。这对孩子是非常不利的，对孩子将来的学习、工作、生活都会产生影响。

在孩子成长过程中，家长应要给孩子话语权，让孩子自己进行判断，这样才能赋予他们责任心。比如选择兴趣班,经常有家长问我,孩子学钢琴好还是学足球好。我的回答是:你去问孩子。

培养孩子的责任意识,第一步是让孩子有选择权,第二步是要引导孩子,培养孩子自主判断的能力和习惯,形成为自己负责任的意识。

如,家长可以通过让孩子管理零花钱来培养他们的责任意识。现在很多孩子过年都会收到大量压岁钱,有的家长平时会给孩子一些零用钱。这些钱,家长都可以给孩子建立一个账户,引导孩子学习理财。

又如,现在暑假要到了,家长带孩子出去旅游,就可以从孩子账户中划出一部分钱。如出去旅游需要 5000 元钱,家长和孩子商量:从你的账户上出 1000 元,爸爸妈妈补贴你 4000 元,这样就够了。为什么不是直接父母拿钱呢?这一方面是为了培养孩子的理财意识,另一方面也可以培养孩子的责任意识,让孩子感觉到,我是这个家庭的一分子,无论做什么事情,我都要出一分力,而不是不劳而获。

另外,一个培养孩子责任意识的办法是让孩子承担一定的后果。如孩子上学忘了带家庭作业,我就对家长们说,你千万不要急着帮孩子送到学校来。学校老师的做法是这样的:第一次忘了带作业,原谅他,让他第二天把作业拿来就可以了;第二次再忘了,要让孩子补做 50% 的作业,这是忘带作业的代价;第三次再忘,全部作业重做一遍。反复几次,孩子肯定不会再忘了。这也是培养孩子对自己负责,不要总是依赖父母。

四、缺玩耍的机会

现在的孩子有最贵、最先进的玩具,但是玩耍的时间和机会却很少。要知道,玩,享受童年,对孩子来说非常重要。

一年四季,我校每天早晨第一节课都是活动课,就是让孩子们可以痛快玩。我们给每个班级准备了 20 多种游戏,比如抖空竹、抽陀螺、滚铁环、踢毽子、跳长绳,所有的器材就放在教室里,方便孩子们玩耍。

别的学校上午第一节课是 8:15,我们真正的国家标准课程从 9 点多才开始。有人质疑我,一日之计在于晨,早晨这么好的读书时间,为什么要让孩子玩呢?其实这么大的孩子在玩的时候最开心。玩过之后,运动过之后再坐进教室里上课,孩子们的精气神都不一样,注意力也更集中。带着这么愉悦的心情去学习,学习质量会差吗?

童年不可重来,过去了就过去了。如果曾经没有拥有过童年,享受童年时期的快乐,人生会完美吗? 而且快乐和学习质量之间并不矛盾,两者还是可以相辅相成的。学校通过教学改革,可以提高课堂教学效率,减轻学生负担的同时,也能提高教学质量。

怎么改? 以作业负担最重的语文课为例。我要求我们的孩子每天早上晨读。我们的晨读安安静静,从而养成孩子持续的阅读习惯。另外,从一年级开始,我们每节语文课都会安排一个孩子演讲。我还请书法家协会的老师专门按照语文教材编写了几本字帖,一、二年级的生字、新词、古诗文,高年级的课文、经典文章、古诗词,都在里面。孩子们临摹既练了字,又巩固了语文基础,一举两得。

这样下来,孩子的阅读、表达、书写都提高了,负担也减轻了。那么孩子剩下的时间干什么? 可以去参与各种体育、艺术活动,可以去玩了。

希望家长们在追求孩子的所谓成功的路上,要时时提醒自己莫忘初心:自己刚带孩子来到这个世上时,是想让他们幸福的。

爱的艺术

陈永平

上海市化学特级教师，正高级教师。现任上海市复兴高级中学校长，兼任上海市基础教育课程改革专家工作委员会委员，上海市高中管理专业委员会副主任，教育部中学校长培训中心特聘教授，复旦大学教育专业硕士导师。全国特色优秀教师、上海市名师基地主持人，曾获"2014年中国长三角最具影响力校长""2015年上海教育年度新闻人物""虹口区十大领军人物"等称号。

怎样看待高中三年

家庭教育关键点

· **如何看待高中生活？**

人生是一场马拉松,高中阶段属于起步阶段,跑得太快容易后劲不足。

· **高中阶段该做些什么？**

把高中阶段看作大学的起点,学会人生规划。

· **影响孩子一生的素养有哪些？**

培养孩子扎实的综合素养,发展孩子可持续发展的综合素质。

作为高中校长,陈永平谈的话题紧紧围绕高中的几个关键词:高中学习、高考、填报志愿、职业规划……但是,他的目光又不仅仅局限在高中,而是站在整个人生发展的视角来看待孩子的高中三年。

一、如何看待高中生活

不知是谁说出了"不让孩子输在起跑线上"这句深获人心的谬论。其实,如果说人生是一场跑步比赛,那么它更像马拉松,而不是百米赛。人生的长跑中,跑得太快,容易后劲不足;跑得太慢,就会落伍;中途退出,就会断送以前的努力;不参加,就没有赢得比赛的机会。

长跑获胜的关键并不在于起跑线上那一瞬间的爆发,开始领先或者落后 50 米,根本不重要。所以最重要的是在漫漫途中是否有足够的耐力与持久的恒心,重要的是每个人能否努力坚持地跑下去。

人生也是如此。从严格意义上来说,包括高中在内,整个基础教育阶段都算是人生长跑的起步阶段。钱钟书说过,早熟的代价往往是早衰。初跑阶段,不要让孩子跑得太累,否则后头他会跟不上,会心力憔悴,会掉队。

二、把高考看作高中终点,还是大学起点

高考成绩刚刚公布了,不少高三毕业生准备趁接下来的暑假出去旅游,彻底放松。在紧张的高中学习之后,适当放松身心当然未尝不可。但是,我觉得家长要特别当心孩子的心态,是觉得任务完成,从此"解放"了,还是把高考结束当作人生一个崭新阶段的开始?

每年学生进入高中时,都有不少家长这样鼓励孩子:加把劲,现在是"黎明前的黑暗",把这三年熬过去就是一片光明。说实话,高中生活的确很辛苦,家长们这句话也确实有一定的鼓动性,但道理却欠妥。因为这容易给孩子造成高考即是人生目标的错误引导。

其实高考只是一个阶段的考核。孩子要进入大学,步入职场,以后的路还很长很长。如果以为熬完高中,人生就解放了,这非常容易造成孩子在高校里蹉跎学业,挥霍青春。

我常常拿爬山来打比方。一种人把爬上山顶当作目标,爬到山顶就躺倒在地了;另一种人则将爬上山顶看作登上了一个更高的平台,获得了更好的视野。同样的,有些人考上好的大学就觉得任务完成,可以放松休息了。另一些人则将大学作为更宽阔的平台,在那里认识更多优秀的人,借助到更优质的资源,更快、更好地成长。

抱有这两种心态的人,在大学里的表现有天壤之别。包括清华、北大、复旦、交大等名校在内,每年都有学生因为沉湎网络、成绩很差等原因被退学。是这些孩子不优秀吗?绝对不是。是他们在高考结束的那刹那,就早早失去了人生的航向和目标。

其实不仅高考如此,整个人生都是如此。我们看看周围成功的人就会发现,他们总是把每个阶段的目标当做一个起点,而不是一个终点。

家长首先要有这种将高中生活、将高考放置在孩子整个人生中去看待的视野和格局,千万不要把高考当作终点,让孩子耗尽力量来冲刺。

三、学会人生规划

（一）高中阶段要确定方向

既然高中仍是人生的初跑阶段，速度不是最重要的，那么什么才是最重要的？

答案是：方向。

高中三年对人生发展至关重要，无论是人格和价值观的培养，还是成功需要的知识素养，都是高中阶段必须培养的。但我们的家长、学生，有没有仔细想过，高中这三年要为将来的人生奠基些什么？储备些什么？高中三年应该如何度过？

2015年新的高考政策出来了，新高考最大的亮点就是彰显选择性理念。这里的"选择性"包括两个方面：一是高校根据自己的办学特色选择学生，二是学生根据自己的兴趣特长选择学科和专业。

现在学生高一时学什么，就直接决定大学里学习什么专业，以及今后将从事什么样的工作。这将彻底改变学生进入大学才思考自己未来职业的局面。

但从目前的情况来看，大多数学生在"选择"上面还需要很大的帮助。现在最大的难题是，学生不会选择，不知道怎么选择，因为他们根本就不知道自己今后要干什么，适合干什么。

在这方面，学校当然会做工作，我们复兴也早早就探索了学生生涯发展教育。但作为校长，我想说的是，这个更需要家长的配合。毕竟，了解孩子，发现孩子，进而引导孩子，就是家庭教育最最核心的命题。

当然，这不仅仅是高中三年的命题。在孩子成长的整个过程中，家长都应该时刻有意识地了解孩子的兴趣，发现孩子的潜能，为孩子的人生规划打下基础。

著名主持人杨澜对孩子的教育理念很有意思。她带孩子去欧洲时，带领他们在各大博物馆以及著名建筑前流连，给他们讲解相关的背景知识、历史典故。没想到，旅行结束后，儿子印象最深刻的事情竟然是："我发现西班牙的蜘蛛和法国的不一样。"原来，在儿子眼里，所谓的经典建筑还不如蜘蛛来得有趣。

杨澜觉得，一个智慧母亲应该观察孩子的潜在能力和才华。她的任务是为孩子们打好基础，至于将来孩子做什么，妈妈是无法设计的。于是，当再一次带着孩子们踏上旅程的时候，杨澜的做法就发生了改变。孩子们喜欢动物，杨澜就带他们去动物园，对昆虫最感兴趣，就带他们到郊外捉虫子。

孩子喜欢什么，对什么最感兴趣，学什么上手最快……这些，家长应该最了解。所以，我们需要通过有效的家校合作，创造各种机会让孩子获得各种职业体验，帮助我们的孩子尽早了解自己的兴趣特点和专业性向。

高中期间,我们在让孩子埋头学习书本知识的同时,更要让他们抬头看看世界的变化,看清自己未来的方向。

(二) 择校不如择专业,"圈子"很重要

经常有人问我高考志愿如何填写。我一直以来的观点就是,在考虑孩子兴趣的基础上,将"院校+专业"统筹考虑。但如果一定要问,学校和专业哪个更重要,我要说,恐怕要更多考虑专业的因素,择校不如择专业。

为什么专业很重要?因为进入一个国内顶尖的专业就意味着你得到了国内在这个领域最好的师资、基地、实验室和大量隐性的发展资源。最直接的影响就体现在就业上。现在是朋友圈文化,圈子很重要。这个专业毕业的前辈、优秀校友们刚好都占据着这个领域的重要位置,他们当然会对自己同专业的学弟学妹们高看一眼。而且专业美誉度就是就业最大的品牌。

也有很多家长关心大学排名,觉得进入排名高的大学就比排名低的要好。其实,同是985、211的大学,虽然也有所谓的大学排名,但是从来没有官方权威的说法,所以这些排行榜也容易误导家长。如果进入所谓排名靠前的一个著名大学的一般专业,结果发现学校各方面的培养资源都很一般,结果说不定反而会限制孩子的发展。

如果非要看排名,我建议大家去看看教育部学位中心的学科评估,这个是很权威的。从这个评估中,不同大学的专业高矮短长可以一目了然。

四、那些影响孩子一生的综合素养

(一) 让孩子的人生有底气

我们常说,人无底气不立,国无底气不雄。当一个人有了足够的内涵作后盾,人生就会变得底气十足!人生的底气从哪儿来?我认为,要培养孩子扎实的综合素养。

教育部和上海市都已经出台了高中生综合素养评价的方案。综合素养评价将促进学生认识自我,规划人生,激发潜能,主动发展,走出教室,走向社会,在社团互动中培养兴趣,在社会实践中经受锻炼,全面提升德、智、体、美各方面综合素质。

家长可能关心的是综合素养评价要纳入高校招生的视野,这将使人才选拔标准更加全面,方式更加科学,有助于扭转单纯用考试分数评价学生的做法,促使人才选拔从只看"冷冰冰的分"到关注"活生生的人",实现知行合一。

我建议家长应该努力地将"成人"和"成才"作为家庭教育的主要目的,这才更有利于对孩子潜能、道德、性情的综合素养培育,全方位地培养孩子的自主意识和独立生存的能力。

（二）让孩子的未来有气度

要关注孩子一生的可持续发展,应该培养哪些综合素质?

我们复兴高级中学的育人目标是致力于培养"具有开阔的文化视野、宽厚的人文基础、坚实的科学素养、独立的思维品质、高效的学习能力、健全的人格特征、强烈的求知愿望、崇高的时代使命、稳定的心理素质、强健的体魄体能、良好的交往技能、鲜明的个性特点"等综合素质的国际化大都市的未来公民。

在我看来,家庭教育的重要性远远超过学校。家长要从孩子整个人生发展的角度看待孩子高中三年的学习生活,要不断了解孩子、发现孩子、引导孩子,让孩子的人生长跑,跑得更顺畅,更有力。

洪雨露

　　上海市特级校长、特级教师。上海市徐汇区向阳小学原党支部书记、校长。现任上海市教委"洪雨露名校长培养基地"主持人、上海市教委德育管理与少先队工作研究实训基地主持人，兼任上海市教师学研究会政治德育教师专业委员会会长、上海市小学管理专业委员会副会长、上海市少先队工作学会副会长。曾获得"全国优秀辅导员""全国师德先进个人""全国新长征突击手""全国少先队工作突出贡献奖""上海市劳动模范""上海市优秀园丁""上海市优秀校长""上海市少先队名师""上海市未成年人思想道德建设先进个人"等荣誉。

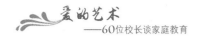

要允许孩子玩耍

很多学校为了安全，规定孩子们课间不能追跑打闹，只能慢慢走。但向阳小学的孩子们却享受着近乎奢侈的"零限制"课间：学校从不禁止学生下课时奔跑喊叫，反而要求学生课间"到走廊上去，到操场上去"。玩是孩子的天性，更是孩子的权利。无论是学校还是家长，都要尊重和理解孩子的天性和权利。

一、在向阳，体育成绩是第一成绩

教育的根本是教孩子做人。做人是成才的基础。我们要让孩子做一个好人，就需要培养孩子德、智、体、美全面发展，所以，家长和老师不能唯分数论。诚然，分数和考试是需要的，但不能是唯一目的。

因此，在向阳小学的办学理念中，一直向社会、向家长宣传：向阳的教育不是唯语、数、外，而是全面打基础，做全面人才。因此，我们非常强调孩子的素质教育和身体、心理的健康。

现在有的学校提倡开设心理咨询，但在我看来，当孩子走进心理咨询室的时候，我们的教育就已经失败了。

教育首先应该让孩子阳光和快乐。如果我们老师、家长不让孩子运动，不让孩子玩耍，不让孩子喊叫，压抑孩子的天性，然后再给孩子提供心理咨询，是不妥当的。

我们强调，孩子的身体健康是第一位的，心理健康是第一位的，所以我们会明明白白地提出"体育成绩，第一成绩"的口号。对一个孩子来说，身体搞坏了，心理不健康，100分又有什么价值？何况，身体搞坏了，心理不健康了，也很难考出100分！

在向阳小学，非常重视孩子的身心健康，每个孩子每天都有充分的时间去进行体育锻炼。

二、让孩子痛快玩耍的三大原因

在十分钟的下课时间、在午间休息时间，你可以看到向阳小学的操场上、走廊里、学校各处，都有孩子们自由自在地奔奔跑跑、打打闹闹、喊喊叫叫。为什么要这样做？有以下三点原因：

（一）这是符合儿童天性的

孩子和大人不一样，不能强制一个处于好动期的孩子一直坐着不动。孩子的天性决定了，他们就喜欢动，就喜欢喊，就喜欢闹，放着好好的路不走，就喜欢跑上去、奔下来——这就是儿童的天性。作为教育工作者，我们要尊重和理解孩子的天性。

（二）这是儿童的权利

联合国《儿童权利公约》第31条规定：儿童享有娱乐、休闲的权利。我们不让孩子去玩耍，是对儿童权利的一种自觉不自觉的剥夺。

（三）这是符合科学规律的

在40分钟的课堂教学过程里，孩子要进行大量的思考。他们要开动脑筋，回答问题，需要消耗不少的精力。所以，课间、休息时间，理所当然要给他们自由、放松的机会。这也是一种调节，然后精神饱满地调整好心态去上课。

"专心地学习，痛快地游玩"，这是我国著名的文学家冰心奶奶给北京大学附属小学孩子们的题词。这句题词看似浅显，实则寓意深刻。既揭示了儿童学与玩的辩证关系，又切中了时下教育的积弊。

试想：没有痛痛快快的心理压力释放，怎有集中精力的优质学习？没有高效高能专心致志的学习，又怎能沉浸在自由自在的玩耍中？

玩得不痛快淋漓的童年是遗憾的,玩得不干脆、不爽快的童年是无趣的。要让孩子真正拥有一个快乐的人生,就要把玩进行到底,要让孩子达到"干脆、爽快地玩,痛快淋漓地玩"的境界。我们主张课间、午间把孩子放出去,到操场上去,到阳光下去,到大自然中去。

三、禁止孩子玩的两大理由站不住脚

(一) 安全问题

有的校长对让孩子们自由跑跳、玩闹心存忧虑,十分担心活动中的安全问题。在我看来,只要引导得法,安全并不会有问题。

首先,要和孩子指出要注意安全,给他们提醒,让他们有安全意识。

其次,在日常运动中,教导孩子们如何进行自我保护,比如在摔倒的时候采取什么样的动作去保护自己,避免受伤。

我们发现,越是平时不动的孩子,摔一下、碰一下越容易受伤;经常运动的孩子,因为身体协调性比较好,而且在运动中学会了保护自己,倒不那么容易受伤。所以,绝不能因为孩子在活动中有可能受伤,就禁止孩子去玩耍。其实我们也很难禁止孩子跑跳喊叫,毕竟这是违背孩子天性的,一味禁止甚至有时会产生适得其反的效果。

(二) 条件限制

作为一个地处中心城区的小学,我们校园非常狭小。如果1700多名学生都站到操场上,人均只有半平方米。但是我们的孩子,人人都会运动。

我们因地制宜,因陋就简,推广了全国特色、长盛不衰的校园足球。场地不够大,踢不了十一人制、七人制的足球,我们便推出了三人制小足球活动,让孩子们都参与进来,每个孩子都能踢球,都喜欢上足球运动。我们班班有足球队,天天有锻炼,月月有比赛。同时,我们邀请了许多知名足球人士来指导,包括前皇家马德里的菲戈先生,上海申花足球队、上海上港足球队和上海申鑫足球队的球员和教练。

我们学校每年有两次运动会,其中的压轴大戏就是家长明星足球队和教工足球队的强强对决。

除了足球,我们还有各种各样的运动,包括篮球、游泳、健美操等。

我们的孩子是"散养"的,而不是"圈养"的。这样的结果是:孩子们个个身体很好,健康优良率达到95%,合格率则是100%。

要知道,健康的身体和阳光的心理是一切的基础。这些问题关系到中华民族的未来。少年强则中国强,没有健康、阳光的少年,将来谁来担当守卫祖国、建设祖国的重任?

四、与众不同的"五个快乐"

向阳小学这几年来有一个良好的文化氛围,叫做"五个快乐"。

快乐唱歌

在课程表上,每天都有 10 分钟是专门的"唱歌时间",教孩子们唱各种好听的歌。大家都大声地唱出来,唱得好不好无所谓,主要唱出快乐。

快乐游戏

让孩子去游戏,享受游戏,释放孩子的天性。

快乐运动

严格要求体育课专时专用,提高质量;体锻课丰富多彩;运动队内容多样,给孩子丰富的选择。

快乐创造

我们提倡让孩子动手、动脑学创造,鼓励孩子搞一些小发明、小创造,做一些小实验,培养一双灵巧的手。

快乐学习

一切归根结底到快乐学习。对于学习,我们也是严格要求的。坚持该严格的地方要严格,该宽松的地方要宽松。运动是放松,学习也要抓紧。

给家长们的建议

1. 进行家庭教育的顶层设计

我认为家长应该学一点辩证法,学一点哲学思维,不要走极端。我们现在常常说顶层设计,家庭教育也应该有个顶层设计,要培养孩子先成人,后成才。但是不能光说不行动,需要去实践。

2. 家长要主动关心孩子的身体和心理健康

为孩子创造条件,让孩子每天锻炼,养成良好的作息时间。

3. 家长要学习教育规律,把孩子作为教育的本位

我们应该喜欢孩子的喜欢,关注孩子的关注,研究孩子们的研究,让孩子该动则动,该静则静,培养孩子全面发展,而不是只看分数和考试。

4. 家长应该抽出一些时间和孩子一起玩,一起运动

我特别建议年轻的家长,不要总是把孩子交给老人照顾,应该亲身去和孩子交流、沟通,倾听孩子的心声。

5. 家长应当给孩子做表率

家长的一举一动都会影响孩子的行为和观念。因此,一定为孩子树立一个良好的榜样。

爱的艺术

李百艳

上海市正高级教师，特级教师。华东师范大学在读教育博士。现任上海市建平实验中学校长兼党支部书记，兼任浦东新区"李百艳语文教师培训基地"主持人，曾兼任上海市青年语文教师研究会秘书长、华东师范大学"国培计划"语文学科培训专家、教育部"国培计划"北京大学研修工作坊主持人、上海市中学教师高级专业技术职务任职资格评审委员会委员。荣获"全国中语会优秀语文教师"、上海市科教系统"三八红旗手"等称号。出版专著《上海名师课堂·初中语文李百艳卷》。

现代家长要敢于坚持传统的严格家教

家庭教育关键点

· **现代家长如何坚持严教?**

多一点严格、严谨,少一点严肃、严厉。

让孩子学会自己承担责任。

多说造就的话,多想孩子的好。

中国人有句老话叫"可怜天下父母心"。我们都知道,每个父母对孩子都愿意付出无条件的爱,正是因为有了父母无条件的爱,孩子才会成长、成才乃至成人。但是,在养育孩子的过程中,多少辛劳、烦恼、失败、遗憾,甚至痛苦,常常与父母如影随形。

今天有些家长不得不面对这样一番情况:

厌学。孩子上学没多久似乎就开始了厌学,孩子受煎熬,家长是备受煎熬。

叛逆。有很多父母眼中的乖宝宝到了初中性情大变,最大的毛病是说不得,不说不行,说了更不行。

迷失。迷失在网络游戏、网络小说以及其他无益的事物当中,虚幻世界夺取了孩子的心。

早恋。懵懵懂懂,情窦初开,该懂的没懂,不该懂的又似懂非懂,分散精力,影响学业,甚至在成长中留下许多伤害,心灵留下阴影。

我曾经认识两位苦恼的家长,一个孩子是男孩子,不让打游戏就要发脾气,罢作业,罢课,罢学。另一个是女孩子,有早恋问题,不能说,一说就离家出走。用我们北方人的一句土话说:"豆腐掉进灰堆里,是打不得也拍不得呀。"

从事教育工作近20年的工作经历和做家长的经历,让我有一些体会,愿意在此和大家分享。

在现在的家庭教育中,最常见的有这么几个"错位"。

一、严格与宽松的错位

现在是一个思想多元的时代,有些教育主张过于前卫,很多家长对孩子没什么要求,很少约束,也不为孩子设定什么边界。似乎,不这样做就不是一个民主、开明、现代的家长。

但这样过于"宽松"的家庭教育,造成的结果是孩子缺乏敬重感和敬畏心,家长的权威完全失落了。

有些家长自己做事随意性很大,跟孩子谈话随随便便,教育孩子也会随时乱发脾气。这就导致会把一件很郑重的事情用很滑稽的方式和孩子说,也可能是很轻松的场景用非常严厉的态度对待孩子。这不是真正的"严",也不是合宜的宽,造成严格与宽松的错位。

真正的严是让孩子明白规矩,是让孩子知道边界。

建议:要敢于坚持传统的严教观点

我认为真正的严教,更多的不是严肃、严厉,而是严格、严谨。

一个家长对孩子的教育能够做到"严而有格,严而有序,严而有度,严而有爱",他的孩子一定端庄、正气,明显有很好的家教。

所以,我觉得现在的家长要敢于坚持传统的严教的观点。在具体操作上,给大家介绍一下美国的青少年教育专家约翰·汤森德博士提出的给每一个孩子设立界限和谈话的"下锚固定"原则:

第一支锚:爱心,我是站在你一边的。

第二支锚:真理,我有些规则和要求。

第三支锚:自由,你可以选择遵守或是违反规则。

第四支锚:现实,如果你这样做,将会有这种后果。

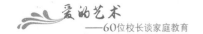

二、父亲与母亲角色的错位

现在很多家庭的问题是父母角色的错位,父亲不像父亲,母亲不像母亲。

父亲的威严感、厚重度不够,而母亲则非常强势,监管力度、掌控欲望很强,缺少温柔与慈爱。一般而言,女性比较敏感,男人则比较钝感。如果母亲管教孩子,随时随地都能发现问题,若过于强势,孩子就会受不了,时刻有被炙烤的感觉。如果父亲管教孩子,更多会抓住重点问题,给孩子留足空间与时间,孩子容易接受与承受。教育过程中,要把父母的这种敏感和钝感的特点结合起来。一个再有影响力的母亲,在很多方面也不能替代一个性格宽厚的父亲。

建议:严父慈母是典范

我一向认为,严父慈母是为人父母的典范。父亲就应该像山一样厚实稳重,母亲就应该像水一样温柔灵动。父亲是磐石,可以依靠,但是不可以碰撞,避免叛逆期的孩子过于放肆,突破底线。母亲是港湾,可以停靠,可以依偎,让孩子感觉到父母是永远的依靠。

所以,我主张在孩子面前,父母的观点要保持一致,最好是夫唱妇随,避免思想分歧造成教育效果的相互抵消。

孩子犯了错误,一个人负责批评教育,一个人来敲边鼓;在孩子意识到错误或者情绪低落时,最好由母亲负责鼓励安慰。

有时,鼓励安慰也不一定是絮絮不止的话语,可能一句"没事儿,儿子,妈妈相信你,过去就好了",或者就是拍拍他的肩膀,摸摸他的手,在他睡觉时过来看他。总之,让孩子感觉到,即使天塌下来了,有妈妈爱我,心灵的城墙不会垮下来。

治理家庭和管理一个团队有相似点,达成共识才有力量。父母甚至可以为孩子开"家庭教育研讨会",讨论孩子最近的情况,统一思想,共商育儿妙计,在很多事情上防微杜渐,未雨绸缪。

三、粗心与精心的错位

在教育孩子方面,很多家庭在粗心和精心的方面也发生了错位。

比如电脑的使用。现在在假期中很多家长让孩子随便使用电脑而不加管理。

但是，我们要知道，现在网站上有很多不良信息。如果家长单纯让一个处在青春期、对各种信息没有应对能力的孩子去辨识、抵挡，这太难了。

家长都知道，要避免孩子去三流影院，但比三流影院更可怕的东西，却随时随地可以入侵电脑。一个画面，一个链接，点一下就可能把你拖入深渊。所以我认为，孩子的电脑家长一定要监管。

相反，有些东西不需要家长那么精心去管理。比如孩子的学习，很多家长成了"作业监工"，时刻盯着孩子，帮孩子检查作业，导致孩子没有责任心。

再比如生活上，家长代劳得太多了，水果洗好切好，恨不得喂到嘴里。其实不用管这么细。孩子要去春游了，家长不要告诉孩子要带什么，只需要提醒孩子"你要做些什么准备吗"，引导孩子自己去考虑问题。

 建议：努力把孩子培养成自我发展的承担者

孩子有自己的思维、自己的性格、自己的梦想，我们要真的把他当成一个有独立人格的人来对待。即使你为他安排的事情对他有极大好处，又非常适合他，都要郑重其事地征求他的意见。这样，一旦他答应之后，就可以负起责任。

父母要学会放手，把孩子培养成自我发展的承担者。舍不得也得舍得，不放手也得放手，因为总有一天我们不再能满足他的需要，他也不再需要我们具体代劳。你不能永远背着他走路，无法替代他生活，你总要从他的生活中退出甚至永远离开，他有自己的人生，他的人生要他自己去承担。

四、随口与用心的错位

很多家长在和孩子说话时特别随意，因为是自己的孩子，往往就不用心考虑，想到什么就随口说什么。"你为什么这么笨啊？"这类的话往往脱口而出。想想看，我们在单位和领导、同事说话应该没有那么随便吧？

随口说的不恰当的话带来的后果非常严重，孩子有被冒犯、被监管、被骚扰、被压制、被负面暗示的感觉，所以就会导致叛逆。

我和儿子说话会特别注意，不会轻易指责他，有时候话到嘴边我也会咽回去。但每周或每两周，我们会很正式地谈心交流，先听他说，然后我也告诉他我看到什么，想到什么。

建议：多说造就的话，多想孩子的好

我主张，跟孩子谈话，舌头上要有仁慈的法则，多说造就孩子的话，少说贬损的话，要郑重其事地谈话。

心理学上有个很有名的实验——罗森塔尔效应。美国心理学家罗森塔尔考察某校，随意从每班抽 3 名学生，共 18 个人写在一张表格上，交给校长，又极为认真地说："这 18 个学生经过科学测定全都是智高型人才。"半年之后，罗森又来到该校，发现这 18 名学生的确超过一般学生，长进很大。再后来这 18 人都在不同的岗位做出了非凡的成绩。

这一效应就是期望心理中的共鸣现象。期望和赞美能产生奇迹。

好孩子是夸出来的，这话是有科学依据的。今天我再加一句：好孩子是盼出来的。中国人都讨厌"乌鸦嘴"。"良言一句三冬暖，恶语伤人六月寒"，科学研究表明，人的语言中枢神经掌管整个人体，是有权能和命令的。所以，我们不可以说一些不造就孩子的话。

言为心声，心想事成。你想要一什么样的孩子，你就经常去想，不管孩子的现在多么糟糕，现实多么不理想，你都要有一个好的盼望，多想孩子的好，这个盼望一直在心里酝酿，在合适的时间、地点向家人和孩子宣告，不断地强化，孩子就会朝着你期待的方向成长。语言和思想都是有能量的。要永远给孩子以希望、鼓励和赞美，最好的教育是对孩子有个美好的期许。永远不要放弃你的孩子，因为你不知道哪天他的灵魂就苏醒了！生命本身就是一个奇迹，一个醒来的孩子可以给你无数个奇迹。

张人利

上海市特级校长。现任上海市静安区教育学院附校校长，兼任教育部中学校长培训中心兼职教授、华东师范大学特聘教授、上海市普教系统双名工程主持人、上海市德育实训基地主持人、上海市基础教育课程改革专家工作委员会委员。全国"五一劳动奖章"获得者，享受国务院特殊津贴。主持多项教育部、市教委教育科研重点课题，曾获"教育部教学成果"一等奖、"国家级教学成果"一等奖。撰写专著5本，在核心报刊上发表论文百余篇。

家庭教育的问题和规律

家庭教育关键点

·**家庭教育必须回答的四个问题：**

怎样才算教育？

家庭教育的主要内容是什么？

家庭教育在哪个年龄阶段起的作用更大？

家庭教育和其他教育的关系如何？

·**家庭教育要遵循学习规律：**

学习要看时机，学习需要对话。

一、家庭教育必须回答的四个问题

在家庭教育中，有几个问题是必须要回答的。

（一）怎样才算教育

很多家长认为，只有正儿八经地上课才是教育。即使不是上课，至少要面对面的讲话才是教育。

其实，教育是无孔不入，无处不在的。孩子出生后，家长每时每刻都在影响孩子。无论是有意识还是无意识，系统性的还是非系统性的，教育从来没有停止过。

有的家长对老师、对校长说："我不懂教育，孩子的教育都拜托你们学校了！"有的家长说："我的孩子最听校长、老师的话了，我们家长讲话对他来说没用。"听上去这席话把学校抬得比任何地方都高,实际上是家长推卸了自己的责任,也否定了自己在不断教育孩子的事实。

有的家长一边打麻将,一边跟孩子说:"好好读书,好好读书!"这样的家长还很"谦虚",说他不会教育,其实他的行为就在"教育"孩子:读书无用,读书无用。家长嘴上说学习是重要的,但行为却表示了学习是无关紧要的。

我们开年级会讲安全教育,告诉孩子们要遵守交通规则。这时,一个二年级的学生站起来说:"一次爸爸晚上开车,我告诉爸爸前面是红灯,爸爸告诉我,这里没有警察。"家长这种做法就是在"教育"孩子:规章制度都是有缝隙、有条件的,有的应该遵守,有的可以不遵守。

所以,所有的爷爷奶奶、外公外婆、爸爸妈妈都要知道,你们都是教育工作者。你们其实每时每刻都在教育你的孩子!

(二) 家庭教育的主要内容是什么

我认为家庭教育主要是要建立孩子的品格、道德、习惯、做人等方面的一些准则。家庭教育并不是要帮孩子解决数学题。

我曾对家长说,你们是家长,我们是老师;孩子对你们来说是儿子女儿、孙子孙女,对我们来说都是学生。我们两者对孩子有共同的但也有区分的责任与原则。

我们的共同之处是都希望孩子好。但是我们教育又是有区别的。文化知识的传授、学习方法的掌握,这些主要是学校的事情。家长关注学校教育是好事,这说明了他们对孩子教育的重视。但是希望家长的关注更加专业,也要尊重学校和老师的专业做法。孩子的学业、知识学习,主要责任在学校,家庭教育则主要是负责孩子的道德、习惯、心理、个性发展等。

尽管很多学校也在提倡个性化教育,但对于孩子的个性,家庭比学校更了解。比如孩子喜欢画图,即使学校有美术小组,也满足不了孩子,孩子喜欢音乐、喜欢唱歌,即使学校有合唱队,也满足不了他们。因此孩子的个性发展家庭也有责任。

(三) 家庭教育在哪个年龄阶段起的作用更大

社会教育、家庭教育和学校教育在孩子不同的年龄阶段分别对孩子起到不同的作用。小学以前,家庭教育特别重要。随着年龄增长,学校教育的贡献逐渐增大。到了大学以后,社会的影响在增加,家庭教育的影响已经比较小了。所以,孩子越小的时候,家庭教育对孩子的影响越大。

(四) 家庭教育和其他教育的关系如何

首先,家庭教育不可代替。家长再忙,也不能推卸对孩子的教育责任。宁可晚些升职,少赚些钱,也不能放弃对孩子的教育。很多家长只看到了自己可以升职的显性可能,却不重视孩子发展的隐性可能。

有些家长经济条件很好,从孩子小学一年级就开始请家教。有了家教,家长就卸下了自己的的责任,全权交给家教老师来负责孩子的教育了。甚至班主任跟家长联系,家长也回复说:"请跟我的家教联系。"还有的家长说:"我为什么选你们这个学校? 我就是想省点力。你们学校老师好,孩子的教育就都拜托学校了。"

这样的家长从来没有认识到,人的成长一定是社会、家庭、学校三方面教育的结果,而且特别是父母的教育不可或缺。说到底,学生今后发展得差一点或是好一点,对拥有几千个学生的学校来说,不会有太大影响。但一旦孩子教育失败,家长再腰缠万贯也没用。

我做过统计,我们学校里在学习上出问题的孩子,如果智力水平没有问题,近一半是因为家庭离异。这也从一个侧面说明了家庭教育对学生成长的影响有多大,父母的关心、教育、爱护、亲情,是其他任何教育不能替代的。

二、家庭教育要遵循学习规律

作为家长,我们也要学习一些学习规律,比如,人的认识是怎么形成的?

实际上教育和其他的研究有两个共同点:一个是探索规律,另一个是规律应用于实际。那么教育探索的规律是什么? 一个是学科的发展规律,另一个是人的成长规律。无论是学校教育还是家庭教育,教育的研究无非就是这两大方面。很多人错误地认为教育没有创新,其实规律应用于具体实际就是教育创新。

(一) 学习要看时机

例如,我们学校小学一年级的学生不学数学。这既是学校教育的问题,也是家庭教育的问题。此话怎讲?

一个学生学习同一门学科,要完成同一个目标,在不同的年龄阶段花费的时间是不一样的,这就是一条教育规律。因为小学一年级的孩子逻辑推理能力比较差,形象思维能力比较强,语言模仿能力比较强,所以我们加强的是外语学科,减少的是数学。同样的数学内容,在一年级可能要四节课,到二年级只要一节课孩子们就能掌握,你说哪个合算? 这个创新就是遵循规律的。

同样的,对家长来说也要考虑,是不是孩子越早学习越好呢? 答案是:不一定。所谓"学前教育",就是说小学一年级以前的孩子都不应该进行系统学习,真正的系统学习应该从小学一年级开始。这就是规律。一年级以前可以进行情景中学习,生活中学习,游戏中学习。孩子什么时候学习什么内容,家长也是需要考虑的。

（二）学习需要对话

学生怎样才算学会,也是一个规律问题。

过去的观念是,老师讲的就应该学会,没有学会就是孩子没有认真听。很多家长都质问孩子:"为什么在同样的教室里上课,同样的老师讲课,别人懂了,你却不懂呢?"

只要老师讲得正确,只要学生在听,只要学生没有智力障碍,学生就应该懂。这句话对吗? 不对。

一个很典型的例子就是杨振宁。杨振宁在回忆自己在西南联大的大学生活时,说了这么一段发人深省的话。他说自己物理课往往只能听懂一半,还有一半是晚上没有电灯,跟同学闲聊的时候学会的。西南联大的师资是清华、北大、南开等名校的联盟,不可谓不强;杨振宁的智力水平也不可谓不高。但是,杨振宁听这么优秀的老师讲课仍然会出现听不懂的问题,这说明老师讲过,学生听了,仍旧不一定能学会。

那要怎样才能真正学会呢? 需要对话。

老师需要想方设法引导学生说出自己的想法,不管是正确的还是不正确的。这就是我常常在学校教育中提到的"相异构想"的概念,其实,在家庭教育中也是同样适用的,甚至在家庭教育中更加需要对话和沟通。

其实,学生在任何学段,学习知识之前都有他们原有的知识和经历。这些知识与经历有的能帮助新知识的掌握,甚至会出现"闪光点",有的却与新知识的掌握相悖。把对于同一问题的各种各样错误想法,或者是不全面的、不深刻的,或者是正确的,但思考问题的角度不同,都称之谓"相异构想"。

家长要尽量多和孩子沟通,引导孩子表达,才能暴露出孩子头脑中的"相异构想"。只有暴露了孩子的问题,才能真正解决这些问题。

爱的艺术

王涣文

中学高级教师。毕业于陕西师范大学政治教育专业。现任上海市洋泾菊园实验学校校长。兼任上海市教育学会九年一贯制学校专委会副秘书长。曾获"上海市园丁奖"，上海市普教系统"双名工程"名校长（后备）等荣誉和称号。著有《教育之路上的足迹》《办老百姓家门口的国际化学校》等专著和论文。

孩子独立生活需要具备的三大能力

家庭教育关键点

· **孩子独立前要培养三大能力:**

明辨是非的能力,生活管理的能力,自主学习的能力。

· **如何为孩子的独立做好准备?**

不要剥夺了孩子自我成长的机会,

孩子需要在家长的激励中不断成长,

家长是孩子正确人生观价值观的榜样。

孩子总有一天要独立。在孩子独立生活之前,家长需要帮助孩子培养起哪些能力?

一、孩子独立前要培养的三大能力

很多家长经常会问我一个问题:孩子多大合适出国?

其实不管是在国内读书还是国外读书,孩子们总是要独立的,都要脱离父母的呵护,靠自己的能力去求学、去成长、去闯世界。孩子多大适合出国,多大能够独立,不是一个靠年龄多大就能简单判断的问题,而是要看孩子自身是否具备了一些独立生活的能力和素养。

那么,孩子需要具备哪些独立生活的能力和素养呢?

第一,必须具备明辨是非的能力。孩子在独立处理人际关系时需要最起码的判断力,提高自我保护的意识。如果连是非曲直都不能分辨的话,就有可能被一些消极负面的人际因素和环境因素所影响,也有可能被误导和伤害。

第二,必须具备生活管理的能力。独立生活意味着各项开销都要统筹计划,各类生活琐事都要自己完成。如果孩子从小就不参与家庭事务的讨论,不会安排自己的生活起居,不会做基本的家务,现实的困扰将会让他焦头烂额,也会影响到他的学习生活。

第三,必须具备自主学习的能力。孩子持续性发展的决定性因素是自主学习能力。如果孩子在国内的学习总是在父母的安排下被动进行的,包括检查作业、请家教补课、布置课外练习等,出国后没有了家长的安排和监督,他会安排好自己的学习和生活吗? 还会有学习的目标和动力吗?

二、如何为孩子的独立做好准备

在孩子独立生活之前,家长是否应该有意识有计划地培养孩子各方面的能力呢? 家长们总以为孩子长大了就成熟了,各方面的能力自然而然就具备了。其实不然,孩子的独立学习和生活能力不是短时间可以速成的,而是在他成长过程中慢慢有意识地培养和锻炼出来的。

我觉得,家长在家庭教育中应该注意以下这三个方面。

（一） 不要剥夺了孩子自我成长的机会

现在很多家长对孩子的事情总是大包大揽,自以为是爱孩子,其实是在不知不觉地剥夺孩子自我成长的权利。比如说孩子的学业方面,不管孩子愿不愿意补课,需不需要补课,总会人云亦云,强制安排孩子去补课。这种情况非常常见。

很多孩子的学习成绩问题不是因为学习时间不够,也不是因为老师的水平问题,而是孩子的学习内驱力没有调动出来,或者孩子的学习方法有问题。因此,"绑架"了孩子的时间用补课的方法来解决问题是牛头不对马嘴,并不能从根本上解决问题,反而让孩子的学习总是处于被动服从的状态,影响了他的学习热情和学习情绪。

再比如说孩子的爱好方面,有些家长以为孩子的所有时间都用在文化课上,学习成绩就会提高,孩子就是成功快乐的,孩子的艺术爱好、体育爱好等并不重要,所以安排在这方面的时间和机会就会少之又少。但事实上,孩子的幸福生活应该是丰富多彩、五彩斑斓的,他们需要艺术的滋润和健康的体魄,他们需要与同伴的活动和去看看世界的精彩。

学习是主要的事情,但不是生活的全部。少年儿童时代没有播下健康生活的种子,没有浇灌种子生根发芽,除了读书什么都不感兴趣,难道是幸福、快乐的人生吗?

　　家长们的包办代替，不是不愿意让孩子去尝试和体验，很大程度上是怕孩子吃亏，怕孩子走弯路浪费了时间和精力，怕社会竞争的压力太大。但是亲身经历是成长过程中不可缺少的人生体验，只有在不断的尝试中、不断的失败中才能积累经验找到正确的人生道路。孩子在成长的过程中吃点小亏、走点弯路，都是非常正常的，都是为了将来不吃大亏、少走弯路。

　　所以，家长应该能够放手的地方都尽量放手，能让孩子自己做的事情就让孩子自己做。我们做孩子的指导者、沟通者、建议者，把决定权还给孩子。如果我们的指导、沟通、建议是合理的、科学的，他们自然会在要做出决定时有了正确的判断能力。

　　如果现在不给孩子决定权，他们在人生目标、时间管理、专业选择等方面又如何能做出正确的判断和决定呢？

　　孩子被家长剥夺了很多积累人生经验的宝贵机会，也剥夺了体验生活和尝试实践的机会。很多孩子到了高考填报志愿的时候，居然不知道自己喜欢什么，选择什么样的大学专业来规划人生，真的是很可悲啊！

　　美好的生活一定是立体的、多维的，不仅要选择自己喜欢的专业去学习钻研，为自己将来的事业打下基础，更需要各种各样的爱好来丰富自己的业余生活，找到一群志同道合的伙伴，一起去健身，一起去看世界，一起来交流人生，一起来玩音乐等，幸福的人生应该是这样的！

　　（二）孩子需要在家长的激励中不断成长

　　我非常赞同"好孩子是夸赞出来"的这个观点。好孩子不是打骂出来的，更不是训斥出来，好孩子一定是激励出来的，用激励唤醒孩子的内心需求，用激励调动孩子前进的内在动力，用激励让孩子树立人生理想的目标。

　　当然，如何去有效地激励孩子也一定要讲究方式和方法。

　　父母是孩子最亲的人；也是孩子最在乎的人。父母对孩子的评价与肯定，在一定程度上决定着家庭成员之间的沟通是否顺畅，家庭氛围是否民主和谐。所以，父母对孩子的态度如果是不经过思考的随意发泄与指责，只会将孩子推向对立面，也就不可能建立起平等和谐的家庭关系。

　　如逢年过节的家庭聚会，正是激励孩子的好时机，把孩子一学期表现最优秀的方面展示给亲朋好友们，就会得到长辈们的肯定、大家的祝福！特别是在孩子在乎的人面前要尽量放大他的优点，千万不要当着大家的面总是表扬别人的孩子，贬低自己的孩子："你看看表哥成绩多好！""你看表妹多优秀……"

　　其实，孩子很在意长辈对他的评价，当孩子的自尊受到蔑视的时候，孩子自然就会拉开与家长的心理距离，更有破罐子破摔的想法，这与家长的初衷不是适得其反了吗？如果家长不希望拿自己的短处与别人的长处比，就不应该拿自己孩子的短处与别人家孩子的长处比。

我们总是说：跟高尚的人在一起可以净化灵魂。父母还应该为孩子展示才华多创造条件，选择正能量的人做朋友，与正能量的朋友们多聚会，让孩子成为聚会的主角，让聚会成为孩子人际交往的平台，让聚会成为孩子展示才华的舞台。如果朋友聚会能够让孩子的自信心得到提升，让孩子的沟通交往能力得到锻炼，这样的朋友聚会才是家长和孩子都渴望的。

有人认为这叫"晒娃"，但我觉得如果对孩子的成长有好处的事情，把娃"晒晒"又何妨？我们的孩子都是普普通通的人，我们不应该在外人面前贬低他，不应该去揭他的短。

我们知道孩子身上的优点一定比缺点多，那为什么不放大孩子的优点呢？让孩子记住父母的笑容、父母的肯定，他就会更愿意跟我们讲心里话，更愿意跟我们沟通交流。总是在别人面前充满自信，善于把自己的长处和优点展示出来，对他今后走向社会、适应社会也一定有好处。

（三）家长是孩子正确人生观价值观的榜样

人都是具有两重性的，也就是自然属性和社会属性。从自然属性的角度看，父母和子女是一种血缘关系。从社会属性的角度看，家长和孩子是一种社会关系。也就是说，子女不是父母的私有财产，父母是孩子的监护人，家长是父母的社会角色。所以，培养人格健全和身心健康的孩子，既是我们的家庭责任，也是我们的社会责任；既要培养孩子成为家庭的骄傲，更要培养孩子成为社会的栋梁，让孩子成为对他人、对社会有价值的人，这应该是更加重要的事情。

生活即教育。我们要传递给孩子积极的正能量的信息，那就是：你要成为对家庭有价值的人，更要成为对集体、对社区、对社会有价值的人。

正确的人生观价值观的传递，最重要的是家长的言传身教和以身作则。如果不希望培养一个爱撒谎的孩子，家长就应该诚实守信；如果不希望培养一个低级趣味的孩子，家长就应该积极进取；我们不希望培养一个自私自利的孩子，家长就应该乐善好施……

孩子总是会做错事的，情绪控制也是家长的必修课。如果在情绪激动的时候往往想到什么话就不假思索地脱口而出，之前的很多教育成果就会前功尽弃。孩子做错了事情是正常的，也一定是有原因的。其实，每一次面对犯错误的孩子的时候，也是教育孩子的好时机，更是孩子逐渐走向成熟的必然途径。

如何教育孩子，家长也需要认真地"备备课"，合适的时机、贴切的语言、诚恳的态度、平等的关系等，都是对话的基本条件。我们除了要做孩子正确价值观的榜样，也要在为人处事的态度、情绪的调控、理性地分析问题等方面成为孩子的榜样。

爱
的
艺
术

李德元

中学高级教师。毕业于东北师范大学。现任上海市第三女子初级中学校长，上海市第三女子中学副校长。兼任教育部中学校长培训中心签约专家，教育部中学校长国培计划特聘导师，上海师范大学研究生导师，上海市教委、上海电视台教育专家库专家。荣获"上海市园丁奖""上海市环境教育先进个人"等荣誉。近年来主编了《市三女初素养培育课程》系列教材，在《上海教育》《现代教学》等杂志上发表论文多篇。

现在家庭教育中普遍存在的七个问题

> **家庭教育关键点**
>
> ·现在家庭中普遍存在的七个问题：
>
> 家长普遍对孩子的期待过高；
>
> 家长没有理解教育的本真目的；
>
> 家长自觉不自觉地与孩子对抗；
>
> 慈父严母教育容易出问题；
>
> 唠叨的父母教育效能低；
>
> 不要哄孩子，要讲道理；
>
> 家长的示范超过一切教育。

做父母是一种技术含量非常高的"工作"。有时候，我们觉得自己在竭尽全力地为孩子好，结果却常常大相径庭。

一、家长普遍对孩子的期待过高

我们都知道，人的智商有差异，按照正态分布规律，人群中只有 1% ~ 3% 的高智者，1% ~ 2% 的弱智者，90% 以上是正常智商的人。高校也有差异，最好的那几所我们称为名校。问题来了，虽然名校每年招生就那么多，但几乎所有家长都期望自己的孩子能够考进名校，或者考得尽量好一些。

通常，家长会给孩子一个较高的目标，用邻家孩子的考试"成就"或媒体宣传的榜样去激励孩子,要求孩子倾其所有时间去拼。结果呢? 失望者居多。问题的症结就是,家长们普遍缺失人类学的知识,缺乏对自己遗传基因的审视,盲目地对孩子高期待。

多元智能理论告诉我们,孩子天生是有智能差异的。加德纳认为,人基本具有语言智能、数学逻辑智能、空间智能、身体运动智能、音乐智能、人际智能、自我认知智能和自然认知智能,每个孩子可能在某一个或某几个智能上很强,在某一个或某几个智能上较弱。表现在学习上,有的孩子学有余力,科科优异,有的孩子十分努力,仍旧偏科;表现在成绩上,在一个群体中,一定会有从高到低的排列。有人将原因归结于非智力因素差异,这也只是外部因素,关键还是智能这个内因。拼命努力,也只会提高一定的成绩,所谓勤能补拙,但不能补智。

由此,每个孩子都有各自不同的内在发展条件、学习能力和某一突出智能的成长需求。家长的高期许往往超越了孩子自身发展的可能,牺牲大量时间进行知识复习,不但没有实现预期,甚至还耽搁了对孩子身上最突出的那个智能的挖掘,结果家长和孩子双败双输。

父母的期望值过高,就会让孩子总觉得自己是个失败者。孩子痛苦,家长也痛苦。其实,父母过高的期许还是缘于没有把选择权交给自己的孩子,把孩子看做自己的私有财产,可以安排孩子的生活和梦想。

二、家长没有理解教育的本真目的

我一直跟家长讲,教育的目的是让人过上美好的生活。既然是要过美好的生活,就不能剥夺孩子们童真时期的天然快乐、年少时期的素质成长、成人以后终身热爱学习的习惯。

如果我们把更多的学业负担压在孩子身上,使他们求学的这段时期成为最不快乐的时光,当这段经历过去以后,我们会获得什么样的结果? 很可能是过度的学业压力导致孩子们终身厌学,那些毕业后撕书、烧书的现象并不少见,毕业以后不愿意学习、不愿意阅读的问题也很普遍。

一个人终身学习的愿望被断送了,发展从何谈起? 学校的学习毕竟有限,未来的发展终究要靠自己终身不断地学习。

我看到有关统计,中国人的年阅读量在世界上排序非常靠后,接近最低,这是十分悲哀的事。

从这个意义上看,家长一定要想明白,教育的目的是为了什么。不仅仅是为了一个好分数,一个好大学——好分数未必有促进未来发展的好素质,上了好大学未必就能找到好工作,找到了好工作也未必能幸福。在一个优秀的团队中,好的素质对个人发展很重要,素质好的人幸福感才会高。

教育的目的是为了让孩子们以后能过上幸福的生活。考得好,分数高,要过幸福的生活;考得不好,分数不高,也要过幸福的生活,这是天赋的权利。幸福和分数无关,和高校无关,和别人无关,但是和今后自己以良好的素质努力成长有关。

幸福是什么?所谓幸福,就是家长给孩子一种温和的、宽容的教育,让孩子能够做一个常态的人。在这个过程中,孩子就会享受很常态的生活,不会因为所谓的不成功而痛苦,也不会因为很平凡而难过,因为生活就是这么自然而美好,让人回到恬淡平和的状态。

三、家长自觉不自觉地与孩子对抗

家长千万不要和孩子对抗,对抗的结果必然是双输。家长跟孩子对抗的结果之一是导致孩子很叛逆,结果之二是导致孩子很懦弱。

鲁迅先生曾于1927年在《无声的中国》一文中写道:"中国人的性情总是喜欢调和、折中的,譬如你说,这屋子太暗,说在这里开一个天窗,大家一定是不允许的。但如果你主张拆掉屋顶,他们就会来调和,愿意开天窗了。"这种先提出很大的要求来,接着提出较小、较少的要求,在心理学上被称为"拆屋效应"。

这个理论在家长和孩子之间,在教师和学生之间也是适用的。比如孩子犯了一个小错误,知道回家要批评、挨骂甚至挨一顿打,就选择了不回家,家长找了一天一夜终于找回来了,觉得孩子能找回来就谢天谢地了,从此不敢再批评他的一些小错误,担心一批评,孩子又会离家出走。

有的孩子就会利用这种心理,为了不让你批评我的小错误,我要犯一个大错误,我用离家出走这种更危险的事情来吓唬你。

这种对抗的结果,如果家长赢了孩子,孩子可能变得越来越懦弱,越来越自闭,也可能变得越来越叛逆,甚至有少数孩子做出很极端的事,这些都有案例,是惨痛的教训;如果孩子赢了家长,可能就会更加滋生这种"拆屋"心理,直到被宠坏。所以无论是谁"赢",结果都是输。

很多最后出问题的孩子都是这样,一点点地对抗,家长一点点地屈服,不断对抗,不断屈服……所以家长一定不要给孩子产生对抗的机会。

家长跟孩子对抗的本质是:家长认为孩子是自己的私有财产,总是想要征服孩子。要想杜绝对抗,家长就要从内心尊重孩子,认真听取孩子的解释,严格教育,宽容对待。家长也有少不更事、渴望父母理解和宽容的幼年时代,一长大就全忘了,这叫缺乏"同理心"。

四、慈父严母教育容易出问题

中国传统的家庭教育常常是"严父慈母"格局,现在的家庭大多是"虎妈""猫爸"。事实上,这种教育方式是不适合儿童成长的,慈父严母教育出来的孩子在视野、胸怀、理性和交往上多多少少会有问题。

为什么"严父慈母"比"慈父严母"更好?因为父亲的严格是有理性的,注重抓重点问题,点到为止,给孩子留下思考和改过的空间。母亲的严格中感性的成分更多,大多数母亲严格起来,语言往往会超越理性的范畴,给孩子带来伤害,分不清孩子已经是一个"独立"的人,又把孩子放回自己"肚子"里去了。这不适合人的成长。

所以,父母在对待孩子的问题上,观点要保持高度一致,不能有分歧,有了分歧时,不妨先冷静下来寻求统一,然后再面对孩子。在承担的教育任务上,要有明确的分工。帮助孩子确定人生的规则,界定价值观,指出问题所在和改进策略等大方向的事情,应该是父亲的责任;母亲的责任则是尽量温婉平和,给孩子生活上的滋养,精神上的鼓励,信心上的培育,用自己的知性美去影响孩子。这样的孩子,将来不但会成大事,而且还会经营小家,培育出更优秀的下一代。

总之,母亲要做一个知性而平和的母亲,父亲做一个理性而严格的父亲。

五、唠叨的父母教育效能低

马克·吐温听牧师演讲时,最初感觉牧师讲得很好,热血沸腾,打算捐款 5 美元;10 分钟后,牧师还没讲完,他不耐烦了,决定只捐些零钱;又过了 10 分钟,牧师还没有讲完,他决定不捐了。在牧师终于结束演讲开始募捐时,过于气愤的马克·吐温不仅分文未捐,还从盘子里偷了 2 美元。这种由于刺激过多或作用时间过久,而引起心理极不耐烦或逆反心理的现象,被心理学家称为"超限效应",过犹不及,效果是一样的。

家长们总以为重要的话要多说几遍,孩子就会按照自己所期待的要求去做。其实,在唠叨过程中,很多孩子已经产生了逆反心理,如果是经常唠叨,你讲什么话孩子都不想听了!甚至父母讲的是对的,他们也不愿意接受。家长不妨试试看,同一句话要求三遍,看看有哪个孩子不嫌烦?

通常,家长和孩子的矛盾是在玩耍和学习时间的安排上,孩子心仪玩耍,家长揪心成绩,这时对孩子提要求,说一遍就可以。孩子不自觉,没按要求来,不要急,反正你已经知道了,多说几遍情况更糟。好的做法是:① 给孩子的要求要十分清楚;

② 要有一个玩耍和学习的时间约定;③ 多听听孩子在校的故事,多鼓励孩子;④ 陪伴学习,帮助孩子克服学习障碍。

只做题目的孩子将来不会有出息,玩耍有学问,是一种成长;沟通是技能,也是一种成长;陪伴更有助于孩子成长。可惜,家长们常常忽略这些可资发展的行为。

我和孩子说话只说一遍。比如我告诉孩子:"我们 7 点出发。"到了 7 点钟,我说:"7 点了!"孩子就会说:"爸,走吧。"

六、不要哄孩子,要讲道理

中国人往往都是哄孩子、骂孩子、管孩子、训孩子,但就是缺少一点:跟孩子讲道理。

孩子犯错误的时候,千万不要批评他,只要告诉他什么是对的,就可以了。孩子天生不懂事,所以才有学校。既然孩子不懂事,他犯的错误都可以原谅,我们没有必要生气,去批评他。因为孩子天生就是来犯错误的,每一次错误都是成长的机会。他不犯错误,我们怎么知道他这个地方不懂呢? 他犯了错误,我们就应该告诉他什么是正确的。

七、家长的示范超过一切教育

这一点最重要,家长的示范作用超过一切教育的价值。这句话应该怎么来理解呢?

老师们常常说,同学要互相关心啊,要宽容相对啊,我听完很不满意。孩子应该要在被宽容中学会宽容,在被同情中学会同情,在被关心中学会关心。

教育中有两个词语叫做"经历"和"体验"。大人都知道,有被关心的经历和体验,才知道被关心是多么的快乐,所以也才会用同样的方法去关心别人。孩子也是如此,只有有了这样的经历和体验,才能学会真正对待别人的方法。

我们教育的问题就是说教太盛,而经历和体验不足。要让孩子有经历和体验,不光是需要孩子去做,还需要成人的努力。家长希望培养孩子什么样的品格,就要用自己的行动让孩子体会和感受到这种品格。知行合一很重要,在孩子面前,家长千万不要做"两面人",他们往往会在我们身上学会"两面性",说一套做一套。

堵琳琳

上海市特级校长。现任上海市风华初级中学校长，兼任静安区第一届人大代表。领衔的"'SET SAIL'综合主题课程开发与实施的研究"等科研项目在全国、上海市立项并获奖，著有《尊重差异　促进成长》。

爱的艺术

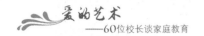

让孩子内心更强大的三个办法

家庭教育关键点

· **怎样培养孩子的自我认知度？**

帮助孩子了解自己的优缺点、形成正确的自我认知。

· **怎样提高孩子对挫折的耐受力？**

不能一味迁就孩子，让他学会正确对待困难。

· **怎样提升孩子的社会融入度？**

引导孩子走出家门，融入社会。

初中是一个人性格形成的重要时期，是一个人的"腰部"。但初中阶段正好是一个人的青春期，是内心最敏感，情绪起伏最大的阶段。在这个阶段，如何为孩子今后的人生积蓄一些心理能量，让孩子走得更远、更顺畅？

一、培养孩子的自我认知度

现在家庭很多都是独生子女家庭，孩子在家庭中时时刻刻被家人围绕，始终是家庭的核心。但是，在社会生活中，不可能每个孩子都成为核心。因此，在家里被众星捧月的孩子，到了学校发现自己不再是大家关注的焦点，就可能产生失落感。在初中阶段，这种失落感的影响更加明显。

一方面，孩子升入初中后进入一个新的环境，有些在小学表现很突出的孩子，进入初中后发现自己不再是明星，不免产生一些心理落差。另一方面，青春期的孩子情绪非常敏感,也更加容易产生失落感。因此,培养初中阶段孩子的自我认知非常重要,要让孩子学会正确认识自我。

有的孩子自以为是,有的孩子则认为自己一无是处,对这些孩子我们都要加以引导,让孩子形成比较适当的自我认知。有的孩子动手能力很强,有的孩子组织能力很强,有的孩子运动能力突出……但这些孩子往往因为学习成绩不好而不能得到家长、老师的认可,甚至因此自卑。

一个人有适当的自我认知,遇到问题往往就容易坦然接受,不会悲天悯人,也不会妄自菲薄。比如,一个孩子如果认识到自己艺术创造力很强,数学成绩的不尽如人意就不会打击到他。

一个人认为自己是个好人,认为自己会有进步,这种感觉是非常重要的。当一个人认为自己一无是处的时候,基本上这个人就废掉了。所以,家长要不断观察发现孩子身上的闪光点,引导孩子形成正确的自我认知。

我碰到过一个孩子,从小学开始学习成绩就一直很不好,孩子很灰心,家长很头痛。时间长了,孩子觉得自己一无是处,家长也觉得孩子没什么优点。升入初中后,他参加了学校的"超级变变变"活动,花费了很长时间用纸板箱做了个机器人,结果获得了动手实践组的一等奖!

班主任觉得这是一个非常好的机会,于是特意把这个孩子的父亲叫到学校来,告诉他这个喜讯,并告诉这位父亲,他儿子在创造力、动手能力、空间感等方面的能力很强,希望家长能够帮助孩子发挥这些方面的特长。这位父亲非常感动,说自己对孩子有了全新的认识,不能让孩子继续自卑下去了。这件事也激励了这个孩子,他不再认为自己一无是处,整个人就像变了样,在学校和在家都积极多了,成绩也取得了一定的进步。

可见,正确的自我认知对孩子的成长非常重要。在家庭教育过程中,家长要帮助孩子了解自己的优点,了解自己的缺点,了解自己独特的地方,也要了解自己和别人有很多相似的地方。

这种自我认知度对将来的身心发展都会奠定比较好的基础,也有助于孩子形成学习目标,知道自身在哪些方面不够应该完善,有哪些优势可以在今后的集体生活中、社会生活中加以发挥。

二、提高孩子对挫折的耐受力

现在的孩子心理很脆弱,我们经常从媒体中了解到一些一贯优秀的学生遇到一

点儿挫折就做出极端的举动。我们也发现,很多孩子对自己有很高的心理预期,一旦达不到,就会逃避。这些逃避的形式包括逃学旷课等行为,也包括一些生理反应,比如一到上学的时间就发烧、呕吐等。这种上学恐惧症其实也是逃避的一种形式。

但是,无论如何逃避,一个人成长过程中总会遇到各种各样的不如意,比如同伴交往之间受挫,或者学业成绩不理想等。而且,随着年龄的增长,遇到挫折的概率比小时候会更高。所以,家长要在孩子成长过程中教会孩子对大大小小的挫折提高耐受度。

(一)不能对孩子一味迁就

如果孩子从小在家庭生活中想要什么都能得到,很少体验到受挫感,就没有机会学习应对挫折。比如,带着很小的孩子出去玩,孩子看到各种玩具都想要,这时一定要设定好规则,比如每次只能买一样。这样,一方面让孩子学会了选择;另一方面也能让孩子慢慢理解,不是所有喜欢的东西都可以得到。

如果让孩子不断体验到这种"挫折感"并学会了相应调整自己的心态,这种心态就慢慢会迁移。当孩子逐渐长大,在社会生活中遇到目标实现不了的情况,也就慢慢学会了该如何接受或者应对。

(二)当孩子遇到困难时,端正态度

当孩子遇到困难时,和孩子一起想办法解决问题,端正对这个问题的态度。比如小孩子在学业或人际交往中受挫了,家长应该教会孩子如何正确看待,不要一味指责孩子,人为加深孩子的受挫感。

另外,还要让孩子正确认识努力和结果之间的关系。作为成年人,我们都知道,不是所有的努力都会有结果,不是所有的梦想都会实现。这是一个非常深刻的社会现实,要引导孩子逐渐理解和认知。

作为初中生,孩子正在一点点走向现实生活,我们不能给孩子一个童话世界,要慢慢引导孩子接近现实世界,让孩子接受多元的挑战和挫折。

三、提升孩子的社会融入度

孩子进入初中以后,家长要有意识地慢慢提升孩子的社会融入度,让孩子慢慢走出家门。这方面也有一些方法:

(一)让孩子正确理解人与人的关系

家长要教会孩子如何正确与别人交往,比如互相尊重、选择朋友圈等。

这方面家长容易陷入一个误区,就是担心自己的孩子受欺负,甚至有一点小事就急着帮助孩子"出头",找同学、找家长、找老师。这样不利于孩子学习和同龄人交往。另一个误区则是对人和人之间关系的理解比较片面,没有界限感。现在频繁的初高中生之间的欺凌、侮辱,往往就是因为没有认识到人与人交往的尺度在哪里,界限在哪里。

人与人之间的交往还有一个方面是异性之间的交往。和异性交往应该掌握什么样的分寸,也需要家长进行有效的引导。这些都是帮助孩子融入社会的非常重要的因素。

(二) 引导孩子对社会现象客观分析

现在孩子接触信息的渠道非常广,一点都不亚于成人。社会现象那么复杂,如何认知很重要。这个年龄段的孩子很容易走极端,对社会问题往往用非此即彼的、比较偏激的眼光来看待。家长进行家庭教育的时候,就应该进行这方面的引导。

我认为比较好的办法是平等讨论,和孩子各自发表对一个问题的看法,在沟通中慢慢引导。我家晚饭时就会讨论一些儿子知道的、感兴趣的社会热点问题,通过很宽松的讨论让孩子认识到产生这些社会现象的历史原因、社会背景等,帮孩子建立比较全面的、相对客观的认识。

一个看问题特别偏激、视角狭窄的人是很难成为一个优秀的社会公民的。这种孩子长大后很可能会有"郁郁不得志"的感觉,总觉得都是社会不好,所以自己不能发挥才能。家长要有一个宏观的思考,在初中阶段就从一些比较浅显的、孩子感兴趣的社会问题切入,引导孩子形成客观、全面看待问题的思考方式。

(三) 正确理解个人与社会的关系

这是一个更加宏观的"人与人之间关系"的概念。如何处理班级利益或者集体利益和个人利益之间的关系? 如何在力所能及的范围内为集体、家庭做出自己的努力?

家长在进行这方面的训练时,应该让孩子在家庭中承担起个体的一些责任:比如做一些家务。我始终觉得孩子在家里应该做一些力所能及的家务,这实际上也是在提高孩子的家庭融入度。慢慢地,孩子会在集体中做一些事,提高对集体的融入度。这个过程会让孩子知道,必须通过努力付出才能收获别人对你的信任、对你的喜爱等。这些都是可以在家庭生活中慢慢培养的。

我所说的这三点都和学业关系不大,但都是一个孩子成长过程中非常重要的因素。如果一个人缺乏良好的心态、个性和行为,即便有好的学业成绩,将来也是走不远的。如果这三方面都做好了,孩子将来的心理会更强大,也才能走得更远。

爱的艺术

芮仁杰

上海市特级教师，特级校长。现任向明教育集团理事长、上海市向明中学校长，兼任中国创造学会第三届理事会常务理事、创造教育专业委员会主任兼秘书长等职务。荣获"全国创造教育成果奖""上海市先进工作者""上海市园丁奖"等称号。《中学创造教育课程群建设的探索和实践》等论文在全国、上海市获奖。

家庭教育是孩子的起跑线

家庭教育关键点

· **从小培养五个方面的能力：**

语言能力,运动能力,动手能力,思维和条理性,胆量。

一、家庭教育要做三件事

家庭教育中,有几件事值得我们去研究。

第一个问题是如何理解"不要输在起跑线上"。这句话最初是时任教育部副部长的中国工程院院士韦钰提出来的,但是现在已经被误读太深了。

韦钰曾经在《中国教育报》上发表了长文,解释这句话到底是什么意思。她的本意绝不是指让孩子早些认字、背诗、读英语,更不是把小学的课程提前教给幼儿,而是从孩子一生下来,父母就要把孩子的发展看得比什么都重,要给孩子提供一个稳定的、温暖的、健康的、互动的环境。

"不要输在起跑线上",是要由父母用爱与陪伴来完成的。科学实证研究表明,早期教育的优劣的确影响到儿童脑的发育。0—3岁是个关键期,而且在这段时间里,没有人能代替家长,只有家长才能给你自己的孩子最好的童年。

那么,父母作为孩子的第一任老师,到底该做什么？我认为至少有这么几个方面应该要做的。

（一）做人问题

家庭教育要补学校教育之不足,侧重解决孩子做人方面的问题。

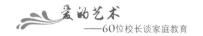

（二）培养孩子良好的学习习惯

现在很多年轻父母受教育程度比较高,具备这方面的能力。

（三）父母要善于发现、引导孩子的长处

俗话说,3岁看到老。3岁左右就能看出孩子的潜质在什么地方。我们要承认有些资质是存在先天差异的,每个孩子都有自己的天赋所在,关键是父母要善于发现。

有的父母盲目攀比,或者选择性观察,对孩子的运动天赋视而不见,一定要纠正到智力方面去……这些都是不科学的。至今还没有任何科学证明天赋是可以后天培养的,我们要顺应孩子的天性,创造条件让孩子发挥所长。

"屁股坐得住"的小孩今后可能会成为科学家,"坐不住"的孩子也许会成为管理者或者社会活动家。当然,在一个人的成长过程中,根据环境、机遇种种因素,才能和特长是会变化和伸展的。没有公式可以计算、预知出这类变化。但是,在这个过程中,父母为孩子创造条件、加以引导是很重要的。

比如我儿子喜欢打羽毛球,也挺擅长。他的羽毛球水平被少年体育学校的老师认可,想要培养他。但老师说家长要每个星期送他去训练三天。我们觉得时间上无法做到,于是放弃了——这个挫折就是家长给他的,因此家庭的人才观念是很重要的。

二、孩子从小要培养五种能力

现在的父母都很重视幼教,这当然很好,但我觉得父母还要对孩子学习的内容有所选择。在孩子的幼年时期,这几个方面的学习应该给予足够的重视。

（一）语言能力

有条件的话,孩子最好在3岁左右就开始学外语。我认识一个家庭,孩子会说4种语言,闽南话、英语、上海话、普通话……根据说话对象不同自由切换,完全不会乱掉。这告诉我们,四五岁的小孩学语言的能力是非常强的。

因为不是所有家庭都具备这样的条件,我建议幼儿园可以为孩子们创造更好的语言环境。现在很多幼儿园教孩子们学数学,实际上提前学数学的优势到三年级通常就被拉平了。倒不如这个时候趁孩子的语言学习能力强,多学些语言。

（二）运动能力

运动能力一定要培养。很多父母并不重视这一块,但身体技能的锻炼对孩子今后的成长发展非常重要。在运动过程中,还可以锻炼孩子的毅力、耐挫能力、团队合作精神等非智力因素。

（三）动手能力

要有意识地发展孩子的动手能力,比如搭积木。我儿子小时候,一个朋友送了他一套电子积木,用电线连接起来,就可以组装成一个门铃。后来读中学时他物理学得很好。我问他为什么学得好,他说,当年自己玩电子玩具的时候就明白这个物理原理了。

（四）思维条理性

可以通过从小教孩子理书包或是整理自己的房间,来培养孩子的条理性。孩子的言行举止是跟着大脑思维进行运动的,如何整理房间、书包就能反映出孩子思维的条理性。

父母可以观察孩子整理的顺序和情况。如果孩子花了很长时间才整理好,就说明孩子的思维条理性有待加强。思维条理性强的孩子会预先计划好什么东西该放在什么地方,整理的速度就会比较快。

（五）锻炼胆量

要从小锻炼孩子的胆量。胆量是可以锻炼出来的,胆量的基础就是自信。孩子如果见多识广就有胆量。因此,一方面父母要带孩子开阔眼界;另一方面也要鼓励孩子参加各种活动,在活动中锻炼自己的胆量。

比如主持节目,第一次通常都会有些害怕,但主持了几十次就会大大方方了。向明中学的校友、主持人林海就深有体会地说,自己就是从学校的舞台一步步走向上海电视台的。

三、需要思考的问题

关于家庭教育,我们还需要思考一些问题。

首先是隔代教育。现在很多父母忙于工作,隔代教育的孩子很多。但爷爷奶奶、外公外婆对孩子的爱太深,有的甚至到了无原则的地步。就算是我们教育工作者做了爷爷奶奶,有时也没法摆正这个天平。

爱和呵护对孩子来说的确很重要,但凡事都要有个度。如果在教育孩子的时候,孩子经常会搬出爷爷奶奶来当救兵,父母就只好收敛,小孩就会享受起这种任性,变得为所欲为。所以,我觉得隔代教育的问题值得大家深思。

另外,"女孩要富养"的说法也被很多家长所曲解。大家都觉得所谓"富养",是要供女儿吃好穿好,像对待公主一样待她,其实这是断章取义。"富养"是说,要富养女孩子的眼界。

以前的女孩都是小家碧玉,"大门不出,二门不迈",思想、性格也就很封闭。要让孩子的眼界变得开阔,阅历变得丰富,胆量也就提高,孩子走进社会以后也才能更有底气。

其实男孩也是同样的道理。我比较提倡"女孩男养",这样孩子能够融合男性和女性两种思维的优势,未来会与众不同。

丁利民

上海市特级校长。现任上海理工大学附属小学校长兼党支部书记，2009年起担任上理工附小教育集团理事长。首批上海市名校长后备人选，获得"上海市星星火炬奖章""上海市职工信赖的管理者""上海市年度新闻人物""上海市园丁奖""上海市教书育人楷模""全国优秀教育工作者"等荣誉。

从三个小故事看家庭教育中的问题

家庭教育关键点

家庭氛围和睦,父母观点一致;

关注"好孩子"的问题;

父母的支持和爱是不可替代的。

校长每天要接触许多孩子。这些孩子有不同的性格,有的活泼开朗,有的谨慎内敛,有的大大咧咧,有的细心温柔……但也有一些孩子,在行为控制、情绪管理等方面存在或多或少的问题。这些问题的背后,都能隐隐约约看到家庭教育的影子。

· 故事一:儿子,抱抱

有一个孩子,每天上学的时候都是父亲抱来的。这在幼儿园时期可能并不奇怪,但是如果一个小学三年级的孩子,身体健康,还每天被家长抱来上学,就不多见了。

学校有规定,家长早上送孩子时只能送到学校门口,不能进入校园。这位父亲只好非常心疼地把孩子放下来,然后站在门口目送着孩子走进学校。可能是因为放心不下儿子,上课铃打响之后,他也迟迟不肯离去,就在学校门口扒着栏杆向里张望。虽然完全看不到儿子的教室,但他常常一站就是一两个小时。

大家可以想象这个孩子的状况。因为长期被抱着,他的四肢都瘦瘦小小的,就显得脑袋很大,重心不稳。加之平时缺乏跑跳等运动,每次上体育课都担心他会摔倒。当然,这个孩子的胆量也不大,各方面的表现也都很一般。

启示:过分溺爱会让孩子弱不禁风。

这个家长的做法可能比较极端,更多的家长不会对孩子溺爱到这个程度,但是,溺爱的现象仍然普遍存在着。溺爱、包庇等做法,不仅会使孩子的身体弱不禁风,而且会使孩子的精神也很脆弱,难以承担起自己的责任。所以,家长可能需要经常反思一下,自己是否为孩子做得过多了?

·故事二:每天上演的"生离死别"

有个孩子每天上学在学校门口和家长告别时,都要撕心裂肺地大哭一场,上演一场"生离死别"。一个孩子刚刚进入一个新环境会有些紧张。所以,如果刚开始几天和家长告别的时候哭一下,也是很正常的。但是,这个孩子接连哭了一个月,而且每次都哭得极其伤心。

这种情况非常少见,老师就去了解了一下这个孩子的家庭情况。原来,这个孩子的家庭是三代同堂,爷爷和母亲的性格都很强势,但是对于孩子的教育理念各不相同。因此,孩子在家里无所适从,不知道该听谁的好。长此以往,结果就是孩子完全没有安全感,所以分离焦虑非常严重。

后来,在老师的建议下,父母亲带着孩子离开爷爷奶奶家,成立了自己的小家庭。爸爸妈妈对待孩子也尽量保持一致,用一个声音说话。很快,孩子的分离焦虑就好转了。

启示:家庭成员要保持一致。

现在很多家庭父母工作忙,都是祖辈帮忙带孩子。而父辈和祖辈的教育观念往往又有所差异,因此,这种家庭成员教育理念不一致的问题也很普遍。事实上,很多祖辈带孩子也带得很好,很多父母带孩子也带得很好。关键是一家人的理念要一致,不要把家庭成员之间的不一致、不和谐都丢给孩子,让孩子去消化。这样就很容易让孩子产生不安全感。

·故事三:奶奶陪着孙子来上学

这个故事里的孩子就更加特殊。他是高年级才进入我们学校的,成绩很不好,考试分数总是个位数。老师发现,这个孩子的智力因素确实不太好,但也不至于差到这种程度,于是就开始寻找原因。

老师们后来发现,这个孩子的主要教育者是奶奶。奶奶原来是一位很优秀的中学老师,而这个孩子的母亲是一位不认识字的"外来媳妇"。奶奶觉得这个文盲媳妇不能承担起教育自己孙子的重任,于是决定自己来做这个工作。但因为孩子智力因素确实不高,无论怎么努力也达不到奶奶的期望值。奶奶就把这个失败归咎于媳妇,更加冷落媳妇,甚至不让孙子见母亲。

后来这个孩子不仅学业成绩很差,行为也出现了一些偏差,奶奶便到学校来"陪

读"。孩子对奶奶态度非常差,甚至辱骂奶奶。但是奶奶非常执着地陪读,还认真听讲、做笔记,以便回家再给孙子讲一遍。

虽然奶奶投入了非常大的精力,但效果适得其反,孩子的情况没有任何好转。学校觉得这样下去不行,于是帮奶奶分析了他们家的情况。当时奶奶身体也不好,老师们就建议奶奶放手,把孩子送回父母身边,自己好好休息一段时间,养养身体。没想到,孩子送回父母身边之后状态大大不同,行为问题有了好转,成绩也明显提高。到五年级的时候,这个孩子以合格的成绩顺利毕业。

启示:父母的作用无可替代。

这个案例有些极端,但是,其中的道理却值得每个家长深思:孩子必须在自己的父母身边,不管父母受教育水平是高还是低,父母的作用都是无法替代的。

另外,我们往往只注重孩子的行为而忽略了孩子的内心世界。这个故事中的孩子,当他意识到自己的母亲是被看不起的,他的内心会多么痛苦?在这种情绪下,又怎么可能学习好呢?

一些有价值的观点

这些故事绝非孤例。如果要想避免更多类似的故事发生,我们希望家长能够认同一些有价值、有意义的观点。

(一) 父母要相亲相爱

我们发现,影响孩子学业表现的因素有很多,智力因素不可谓不重要,但更重要的是家庭环境。父母首先要做到的一条是:要相亲相爱。

这一点很少被学校提及,但对家庭教育来说却非常重要。很多孩子的问题就出在这里。因为如果父母关系糟糕,孩子就会很焦虑,就没有办法安心学习。一个没有安全感的孩子,要全然投入学习过程是很困难的。一个在父母相亲相爱、和睦幸福的家庭里成长的孩子,才会有很强的安全感。

(二) 父母要做孩子的榜样

有了好的家庭氛围,还要培养孩子良好的学习习惯。特别是关键的小学低年级,习惯培养要放在知识的学习之前。先不要拘泥于他学会了多少知识点,而是要把孩子的学习习惯培养好,这样以后才能事倍功半。

要孩子养成好的学习习惯,父母首先自己要做榜样。很难想象父母一天到晚打游戏,孩子能有很好的学习习惯。如果父母每天努力学习、工作,孩子就会在不知不觉中受到感染。

如果有两种家长,一种家长忙于工作和学习,不催促孩子学习;另一种家长自己不学习,总是盯着孩子学习。两相比较,前者的效果往往更好。因为父母虽然没有时间管孩子,但孩子能够感受到爸爸妈妈在以非常好的状态工作、学习。父母是什么样的人,孩子就很容易成为什么样的人。

此外,良好的习惯还需要通过日常生活一点一滴的小事来建立。比如要主动、热情地和父母长辈打招呼,每周固定亲子阅读、亲子锻炼,及时完成作业、字迹端正等。这方面我推荐尹建莉的《好妈妈胜过好老师》。

(三) 关注"好孩子"的问题

还有一些家长有很强的忧患意识,让孩子提前学习,甚至孩子才上幼儿园就开始学奥数了。

我不知道这些孩子的感受如何,但通常这些父母的理由都是:"我家孩子自己很喜欢学习,是孩子自己要学我才帮他报班的。"确实有一部分孩子很喜欢,但也有一种情况是,孩子看得出父母想要什么,就会去取悦家长。在这点上,家长要特别注意。

如果家长总是用自己的情绪控制孩子,完全不顾及孩子真实的感受,不能支持和尊重孩子真正的兴趣,那么未来这个孩子的成长就会缺了很大一部分——人格的成长。他们的学业表现可能不错,但青春期最逆反的往往也就是这种孩子。其实,在孩子"听话"的时候,已经悄悄埋下了叛逆的种子。

另外,从长远来看,孩子在学习知识方面"抢跑"也是不利的。孩子在幼儿园读奥数班、拼音班的时候,其他的孩子可能在玩泥巴、搭积木、养小动物、观察植物……那么,这些经历孩子就损失了。这也就意味着,今后的空间想象力、观察能力、情感能力等很可能会有所缺失,只是目前缺乏相关的跟踪研究来论证这一点而已。

说到教育,社会首先都会把目光投向学校。但是,在很多问题上,家庭教育的功能是学校教育无法替代的,因为父母的支持和爱是其他关系难以代替的。做父母不需要上岗证,但家长真的不好当。正如孩子的成长只有一次,我们做父母的经历也过去了就不能再更改。如果父母不能随着孩子一起成长,最后只能是由孩子和亲子关系来承担这个代价——这是任何家庭都不愿意发生的。因此,父母们可以学一些儿童心理学,了解一些儿童的成长规律,这将有益于家庭教育。

爱的艺术

王石兰

　　现任上海外国语大学附属外国语小学校长，兼任全国民办教育协会理事、上海市民办教育协会常务理事、上海市民办中小学协会副会长、全国外国语学校工作研究会小学分会会长。曾获"全国中小学德育先进工作者""上海市中小学德育先进工作者""上海市教育科研先进个人""上海市园丁奖"等荣誉。

讲给小学新生家长的三句话

家庭教育关键点

·小学生要培养的三个观念：

集体观念、时间观念、劳动观念。

·给孩子自由活动的余地。

·一年级学生要养成的学习习惯：

坐得住、记得牢、写得出、说得好、能动脑。

我想送给小学新生的家长三句话。

要培养孩子三个观念

· **一是集体观念**

孩子从幼儿园到学校，进入课程教学，要有集体观念，这个很重要。所谓集体观念，主要是要让孩子懂得班级是个集体，自己是集体的一员；大家都要热爱集体，为集体做事情；同学之间要团结友爱，相互帮助。

这个要求主要针对孩子在家里养成的以自己为中心的坏习惯。这也是帮助孩子更好融入到学校的集体生活中的非常重要的一环。

· **二是时间观念**

孩子进入小学以后，家长要培养孩子爱惜时间、做事讲效率的好习惯。读书也好，做事情也好，都要讲效率。小学一年级没有书面作业，但还是会有一些口头作

业。这个口头作业,家长要让孩子在规定的时间里完成,不要拖拖拉拉。

这个要求主要是针对很多孩子在家庭里养成的拖拖拉拉、磨磨蹭蹭的坏习惯。这也是帮助孩子顺利进入学习生活非常重要的一环。

·三是劳动观念

所谓劳动观念,就是要让孩子自己的事情自己做,不会的事情学着做。这个要求主要是针对很多家庭以前养成的孩子的事情都由大人包办代替的习惯。

对一年级的新生,我们不提很高的要求,主要养成三个好习惯。

·一是养成良好的学习习惯

对于一年级的孩子要养成哪些好的学习习惯,我总结了 15 个字:坐得住、记得牢、写得出、说得好、能动脑。

先说"坐得住"。小学一堂课是 35 分钟,刚开始我们不要求这么久,但至少 20 分钟孩子要能坐得住。"记得牢"是指,老师讲的东西,孩子要能够听得进去,不能思想开小差。"写得出""能动脑"都比较容易理解,我想详细解释一下"说得好"。

我们学校的新生家长会上,我会告诉家长,关于"说"我们学校有四个层级的要求。第四个层级音量最大,是老师上课叫你回答问题,你说话的声音要响亮、清楚,让全班小朋友都听得到。第三个层级是小组讨论的时候,你说话的声音小组内的同学听到就可以了;第二个层级是课间和小朋友讲话,只要小朋友听清就可以了;第一个层级是小朋友之间交头接耳,只要对方能听清就可以了。

我们在说的方面提出四个层级的训练,也是针对现在很多人不分场合地大声说话的现象,我们希望让孩子从小养成根据不同场合说话的习惯。

·二是养成良好的行为习惯

我们从《小学生行为规范》20 条中,着重提出其中的第一、第三、第五、第九条,这些都涉及学校的一日常规。比如,第一条是关于尊敬国旗,唱国歌、行队礼方面的要求。第三条是尊敬师长方面的要求。我校要求孩子们向老师问早时,要看着老师,要有目光的交流,有情感的交流。现在百分之七八十的孩子都能做到这个要求。当然,老师的目光也要和孩子有交流。第五条是文明礼貌方面。第九条主要是清洁卫生方面。

不用太多,把关键的几条做细做好,整个学校的一日常规就能规范起来了。

· 三是养成良好的健康习惯

第一，要建立一个比较合理的作息制度：什么时候起床，什么时候睡觉，现在开始要养成良好的作息习惯。

第二，要养成积极锻炼身体的习惯。孩子们在学校里每天都会进行体育锻炼，包括每天一节体育课或体育活动课、阳光晨练等；假期里可以在家长带领下进行锻炼。

第三，要培养积极、乐观、阳光的心态。到学校看，孩子们都是很开心，心理都很阳光。我校有个孩子是全国少代会的代表，还曾经去北极考察。这个孩子就有着阳光心态，学习也很好。

家长要做好九件事

对小一新生的家长来说，要做好以下这几件事情。

· 第一，加强家校互动，学校与家长双方配合

现在的家长受教育水平都很高，但是教育方法比较少，有时候遇到孩子的问题会无所适从；还有些家长工作忙，对孩子要上学也感到焦虑。家校紧密沟通互动，有利于学校和家庭一起把孩子教育好。

我们学校有校级家委会、班级家委会，一年级的老师会在新学期开学前对所有新生进行家访，还会通过微信群等渠道每天和家长进行互动。这些都是有效的家校互动渠道。

· 第二，不要对孩子提过高的、不切实际的要求

有的家长觉得孩子进了上外附小，接下来要进上外附中，然后出国……他把孩子的路线已经设定好了。但我建议家长还是不要一开始就对孩子提那么高的要求。

对小学生来说，要求要具体，目标要小，让孩子一步一步去做。一开始就提一个大目标，这么小的孩子也不一定理解。要让孩子根据自己的情况来，第一步做到了，再一点一点提后面的要求。

· 第三，不要为孩子争小干部

这种情况现在很普遍，有的家长会跟班主任讲："给我们孩子安排个小干部做做好吗？"我们觉得，要淡化争做小干部，要强化为班级做好事，乐于帮助小朋友。

为什么要一个淡化，一个强化？目的是不要让孩子从小养成等级观念，要让孩子明白，做小干部也是为同学服务。如果一个小朋友主动为班级做好事，乐于帮助

小朋友,其他小朋友自然会选他当小干部。如果一个孩子不肯为大家服务,即使当了小干部也没用,对这个孩子的成长也没有好处。

· **第四,要培养孩子的兴趣,但不要硬性规定,要引导**

兴趣不要过多过滥。爸爸妈妈要了解孩子到底喜欢什么,如果孩子喜欢体育,就不要让孩子学钢琴,否则就会成为负担。有些人可能会说,"虎爸""虎妈"就成功培养出了孩子原本不喜欢的兴趣特长。但这种仅仅只是个案,不是普遍现象,不值得仿效,也不值得推荐。家长要从孩子的兴趣出发,创造条件,加以发掘、引导和培养,让孩子做自己喜欢的东西。

另外,兴趣也不要过多,不要今天学钢琴,明天学小提琴,后天学书法,大后天学画画……这样孩子会疲于奔命。一个孩子培养一两个兴趣爱好就可以了。如果想要学其他的,今后长大成人了有这个条件再去发展也完全可以。现在不用搞太多,太多也会成为孩子的负担。

· **第五,不要让孩子过度参加社会办学的学习项目**

现在社会上有很多社会办学的培训机构,还有些打着学校的牌子,质量良莠不齐。有些机构让孩子反复做同样的试卷,成绩看上去提高了,但其实孩子的学习能力并没有提升。

对这些社会办学机构,我的看法:一是不宜给孩子报太多,二是不要只是听办学机构老师的评价,要有自己的判断。有的办学机构总是对家长说孩子好,其实只是为了让家长继续掏钱学习。

· **第六,家长处处要以身作则,言行要给孩子起到表率作用**

有时候家长讲话不分场合大声嚷嚷,那么孩子就很难做到在不同场合用不同的音量讲话。另外,家长言谈中要注意传递正能量,比如对社会问题的评价,不要太过偏激,以免影响孩子的价值判断。

对父母来讲,教育中两个人要统一,不要让孩子不知道听谁的好。还有一点值得一提,那就是孩子的教育,一定要父母自己做,不要让老人代替。

我们不是说老人不好,现在有些爷爷奶奶、外公外婆文化层次也很高,各方面的修养也都很好,但是,老人对第三代的"隔代亲"的情感是一种天性。所以,自己的孩子应该自己去教育,不能把这个工作交给上一代。

· **第七,家长要积极支持学校开展各种健康有益的活动**

我校会组织一些公益活动,比如让孩子们画了东西,做了手工,把这些作品义卖所得捐给灾区小朋友建图书馆。这样,孩子们就会知道,在关心自己之外还要关心其他人;帮助其他人的办法也不仅仅是捐钱,还可以通过自己的行为把周围的资源纳入进来。

我们很多活动都是家长一起参与的,有些家长自己也一直在参加公益活动,孩子看在眼里,潜移默化,就会愿意参与。

·第八,不要带孩子过度参加成人的应酬活动

成人的应酬活动对孩子的影响不一定都是正面的。我们发现,有些小朋友的生日聚会搞得非常豪华,讲排场,显然是受到了成人价值取向的影响。后来我校就在三年级的"六一"儿童节给孩子们过 10 岁集体生日,目的就是不要搞排场,不要搞攀比。

我们也提出来,大人的一些应酬活动不必带孩子去,甚至国外旅游也不用太多、太频繁,最好能够带着一定的目的,事先做好功课再去。

·第九,让孩子有自己自由活动的余地

大人不要把孩子所有的时间都排满。除了功课、弹琴、画画等,还要给孩子一点时间可以自己安排,否则孩子就不会思考、不会计划,反正所有时间都是家长给排满了。更为关键的是,这样孩子就会找不到内驱力,什么事情都是在大人的驱使下去做。

王　瑾

　　现任上海市七宝实验小学校长。承担课题《指导家长运用"动态菜单"开展个性化教育的实践研究》和《运用"CIC持续改进检查表"进行自我教育的实验研究》，分别获得中国教育学会教育管理分会教育科研学术论文二等奖，撰写的论文《构建"零缺陷"服务理念下"青蓝工程"合作培养模式的实践研究》《忘不掉的教育》《以"绿色指标"为引擎，提升学校"零缺陷"服务教研质量》等发表在《教育理论与实践》《上海教育》等杂志上。

和孩子一起转折

家庭教育关键点

·三年级家长要做的三件事：

帮助孩子进行定位；

教孩子学会坚持：不要妥协，坚持严格执行规则；

帮孩子掌握学习方法：重视错题、重视计时、重视预习。

很多家长都知道，小学三年级很重要，是小学阶段一个关键的转折期。三年级过好了，就算上了正常轨道；三年级过不好，有些孩子就从原来的优秀一路滑下来了。那么，三年级的家长该如何帮助孩子度过这个关键的阶段呢？

我自己做过小学生的家长，也做过数学老师，所以，非常清楚三年级对孩子和家长意味着什么。

站在一个数学老师的视角来看，三年级的知识体系和一、二年级不同。一、二年级的数学知识侧重在启蒙，主要是培养孩子们学习数学的兴趣爱好。从三年级开始，学习的内容、布置的习题都发生了变化，和五年级的知识框架对接和吻合了。所以，很多家长会觉得，怎么一到三年级学的东西就变得这么难了？其实不是说内容变得多么难，而是学习的知识更加系统了。

站在一个家长的视角来看，很多一、二年级的家长不焦虑孩子的学习，但到了三年级，家长们开始焦虑学习了。这个时候，孩子们的学习会发生转变，家长们也应该随之有个转变。

一、帮助孩子进行定位

到了三年级,家长们需要为孩子今后的升学做铺垫了。

我们学校很多普及的课程,比如围棋、空手道、机器人、小足球、版画等选修课都是放在一、二年级的,这样可以让孩子更多地接触不同的课程,帮助孩子寻找自己的兴趣。我们学校的管乐队也是在二年级下学期的时候开放给家长,用半年的时间看孩子是否喜欢一样乐器并能够坚持下来。

如果说一、二年级的家长侧重培养孩子的习惯、学习兴趣,那么,三年级的家长就要开始为孩子的发展进行第一个小小的规划了。我建议家长们要开始考虑:我的孩子适合走哪条路? 是艺术、体育还是参加竞赛? 这个时候家长需要帮助孩子进行定位。

二、教孩子学会坚持

很多家长知道一、二年级要培养好的学习习惯,但是仍然有不少家长没有在这期间培养好孩子的学习习惯。三年级上学期,这些家长们还有最后的机会可以把这个工作补上,千万不能再拖了!

那么,对于孩子的学习习惯没有培养好的家长来说,三年级该如何补救呢? 我愿意把自己的失败教训分享给大家,让大家避免一些失误。

我以自己做老师和妈妈的双重体验来讲,学习习惯没有培养好最重要的一个原因就是:家长的妥协!

我作为数学老师,凡是我教过的学生,数学都不会差。但是,我女儿学得最不好的学科恰恰是数学。为什么会这样?

后来我进行了很多次反思。我发现作为老师,我会要求孩子们严格执行我的要求。做完了题目一定要检查,错误的地方一定要弄清楚才能走,等等。但是,对于自己的女儿,我却常常妥协:时间太晚了,我来帮她检查吧;不能影响睡觉,这个地方明天再弄清楚吧……这样一次次妥协,很多坏习惯就慢慢形成了。

这倒也不是因为不是自己的孩子更容易狠下心来。而是老师这份职业是有考核标准的,我知道学生们要教育到什么程度才能达标,如果今天不做到这一点,明天考核这个指标就会达不到,所以,我更容易坚持。但做父母是没有考核标准的,从来没有人说你的孩子要教育到什么样你这个妈妈才算达标,所以我就容易后退,就容易妥协。

因此,对所有家长来说,要改变孩子的学习习惯,必须做到一件事:坚持严格执行规则,说到做到。

做到坚持还有一个重要的意义,就是今天多坚持一分,明天孩子能够体验到成功的机会就多一分。我很欣赏刘京海校长说过一句话:一个人必须在成功中才会走向更成功。总是失败的孩子会没有信心的。但坚持才能让孩子有机会体验更多成功。

我反思,女儿上小学时我有几件事情坚持得比较好。一个是听英语磁带——这项作业很多家长都是应付的,我家一直是不折不扣地完成。现在我女儿的英语发音就很好。

另一个是作文——这是我最不擅长的学科,但我用笨办法教。我教她每次作文誊写好了之后要背诵,写一篇背一篇,写八篇背八篇,写十篇背十篇……三年级以后,我又教她把一篇文章换个题目,换个开头和结尾之后改写成另一篇文章,这样她对文章的架构就有了通盘考虑;四年级我和她一起看《读者》《少年文艺》,一起交流,给她讲人生的道理,这样她写作文更有深度了……直到现在,作文都是她很喜欢、很擅长的。

现在看来,每一件我能坚持的事情,就是女儿后来拥有优秀的表现。我现在多么希望当初自己更多一些坚持啊!

三、帮助孩子掌握学习方法

有些家长认为三年级该放手了。作为家长,我试过,在三年级上学期开始放手。但是我后来觉得,三年级正是知识转折的时候,知识难度的跨度比较大,所以还不能太过放手。

从学业难易度来看,我个人建议家长在四年级的时候放手最合适。这时候慢慢放手,孩子会顺利地过渡到初中。

三年级的孩子比较缺乏学习方法,家长在这方面可以给孩子一些帮助。

(一) 重视错题

有个很优秀的数学老师曾经专门做过一个关于错题本的跟踪研究。很多家长对错题不太重视,觉得改对了就好了。但是,有一个妈妈却非常重视,教孩子用错题本进行分类整理。她教女儿把像整理材料归档一样,把错题本分成几块,比如填空

类、判断类、应用题类等,分别用标签贴好,坚持分类整理。

在这项研究起步时,这个女生只是中等生,每次考试的成绩在 75—85 分之间。通过几年的错题本归类整理,她家里已经可以拿出厚厚一沓错题本,这个孩子的数学成绩也随之明显上升,到五年级毕业时,成绩已经非常优秀。

其实这个孩子本身资质不是非常聪明的那种,属于你教她一种方法她就会一种,你教她三种方法她就会三种的,不是自己就会举一反三的孩子。从数学错题本开始,这个妈妈还让她整理了英语错题、语文错题,就因为坚持了这个好习惯,她完成了学习成绩的"逆袭"。

(二) 重视计时

很多家长会说,这道题我家孩子在家做作业的时候是做对的,但是考试的时候错了,是粗心。其实,家长往往忽略了孩子在家做作业是不限时间的,而考试时是要限定时间的。一般来说,三年级的考试时间在 50 分钟左右,所以,如果一张卷子带到家里做,家长最好也记一下时间。

这个计时有两个含义:一个是让孩子养成在限定时间内完成作业的习惯,另一个是让孩子培养 50 分钟内注意力保持集中的习惯。在考试时,很多孩子 30 分钟做完了题目就开始切橡皮、玩铅笔,我会要求孩子剩下的 20 分钟必须用于检查。

家长也可以在家要求孩子,30 分钟做完了要用 20 分钟检查,35 分钟做完了要用 15 分钟检查,总之,就是要在考试的 50 分钟时间内保持精力集中。

(三) 重视预习

我女儿进入初中后,我发现小学五年级的数学和初中的数学之间存在一些断层。所以,我现在教五年级的时候就会有意识地进行一些知识的衔接。在这方面,我会特别注意教孩子们预习。上新课前我会要求他们先预习,然后在课堂上问:预习中你们碰到什么问题?

我发现预习的习惯对于初中的学习特别重要,所以我建议小学中高年级的家长要重视培养孩子预习的习惯和能力。这些都是要沿用下去的,会让孩子在初中学习中获益。

总之,因为我自己集校长、老师、家长几个角色于一身,所以感悟很多,经验教训也很多。每个孩子的成长只有一次,当时我在女儿身上犯过的错希望其他家长不要再犯,也希望我讲的这些能够给更多家长一些实际的帮助。

爱的艺术

王玮航

中学高级教师。现任上海市实验学校副校长，上海市实验学校东校校长兼书记，浦东新区锦绣小学校长。上海市名校长后备，曾获中国教育学会"全国科研型校长"称号。

家庭教育的四个不等式

家庭教育关键点

感受学习的乐趣 > 读书多少；

父母的榜样作用 > 语言作用；

广泛涉猎 > 单纯的学科学习；

支持和帮助老师 > 埋怨和指责老师。

一、感受学习的乐趣 > 读书多少

首先,家长要认识到,孩子学习一定要有兴趣。

我们的文化自古以来讲究"吃得苦中苦,方为人上人",好像孩子读书就是要吃苦。但在当今,家长希望孩子读书的目的又往往很功利,就是为了成绩,就是为了超越别人。如果孩子考了 99 分,家长马上就会问:"有 100 分的吗?"如果有,那就说明你这个成绩还是不算好。

我发现现在有一种很奇怪的现象,就是一所学校如果越是难进,大家就越觉得这是一所好学校。家长不是考虑这所学校是否适合自己的孩子,也不是考虑这所学校会给学生什么样的发展,就是因为难进,所以进了这样的学校就是成功。在这种冲动之下,就会导致学习是为了成绩,学习是为了进"好学校",所以失败者也就越来越多。

所以我提出的第一个观点是:感受学习的乐趣,要比读多少书来得重要。

家长要让孩子感受到学习是成长的一部分,要享受读书的过程,这样一个人才有一辈子去读书的愿望。

现在很多人中考、高考结束后就把书撕掉,工作之后再也不想读书了。产生这种情绪,往往是因为我们太看重读书的结果,而不看重读书的过程。所以,很重要的一点是,家长先要培养孩子对学习的喜欢。要知道,真正成功的人,是一辈子学习的人,是一辈子有学习能力与愿望的人。

要让孩子感受到学习的乐趣,家长的心态一定要平和。我们一定要承认人与人之间确实存在差异。有些差异是显性的,比如我们和姚明的身高差距,有些差异则是隐性的,还有些差异是我们不愿意去面对的,但也确实存在。

比如,人的注意力集中程度、记忆力、领悟能力等都会有差异,这些差异既有先天因素也有后天因素。此外,性别差异也不容忽视,女孩子 7 岁的时候表达能力已经很强了,但男孩子可能还懵懵懂懂的。如果忽略这些个体差异,把所有孩子放在一个水平线去衡量,对孩子就不公平,也容易挫伤孩子学习的积极性。

家长要明白,人生是长跑,重点是距离而不是速度。心态摆正很重要。

二、父母的榜样作用 > 语言作用

我们都知道身教重于言传。事实上,父母的潜移默化不仅仅体现在自己的行为上,而且体现在为孩子营造出的家庭生态上。

父母的价值取向、经济能力、言行、习惯、表情、审美等,都会构成孩子栖身其中的家庭生态的一部分,对孩子的影响是渗透性的,是全方位的。

我们很难想象如果父母每天晚上打牌、看电视,孩子能养成爱读书的习惯。为什么爱看书的家庭的孩子往往学习更主动一些? 也正是这个道理。父母的意识和行动对孩子很重要,要让孩子感觉到你在积极行动和学习。

另外,如果父母经常参与到学校的公益活动中,孩子也会变得更大气、更有责任感。父母的行动会在孩子心里埋下一颗种子,让孩子成长为有责任感的人。而且,我们观察到一个现象,就是父母越主动参与学校的活动,孩子就越有自信。特别是低年级的孩子,这种现象更加明显。

当然,父母参与学校工作,也能让家长交到更多志同道合的朋友,让独生子女不再孤单,这也是非常有意义的。

三、广泛涉猎 > 单纯的学科学习

对孩子来说,广泛涉猎比单纯的学科学习要重要得多。我们知道,国外的孩子会把大量时间花在课外活动上,很多看似和考试没有关系的活动却可以培养各种优秀的品质,比如团队精神、表达能力、沟通能力、社会责任感等,这些都是在活动中形成的。

广泛涉猎也包括读一些"杂书"。父母要引导孩子读一些"杂书",只要是内容健康的,不妨就让孩子去读。我们学校开设了各种课程,希望增加孩子的体验。从家长来说,也可以让孩子利用双休日参加各种公益活动,或者利用假期旅游,哪怕是做家务,也是一种广泛涉猎的过程。

我们都知道小学三年级是一个分水岭,其实,初中的七八年级也是一个分水岭。在这个阶段,一些在小学成绩很好的孩子会掉下来。为什么?

有两种情况:一种是这些孩子的学习方法没有调整过来,还是用死记硬背的方法,到了初中行不通了。另一种是这些孩子视野过窄,没有形成一个广泛的知识结构框架,也会给初中学习造成障碍。

我们都知道,知识之间彼此是有联系的。如果一个孩子小时候看过介绍秦始皇的书,历史课上学习到秦朝的知识他就更容易理解,不用死记硬背了。如果一个孩子曾经在厨房里帮妈妈烧水做饭,那么学到沸点这个概念时,他马上就能触类旁通。

但如果一个孩子从小到大心无旁骛地读课本,这些知识点对他就只是一个个枯燥的概念而已,都是支离破碎的,很难和他既有的生活经验、阅读经验相关联,学习难度当然增加了。

所以说,学习的过程是个长跑,我们不能只注重眼前,而不考虑长远。孩子的学习,和吃东西一样需要营养均衡,需要广泛涉猎,这样才能有一个比较均衡的成长。

我想举个例子,比如,有的小学生看了几遍《三国演义》,这时候家长千万不要觉得,这本书已经看过一遍了,有这个时间不如看另外一本书。其实,同一本书看两遍一定会有更深的领会,而且一年级看和五年级再看理解的东西也不一样。这种反复阅读表明孩子有兴趣,家长一定要保护这种积极性,不要泼冷水。

四、支持和帮助老师 > 埋怨和指责老师

最后我说一下家长和学校的关系。

可能很多人并没有意识到,其实家校关系的紧张,在孩子心里造成的阴影就像父母关系紧张一样,孩子会因此受到折磨。所以,我们特别强调家校沟通,互相理解,也希望家长要尽可能和老师保持一致。如果家长对老师的做法有不同意见,也要先努力在孩子面前给老师补台,然后找老师单独约谈,努力形成共识。

老师也是凡人,不可能面面俱到。但支持和帮助老师一定比埋怨和指责老师更有效。越是低年级越是如此。

最后,在网络时代沟通交流非常便捷,比如班级微信群等,给家长和老师、家长和家长之间的沟通带来了很多便利。但是,如果没有经过确认,建议家长不要把一些孩子们之间的小争执、小摩擦直接发在班级群里,以免引起一些不必要的误解。这些问题不妨直接和老师进行沟通。

爱
的
艺
术

张步华

中学高级教师。曾任宝山区淞浦中学副校长，通河中学校长，教育局副局长并兼任行知中学校长。2014年退休后担任上海市语言文字协会副会长，宝山区教育局关心下一代协会常务副会长和行知二中校长。

今天的家长要面对的两个挑战

家庭教育关键点

· **两个挑战：**

孩子的叛逆；孩子的心理健康。

· **几点对策：**

理解孩子；调整自我心态；增强孩子的抗挫能力；让孩子参加社会活动；

构建和谐的家校关系。

在我看来，我们中国教育面临两大问题。

一是教育顶层设计的问题。这个和我们的国情有关，短期内恐怕很难改变。这个国情指的是我们的人口基数和现有的高校资源之间存在巨大落差。我们庞大的人口总数，是现有的高校资源远远无法满足需求的，所以，只能通过考试的办法来分配相对短缺的高等教育资源。

这种高等教育资源的短缺，在上海、北京这样高等教育相对比较发达的城市感觉可能还不太强烈，但是在一些高等教育资源非常匮乏的省市，就会感觉非常明显。这个现实就决定了我们的高考制度，而高考制度又决定了基础教育的生态环境。这个大的生态环境也会影响到家庭教育、家校关系等。

二是家庭教育问题。我当老师近 40 年了，现在的家庭和几十年前的情况相比，发生了非常大的变化。

 家长在孩子初中阶段主要面临两大挑战

·第一个挑战是叛逆

我们都有个印象,初中阶段处于青春期,孩子往往会叛逆。但在有些情况下,家长未能注意孩子的心理变化,教育方式简单,造成了孩子的叛逆,还有的孩子叛逆是家长或家庭因素造成的。

有个孩子考试没考好,老师问他为什么没考好,孩子说:我就是要考不好!因为父母让我不开心了,我就不好好考试,也让他们不开心。在这个案例中,孩子觉得家长只关心成绩,不关心自己,干脆把学习成绩当成了报复家长的工具。

再比如,现在很多家庭的经济状况都不错,钱多了,家庭变异系数也增大了。这是不容回避的一个社会问题,但对教育会产生很大的冲击。很多情况下,一个家庭变化,特别是父母离异,学校教育者都能明显地感觉到这个家庭的孩子会发生突变,孩子父母对孩子的关心缺位甚至不配合,使得教育工作就特别难以开展。

·第二个挑战是孩子的心理健康问题

现在很多家长,特别是自身受教育程度比较高的家长,对孩子的学业要求非常高,导致孩子的压力很大,甚至出现严重的心理障碍。

我们发现一个现象,就是如今不肯上学、不肯读书的孩子要比过去20年多。不少生活在家长知识层次比较高的家庭背景中的孩子,由于受到高标准要求,容易出现心理问题。部分学业成绩很优秀的孩子也容易出现心理问题,这应该和家长、孩子自身对学业成绩的高要求是相关联的。

 家长如何应对挑战

·对策一:理解孩子的年龄特点

对于孩子的逆反情绪,家长首先要认识这个阶段孩子的年龄特点。有些家长不了解这个阶段孩子的生理特征变化,发现孩子逆反就批评孩子,于是双方更加对立起来,问题就很难解决。家长要理解孩子的年龄特点,站在孩子的角度理解和引导孩子,和学校沟通,帮助孩子顺利渡过这个难关。

·对策二:家长心态要调整

对孩子的成长,家长要有"顺其自然"的心态。其实,上海的教育为各个层次的孩子

都提供了发展空间。如果孩子学业优秀,可以走高中这条路,如果孩子实践能力很强,也可以有其他路径的成长。如果家长一定要逼着孩子做自己不擅长的事情,只能适得其反。

·对策三:增强孩子抗挫能力

现在孩子的抗跌打能力很差,这也是需要家长在家庭生活中注意的。家长爱孩子的心情是可以理解的,但是该放手的时候还是要放手。如果看到孩子摔个跤就心疼得不得了,这个也不敢让孩子碰,那个也不敢让孩子摸,最后就弄得孩子做什么都怕——怕烫着,怕碰着,怕失败,怕挫折。其实,家长不应给孩子设置很多的禁区,要让孩子什么东西都尝试一下,挫折也经历一下,对孩子的成长有好处。

·对策四:让孩子参加必要的社会活动

还有一个比较普遍的问题是,现在很多优秀学生的情商偏低,只会读书,不善于与人沟通交流,不会处理人际关系,甚至在人际关系中有些冷漠。我曾经带过一个班,那些成绩好的孩子毕业后大多不怎么和老师联系了,而很多当时成绩不好的孩子倒很愿意和老师联系,很热络。

在这方面,家长也往往存在一些认识误区,觉得孩子只要学习好就行了,觉得参加社会活动会耽误学习而反对孩子参与。其实,参与各种活动对培养孩子的组织能力、领导能力,对孩子以后更好地融入社会都有好处。另外,参加活动也能在一定程度上缓解孩子的学习压力和疲劳感,一张一弛,孩子的学习效率也能提高。

·对策五:构建和谐的家校关系

要应对这两大挑战,还有一点非常重要,就是和谐的家校关系,进行家校合作。

实事求是地说,现在的家校关系和过去一二十年的情况也有了很大不同。以前的家长基本上都是把孩子送来之后就完全无条件地相信学校:"老师,我们不懂教育,孩子交给您,您该打就打,该骂就骂"。现在的家长自己接受教育的经历比较丰富,对教育也有了自己的理解和认识,所以,和学校之间的关系也发生了一些变化。

虽然大多数家长都能信任学校的专业精神和专业能力,愿意配合学校的各种工作,但也有一些家长对学校教育并不理解。

这些家长往往从个人的角度来看待学校教育,有时候甚至会和学校形成一些对立。但从我这么多年的工作经历中得出的经验是,家长还是要相信学校,相信学校多年的办学经验,相信学校的专业性,遇到各种问题时要尽量配合学校。家校之间互相理解、互相支持,对孩子的发展会有"一加一大于二"的好处。如果家校对立起来,我们很多的教育努力就白费了。

我发现,现在有些点评教育的人对教育实情并不太了解,遇到一些问题往往会

怪罪学校和老师,或把学校和老师看得一无是处,这是不客观的。

　　教育工作是国家发展的基石,是民族未来的寄托,尽管还有着这样那样的问题,但教育工作者一直都在思考着如何更好地完成历史使命。这就更需要得到社会的理解,营造一个良好的教育环境。

金卫东

上海市特级校长，中学政治高级教师，浦东新区中学德育学科带头人。在职研究生（华师大MPA和美国陶森大学MED双硕士），华东师范大学在读教育博士。现任上海市进才中学北校校长兼书记，兼任上海市教育学会初中教育管理专业委员会主任，上海市中学教师高级专业技术职务任职资格评审委员会委员，中国教育学会初中教育专业委员会理事，中国教育学会中小学德育研究分会学校德育改革学术委员会理事。曾被上海市师资培训中心，华东师范大学继续教育学院、开放学院和教育学部等院系聘为培训专家，被聘为教育部西部影子校长带教导师。近年编著有《中学德育生活化的实践与探索》《"独二代"家庭教育指导手册》《学校教育联合体建设的实践研究》等。

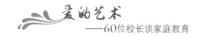

什么样的孩子才算"会学习"

家庭教育关键点

·什么样的孩子才算"会学习"？

具有积极而浓厚的求知欲，

培养良好的学习习惯，

提升学习能力。

我们常说，这个孩子学习得法，或者说那个孩子"会学习"。那么，这个"会学习"到底是会什么呢？什么样的孩子才算"会学习"呢？

从 2010 年开始，进才北校开展了"'独二代'家庭教育的学校支持研究"，这项研究还被立项为上海市教育科学研究市级项目和浦东新区教育科研重点项目。在这个研究项目中，有一块涉及如何培养孩子的学习素养。我们来看一下，这项研究中揭示出来的那些"会学习"的孩子到底是具备了哪些学习素养，又该如何培养孩子的这些素养。

作为家长，您想了解孩子的学习素养状况吗？不妨先做个小小的测试吧。

表1　测一测孩子的学习素养状态

您的选择	总是	经常是	不经常是	偶尔	得分
1. 孩子会及时合理地整理自己的书桌、学习资料	10	8	6	5	
2. 孩子能合理有计划地支配自己的自由时间	10	8	6	5	
3. 孩子每天会自愿看超过 10 分钟以上的课外书	10	8	6	5	

226

（续表）

您的选择	总是	经常是	不经常是	偶尔	得分
4. 喜欢追根问底,喜欢做些新的尝试	10	8	6	5	
5. 孩子有浓厚的学习兴趣,有明确的各阶段愿景	10	8	6	5	
6. 孩子能独立完成作业,不需要家长督促或陪伴	10	8	6	5	
7. 孩子经常以积极正面态度讲述学校发生的事	10	8	6	5	
8. 孩子极少抱怨作业、抱怨老师、抱怨同学	10	8	6	5	
9. 孩子能自觉告知本人及同学的考试成绩	10	8	6	5	
10. 学校老师及同学认为你的孩子很善于学习	10	8	6	5	
合计得分					

说明:总分100分,家长可以和孩子一起完成测试,然后把各项得分加在一起,看看您的孩子做得怎么样。

100~90分之间,您的孩子学习素养很好,坚持下去。

89~80分之间,您的孩子学习素养处于良好状态,鼓励孩子发扬优势,改进不足。

79~60分之间,请认真分析孩子存在的问题,努力优化孩子的学习素养。

60分以下,请对孩子的教育产生紧迫感,并果断采取相应的补救措施。

关键词一　求知欲

拥有良好学习素养的孩子有一个特点,就是有积极而浓厚的求知欲,会主动学习。家长要想办法激发孩子的求知欲,可以尝试这些方法。

·和孩子谈论未来的目标

每个孩子都会对自己的未来充满憧憬,家长不妨让孩子充分表达他们对将来的期望,和孩子一起讨论,看看要实现自己的理想需要具备哪些条件和知识储备。

孩子的理想有可能很宏大,短期内不可能实现。所以,家长要帮助孩子把宏大的目标分解到日常学习生活的小事中。例如,可以从坚持一项生活好习惯,培养自己的意志力做起。

孩子的努力需要得到及时肯定,出现的偏差也需要家长及时指出和纠正。所以,家长不妨阶段性地陪孩子一起总结目标实现的阶段性成果,展望未来,和孩子一起分析近期的行为偏差或失利原因,这些都会让孩子看到自己在向目标努力。

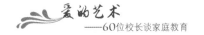

· 营造良好的学习环境

这是指家长要努力创造一个温馨的、有规律的家庭学习和生活环境。父母要和孩子建立平等、和谐的亲子沟通渠道，不要总是说教、指挥，要学会倾听孩子的心声，定期主动和孩子交流，经常和孩子一起读书看报，讨论分享，也可以一起参加文体活动。总之，家长和孩子之间的沟通要让孩子产生愉悦感，这样孩子的学习兴趣就高；反之，孩子的学习兴趣就低。

· 抓住机会放大孩子的闪光点

可以将父母的优势甚至家族的优势和孩子分享，让孩子了解到自己在哪些方面是有家庭和家族的优秀资源和遗传基因的，并鼓励孩子产生传承和发扬的动力。如果孩子在学习的某个方面表现出来优势，比如逻辑思路特别清楚等，父母也可以鼓励孩子建立信心，逐步扩大优势。

当孩子在某个阶段取得一些成绩或者进步的时候，父母也要把握住时机，哪怕是孩子偶然间表现出来的闪光点，父母如果及时发现、不吝赞美，让孩子知道家长一直关注自己成长的点点滴滴，对他的进步都看在眼里，孩子也会获得很大鼓舞。

· 用竞争刺激兴趣

拥有相同兴趣的孩子有共同语言，容易成为好朋友。父母可以帮助孩子找到这样的好朋友，用朋友的成长和进步来激励孩子。

当孩子发现自己的不足时，鼓励孩子向好朋友请教；当朋友不及自己时，鼓励孩子帮助朋友，当好小老师。不过，千万不要把这种互相激励作为孩子之间攀比的尺子，这会挫伤孩子的自尊心和积极性，也不利于孩子之间以兴趣促进友谊的初衷。

有一种比较安全的做法是，让孩子和自己进行纵向比较。比如把孩子的成绩高低起伏做成折线图，让孩子了解自己的学习状态和趋势，鼓励孩子进步。

关键词二　学习习惯

良好的学习习惯是孩子善于学习的关键。家长可以测一测，根据实际情况做一下这几个问卷，看看孩子在哪些方面的学习习惯比较好，还有哪些方面需要加强培养。

表2　测一测孩子的学习计划性

孩子的选择	非常符合 4	比较符合 3	较不符合 2	完全不符合 1	合计
1. 周一至周五的放学时间,我能安排好做作业时间					
2. 寒暑假里,我会制订学习计划并基本落实					
3. 因特殊原因没完成计划的任务,我会及时补上					

表3　测一测孩子的预习习惯

孩子的选择	非常符合 4	比较符合 3	较不符合 2	完全不符合 1	合计
1. 学习新内容前,我愿意去复习学过的知识					
2. 我会有目的地进行预习,并能提出问题					
3. 预习中遇到疑难问题,我会记录或标注出来,并能自己查阅资料,试图解决					

表4　测一测孩子的听课习惯

孩子的选择	非常符合 4	比较符合 3	较不符合 2	完全不符合 1	合计
1. 课堂上我能排除干扰,专心听老师讲课,做好笔记					
2. 课堂上,我愿意主动思考回答问题					
3. 对课堂上遇到的问题,我能适时提出并寻求解决					
4. 小组讨论交流时,我会积极参与					
5. 课堂上,我会重点聆听预习时疑惑的地方					

表5　测一测孩子的复习习惯

孩子的选择	非常符合 4	比较符合 3	较不符合 2	完全不符合 1	合计
1. 课后,我会及时温习整理笔记,并对知识点进行梳理					

（续表）

孩子的选择	非常 符合 4	比较 符合 3	较不 符合 2	完全不 符合 1	合计
2. 我会把典型错题整理到错题本,关注知识点欠缺之处					
3. 复习时,我会做方法和规律方面的总结					

表 6　测一测孩子的做作业习惯

孩子的选择	非常 符合 4	比较 符合 3	较不 符合 2	完全不 符合 1	合计
1. 作业遇到难题时,我会先独立思考,再请教别人					
2. 完成作业后我会主动检查,避免出现错误					
3. 我能在自己规定的时间内专心完成作业					

表 7　测一测孩子的考试习惯

孩子的选择	非常 符合 4	比较 符合 3	较不 符合 2	完全不 符合 1	合计
1. 考试前,我会有计划地进行复习					
2. 考试前,我能合理调节情绪,避免过度紧张和过度放松					
3. 考试时,我可以合理分配答题时间					
4. 考试时,我书写规范,细心答题					
5. 考试结束后,我会总结分析得失的原因,进行必要的改进					

说明:将 22 个选项累计得分相加,总分大于 75 分的孩子,说明现在已经拥有良好的学习习惯,值得继续保持。得分在 68~74 分之间的孩子,在学习习惯上有需要改进的地方,可以参考测试中的条目,查找自身学习习惯上的不足之处。得分在 53~67 分之间的孩子需要家长在学习习惯方面加以重视,和孩子一起探索培养适合孩子的新的学习习惯。

其实,良好的学习习惯就体现在这些表格里的这些具体的细节上。在家庭教育中培养孩子的良好学习习惯,有这几种方法:

·在规定时间内完成学习任务

孩子每天在家的学习时间包括复习、作业、检查、预习等几个环节,家长可以让孩子根据各部分的难易程度和作业量分配好在家学习时间,在规定的时间内完成相应的任务。这样可以减少孩子学习时走神,有效提高学习效率。

· **杜绝诱惑**

许多习惯都是由一系列行为组成的。例如,有的孩子在家里一吃完晚饭就开始看电视,等到开始做作业时间已经很晚了,于是作业做得马虎潦草。要矫正孩子这种坏习惯,就要切断这一系列动作间的联系——从不看电视开始。

还有的不良行为是因为周围有"诱惑"。比如,为了改变孩子玩电脑的习惯,家长就不要让孩子随意接触电脑,确实有需要时,家长应和孩子协商使用电脑的时间。另外,给孩子的手机也不宜用多功能的智能手机,因为孩子自制力有限,电脑、手机带来的诱惑力对孩子来说是巨大的。

关键词三　学习能力

要提高孩子的学习能力包括以下几个方面:

· **提高课前预习的能力**

预习可以分为三种:第一种是及时预习,在老师讲课前,自学老师要讲授的新课。第二种是阶段预习,用一个比较完整的时间,把下一阶段要讲的一章或几章的新课内容自学一遍。第三种是学期预习,利用假期自学新学期所要学的课程。

中学阶段每年都要同时开设5~8门课,如果各门课程同时进行预习,时间不够,预习质量也很难保证。因此,预习前要针对孩子的情况选择预习科目。

· **提高课堂听课能力**

课堂听课对学习的重要性不言而喻,学会正确记笔记很关键。家长回家后可以快速把孩子的课堂笔记扫一遍,就能大致了解孩子在学校的学习情况。

家长要提醒孩子,上课时眼睛要始终盯着黑板和老师,耳朵听讲课,脑子跟着积极思考,一旦感到有值得记下来的内容,就快速记下来。遇到不懂的地方,千万不要在课堂上寻找卡壳的原因,那样势必会影响听后面的内容,可以先快速记下疑难点,下课后再找时间详细考虑。

课堂笔记本每一页应该留下四分之一的空白处,以便随时补充新的内容。因为有时即使是同一内容,每看一次都会有不同的认识和体会。

· **提高作业解题能力**

做作业前,要坚持让孩子完成"过电影""看课文""整理笔记"三个过程。做作

业时,要培养孩子认真阅读、正确审题的习惯,让孩子尽力做到一次性正确。做好之后要复查,并整理错题集。有一句教育的名言:"世界上最有价值的习题不是专家出的,而是自己曾经做错过的习题。"整理错题集是一个很好的学习习惯。

· **提高复习的能力**

复习的方法有几种:

一是课后回忆,也有人称为"过电影"。就是在听课的基础上,把所学内容回忆一遍。可以一个人单独回忆,也可以几个人在一起互相启发,互相补充回忆。课后回忆可按老师的板书提纲,也可以按教材的纲目结构进行。

二是笔记整理。特别是提纲式笔记,只记录了课堂内容的纲要,因此必须整理笔记,充实内容。此外,在课后的复习中,可能会有新的发现、新的体会,也需要补充到笔记中去。

三是知识网络构建。用"知识的三点"形成网络图,"三点"是指知识点、知识点之间的连接点、连接点上繁衍出来的生长点。

家长可以做一个表格,按照上面的能力要求,按月对孩子的能力提高进行跟踪监测,做出适度的评价和奖惩。请家长与孩子一起,先坚持一个月看看效果如何,再决定下一步的行动。

愛
的
艺
术

董君武

　　上海市特级校长。毕业于华东师范大学，教育博士。现任上海市市西中学校长。兼任上海市静安区教育学会副会长，上海教育学会高中专业委员会副主任，教育部中学校长培训中心兼职教授等，获"上海市园丁奖""上海市先进教育工作者""上海市劳动模范"等荣誉。著有《现代学校的持续发展》《学校变革与教育领导》《空间引发的学习变革》等。

从脑科学揭示的学习机制看应该如何学习

> **家庭教育关键点**
>
> ·脑科学和学习科学对家长的启示：
>
> 扬长避短,发现和发挥优势智能;
>
> 发现优势学习途径,发现优势学习时间;
>
> 开展实践项目,关注非正式学习;
>
> 重视体育和艺术。

2016 年暑假,有一个"美国荣誉校长中国行"活动,也就是美国顶尖的校长团队在市西中学举行了一天的高峰论坛。在美国嘉宾的报告中,非常核心的内容就是脑科学与学习科学。这正是我最近两年来不断思考的命题。

今天,与大家讨论的话题分为两部分,第一部分是脑科学和学习科学的研究成果,第二部分是这些研究结论对教育和学习的启示。

一、人的智能与思维发展

美国哈佛大学教育研究院的心理发展学家霍华德·加德纳认为,每个人都有八个方面的智能:语言智能、逻辑—数理智能、空间智能、运动智能、音乐智能、人际交往智能、内省智能、自然观察智能等。每个人都会有一个或几个方面表现为优势智能,也会有一个或几个方面表现为劣势智能。

先谈一下"扬长"与"补短"的问题。中国传统教育中更多关注"补短"。当然,从高考的角度来看,某门课程分数偏低,上升空间更大,可能花在这门课上的时间更有价值。在高考复习的特定时间段,我不否定这样的选择。但从人的未来发展来看,大家不难发现,那些在某一方面有所成就的人,往往是在自己的优势智能领域得到发展。

所以,我们在高中阶段引导学生发现自己的优势智能所在,把这个优势智能转化为自己的兴趣爱好,这样未来取得成功的概率会更大,为社会可以做出更大的贡献。

对 2016 年高一的学生来说,高考是语、数、外,再加上理、化、生、政、史、地 6 门中选 3 门,而且每门学科差异最多只有 30 分。对于市西中学的学生来说,上下只是正负 3 分的差异。因此,在学好语数外基础上,其他学科的选择应该更加关注自己的优势、自己的兴趣、自己的发展方向。

另外我想和大家讨论一下思维发展的问题。大家知道,学习能力非常重要的表现为思维能力。

脑科学研究表明,思维是有层次的,有相对高阶思维和低阶思维。比如,相对记忆、理解这些思维能力来说,分析、综合、评价这些思维的能力要求就更高一些。脑科学还通过实证研究证明,人在从较低层次的思维向更高的思维层次突破时,会先有一个思维水平下降的过程然后再上升,就像跳起来之前先要下蹲一样。也就是说,在不同的思维层次中,会经历一个锯齿形的逐步提高的过程。

在学习过程中,通常会努力让学生的思维水平达到最高阶,用成绩来描述,就是希望我们每个学生在学习每个知识点时,第一次就要达到 100% 的掌握。

这要从两个方面来看。有些学生在第一次学习就能百分之百掌握,这当然是很好的。但对大部分人来说,也许第一次学习达到 85% 就可以保证他后续能够进一步提升了,那就不一定要强求达到 95%。

比如,高一学的内容到高三复习时,肯定有一部分已经被遗忘了。当时掌握了 85% 的孩子可能遗忘到了 80%,当时掌握了 95% 的孩子可能遗忘到了 83%,两者都可以向更高的思维层次突破。但为了掌握到 85%,高一时可能只需要训练 5 道题目,而为了掌握到 95%,高一时可能需要训练 20 道题目。这样看来,从思维发展的脑科学规律来看,就有一个如何实现更有价值的学习的问题。

二、学习风格与学习方式

每个人都有自己特定喜好的学习方式。比如,有人看书一定要坐在干净、整洁的写字台前,有些人喜欢倚在沙发上看书,也有些人喜欢躺在床上看书。同样的,学

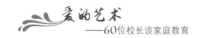

生也有各自喜欢的学习方式,用自己喜欢的方式来学习,学习效率通常会更高。

学习风格理论告诉我们,根据人类的感知途径,学习分为视觉学习、听觉学习、触觉学习等不同的风格。不同的个体有不同的优势感知途径,所以我们会看到,有些人过目不忘,有些人对听过的内容特别敏感,还有比较少的人一定要动手,通过表演、舞蹈等方式才能把知识内化。

从中国的传统教育来说,触觉优势的学生基本不太可能考进理想的中学,因为这些孩子一定要动起来才能学会。大家可以想象,在中国,如果一个孩子上课时要跑来跑去,一定会被老师批评。视觉类型又分为两类,一类称为图形视觉学习,也就是对图形、表格、图示等元素更敏感;另一类称为文字视觉学习,就是对文字理解能力更强。

告诉我们学生要通过自己的学习过程,不断去领会和发现自己的优势学习途径。如果是视觉学习类型的,要多看;如果是听觉学习类型的,就要边学边听;如果是触觉学习类型的,可以通过记笔记、做实验等方式辅助学习。如果不确定自己的优势学习类型,可以通过多种途径的学习方式来强化对知识的感知。

三、生命节律与优势学习时间

每个人都有自己的生命周期,这个生命周期和地球公转、自转有关,与地球、月球相对位置有关。一天当中,日出、日落会影响一个人的学习情绪;一个月当中,月圆、月缺会影响一个人的心理情感。在不同的情绪情感之下,学习的状态都会有差异。

这个话题中,我想和大家讨论三个方面。

第一,在人的成长历程中,存在着学习不同知识和能力的"机会窗口",或者叫"学习关键期"。

实验表明,如果在学习"机会窗口"打开之前去学这些知识和能力,一方面要付出更多努力,另一方面当时学了以后也容易遗忘,也就是说,超前学习是意义不大的。所以我对"不要输在起跑线上"这种说法不赞同。

如果学习"机会窗口"错过了再学习,就很难再达到人潜质中所能达到的最高高度了。举个例子,比如我的普通话很差,就是因为错过了学习语言的机会窗口。在高三毕业之前,我没有接触过普通话,进入华东师范大学之后才开始学普通话,所以我的普通话非常"洋泾浜"。

这告诉我们要理性看待超前学习。比如,我们高一学了有关的知识点之后,是否就可以做高三的综合题?我个人认为偶尔有一两道题让学生体验一下,未尝不可,但大量这样的练习价值不高。

我们知道 16~18 岁是理性思维、逻辑思维发展的重要时期。即使不接受高中教育,认知和思维能力在这段时间也会得到发展,更何况我们高中三年是在有目的、有计划地培养学生、教育学生,他的思维发展、能力提高应该比不受教育发展得更快、更好。

那么,面对同样一道题目,高三学生的理解肯定高于高一时候。这道题目在高一讲,可能老师需要讲 20 分钟 50% 的学生才能真正理解。如果放到高三去讲,可能老师只要 10 分钟就有 80% 的学生理解了。如果这一现象确实的话,那么肯定是高三讲这个题目更有价值。因为高中三年总时间不变,所以我们要把有限的时间投入到更有价值的学习上去。

所以,什么时间学什么内容,什么内容达到什么样的学习要求和标准,是值得我们正确对待的,这样才能提高我们的学习效率。

第二,一天 24 小时中不同时间段对不同内容的学习效率也不同,而且因人而异。有些作家喜欢早上起来写作,有些作家夜深人静才开始写作。同样,不同学生学习不同知识也有不同的优势学习时间。有些人中午做数学题很顺畅,有些人要晚上七八点解题思路最清楚。

我们要善于感受自己什么样的学科在什么时间解题思路更清晰,学习效率更高,要有意识地发现自己的优势学习时间。

第三,脑科学研究还证明,人类在睡眠时会对自己清醒状态下获得的知识进行无意识的筛选、整理、信息建构。睡眠不足会严重影响知识与能力的内化和掌握。通俗地说,睡眠不足会造成学习不好。因此,保证充足睡眠时间是提高学习效果的重要基础。

四、知识分类基础上的思考

知识有不同维度的分类方式,其中一种维度的分类,把知识分为显性知识和隐性知识。显性知识也称为明述知识,就是可以用语言传递的知识。隐性知识也称为默会知识,就是很难用语言传递的知识。通常默会知识更多地和能力、素养相关,而且先于明述知识而存在。

明述知识可以通过讲解、阅读、交流等传统的课堂学习和自学而获得。那么,默会知识是如何传递的呢? 作为一种知识,它一定有传递的途径。这些知识、能力与素养相关,所以作为学校教育要非常重视默会知识的传递。

我认为,默会知识的传递至少有两大途径:一个是文化浸润,另一个是实践体验。所以,作为一所有品质的学校,一定要非常重视学校文化的建设,一定要重视实践体验项目的建构。

市西中学在学校文化建设方面做了很多积极的工作。例如,在环境文化方面,我校处在上海中心城区,在国际静安的背景下,有个比较优雅的校园环境。在人文积淀方面,我校高一新生在收到通知时就要去寻访市西的校友,留在校友脑海中的故事也是最具活力的学校文化。

市西中学对社会实践也一贯非常重视,从20世纪八九十年代,我们就推出了见习居委主任、扫大街、南京考察等一系列社会实践项目。最近几年,我们又开发了很多新的实践项目。

比如每年暑假,我们会动员高一学生走出上海一个星期,独立开展研究学习,其中有几天是分组独立行动。分组独立行动前,所有安排我们都会进行论证、指导,但在活动期间,我们完全听学生组长的。学生组长说往东就往东,说往西就往西,学生组长说乘地铁就乘地铁,学生组长说步行就步行。我们带队老师就跟着。

我个人认为,学生在这几天中所做的研究性项目哪怕失败了,这个过程对学生来说,也是一个非常重要的生活体验,对他们的未来发展是有价值的。这就是一种默会知识的传递。

再比如说我们的创新实验室。为什么我校建了十几个创新实验室?因为学生自己动手,面对真实问题时的思考和做几个课本上的习题完全是两回事。我们2016年还引进了"F1进学校"课程,让学生从设计赛车开始,先在电脑上模拟,用数控机床做出来,轮胎用3D打印做出来,组装成整车,喷漆上色,比赛车速度;另外要做营销方案拉赞助、设计广告、展示方案、布展台、推销自己的车队等。

这种体验对学生既是一个创意的培育,也是真实的实践体验。

参加F1赛车、机器人、OM等项目的学生都非常投入,甚至晚上会睡在实验室里。每年都有家长帮他们送被子来。我相信对科学技术达到痴迷程度的学生,面对高考的时候也可以这样痴迷。当学生想学的时候,一定能够学好。当学生把学习作为自己的内在需要时,一定会有动力把它学好。对于这样的学生,我根本不担心他高考会考不好。

五、正式学习与非正式学习

什么是学习?从学习科学角度来说有很多不同的界定,学习在一定程度上来说,是一种信息的自我建构过程,或者说知识的自我建构过程。也就是说,我们获得的知识在大脑中经过神经元建立固定的联络,成为我们大脑的构成部分。

要进行信息的自我建构,首先就要获取信息。从获取信息的途径看,我们的课堂学习、自己看书、听报告、参加课堂讨论等都是非常正式的学习。

但在人的成长中,还会有很多无主题的、无目的的、漫不经心的聊天、交流,这个过程也是信息获取的过程,这样的获取也会对人产生潜移默化的影响。我个人认为,这些都是非正式学习。

在一定程度上,这种非正式学习也构成了一个学校、单位的文化生态。比如说,市西中学的学生聚在一起讨论的话题可能和其他中学的学生讨论的话题不同。

作为家长也好,老师也好,我们不能仅仅关注正式学习,还要关注非正式学习,关注学生和家长、老师、同学、社会上的人有意无意、有目的无目的的讨论、交流、沟通。这是一个学习过程中的学习形态。

基于这样的思考,我校在图书馆建设、创新实验室建设之外,还改造了教学楼每个层面的大厅,放了桌椅、沙发、电脑,让学生可以喝杯咖啡、聊聊天,为学生的非正式学习提供可能。

六、体育和艺术对学习的影响

我们大家理解的学习更多是学科的学习,其实体育与人的素养直接相关。体育和学习有什么关系? 体育不仅仅是让学生有个健康的体魄,有一种自觉锻炼的意识和能力。

事实上,我认为,现代人所需要的文明素养,基本上都可以在体育中寻找到锻炼培养的途径。顽强的意志、坚韧的毅力、拼搏的精神、挑战极限和面对失败的勇气、竞争意识、团队合作、规则意识等,所有这些,在体育中都能得到非常好的呈现。

艺术也一样。感受美、欣赏美、鉴赏美,甚至创造美是艺术教育的重要目标,也是一个人拥有幸福人生的重要组成部分。从学习的角度来看艺术,可以用两句话来概括:艺术有利于全脑开发。科学与艺术的结合,更容易激发创新的意识和创造的灵感。

我觉得从人的全面而富有个性的发展来说,不仅仅是要掌握学科知识,还要非常重视体育和艺术课程在人的发展和学习方面的价值和作用。

这些是我个人的学习体会,也努力传递给家长和学生,希望对大家有所帮助,让学校和家长一起用正确的理念开展对孩子的培育,让我们的学生高中三年学得更好,未来有更好的发展。

吴庆琳

中学高级教师。毕业于上海师范大学教育管理系。现任上海市江宁学校校长。兼任上海市政府侨办特聘专家、华东师范大学特聘导师、上海市教育学会初中理事会常务理事、上海市督学。曾获上海市"三八红旗手"、上海市"星星火炬奖章"等荣誉。主编《信息技术与语文教学整合的理论与实践研究》等，发表多篇论文。

家长要调整步伐和孩子成长保持一致

家庭教育关键点

一到九年级,家长和孩子的关注点各有不同,形成落差。

· **小升初衔接的三个关键点:**

六年级时关注、帮助孩子从心理认识、学习习惯上向初中过渡;

平等交流和沟通,帮助孩子自我成长;

正确看待孩子的考分波动,对症下药。

作为一所九年一贯制学校的校长,我发现孩子成长的需要和家长关注的焦点,在孩子五六年级的时候往往会出现一个"分叉",这个阶段,也正好是小学到初中的衔接阶段。

为什么会出现这个现象?家长该如何调整自己的步伐和孩子的成长需求保持一致?家长又该如何更好地陪伴孩子度过小学到初中的过渡阶段?

一、一到九年级,家长们的聚焦点在变

我们学校曾经在家长中进行过调查,看看从一年级到九年级,家长们对学校工作的需求是什么。调查下来,我们发现不同年级的家长关注的焦点不同,需求的差异也很大。

一、二年级的家长普遍关注孩子的学习适应性和身心健康,这个基本上承接幼儿园阶段的"养大于育"。家长们最关心的问题主要集中在:孩子身体健康情况好不

好？是不是诚实守信？在学校是不是开心？有没有交到好朋友？老师是否喜欢他？家长普遍关心孩子是不是适应了小学生活。家长关注的这些点和孩子这个阶段的成长需求是基本一致的，所以，这个阶段的亲子关系一般都没有什么大的问题。

到了三年级，情况开始发生变化了。

三年级孩子们的学业表现会出现"分叉"，早期教育的痕迹淡化了，有些学习习惯不好的孩子会感觉自己跟不上了。其实，这个时候"跟不上"往往不是智力水平的问题，而是学习习惯的问题。比如上课没有认真听讲；或者课后该背诵的没有背，该抄写的没有抄；或者没有养成良好的阅读习惯，等等。但这时候，一些家长开始对孩子的学业出现焦虑情绪了。

到四、五年级，孩子10岁左右，这时是孩子形成小小的"自我意识"的一个小高峰。孩子开始有了"我喜欢什么""我对什么感兴趣""我想做什么"这些自主的想法，而不像以前那样乖乖听从家长的安排。对家长来说，就会感觉到孩子的脾气变"犟"了，不像以前那么听话了。

另外，这个阶段，孩子的关注点越来越多地从自我、家庭扩展到周边的同龄人和社会，有了"朋友"的概念，开始进一步社会化。孩子这个时候特别重视"友谊"，虽然他们还不一定真的理解"友谊"的含义，但是和同龄人之间的交往会很容易影响到他的生活。比如，和朋友在一起说说笑笑很愉快，可能他整个下午情绪都变得很好；如果朋友"出卖"了他，向老师告了他一状，那他的情绪就一下掉到了低谷。

换句话说，这个阶段影响孩子情绪的最重要的因素是人际交往，特别是同龄人之间的关系，而非学业成绩。

这显然和家长的关注点不同——这个阶段影响家长情绪的最重要的因素就是学业成绩，因为马上就面临"小升初"了。为了进入更好的初中，是不是课外再上个什么补习班？是不是要发展什么特长？是不是要考取什么证书？……这个阶段家长的关注点和孩子的关注点之间形成了一个落差。很多家长会感觉到，在这个阶段亲子关系发生了一些变化，不再像小时候那么"甜蜜"了，而是出现了一些磕磕绊绊。

到了六七八年级，正是孩子的青春期。这个阶段孩子会面临认识自我、悦纳自我这个大课题。也就是说，孩子们开始思考：我到底是一个什么样的人？别人是如何看待我的？我是我心目中那个样子吗？

这个阶段的孩子往往会对星座感兴趣，这和我们小时候会对生肖、血型等感兴趣是一样的。归根到底，这个年龄段的孩子希望了解自我。他们会觉得：我是这个星座，这个星座的这个特点很像我，那我是不是就是这样性格的人？

顺应孩子们的需要,我们学校开设了星座课程。老师会按照星座给孩子们编组,一编组他们就发现:虽然我和你一样是天蝎座的,但是我们的性格好像还是有差异啊。然后老师会给他们一些名人、偶像的星座,他们会进一步发现,原来同一个星座的人性格还是差异很大。那么,性格到底是什么?性格是如何形成的?性格有好坏之分吗?老师就会把一些心理学的知识告诉给孩子们。

但是,六七八年级的家长关注什么呢?家长们的关注点都非常集中:学业。孩子们感受到的来自四面八方的压力也都聚焦在学业上。家长和孩子不同关注点已经形成了巨大的落差。

所以,在孩子的成长过程中,作为家长,我们未必一直都能切中孩子成长的脉搏。特别是在一些关键年龄段,我们的节奏未必踩得很准,很可能对孩子的了解会滞后于孩子的需求。

家庭教育和学校教育一样,在孩子成长的不同阶段要承担不同的任务。阶段性的目标不一样,解决的重点任务不一样,家长要有这个心理预期,而且要适当地调整好自己的状态,承担起这个角色。

在这个问题上,很多家长都是第一次养育孩子,无法预判孩子未来几年会发生什么变化。我认为,学校可以给家长一些建议,提醒家长恰如其分地发挥家庭教育的作用。

二、小升初衔接的三个关键点

教育最讲遵循规律。孩子的身心发展规律决定了孩子的成长是一个从他律到自律,从别人对他的要求变成他对自己的要求的过程。所谓成功的教育,就是孩子的自我觉醒。当孩子自己要成长了,自己有目标了,自己要好好读书了,才是教育的成功。

从这个角度出发,我校在小学阶段到初中阶段的衔接过程中主要做了三个方面的工作。

(一)"换花盆"

江宁学校是一所九年一贯制的学校,孩子们从小学到初中都在一个学校里的好处很明显,就是不用面对"小升初",但缺点是缺少一个"换花盆"的过程。所谓"换花盆",是借用园林方面的一个术语来进行比喻。种植花卉的人可能都知道,植物生长到一定程度的时候,要给它换个花盆,这样植物才能获得更大的空间,苗木的根系可以长得更粗壮,营养吸收得更充分。

孩子的成长也是同样的道理。孩子从一个阶段成长到另外一个阶段时需要一个过渡,需要一些外部力量帮助他进行顺利转化,这个阶段就是我们通常所说的"衔接"。幼小衔接的概念大家都已经比较熟悉了,其实从小学升入初中还有一个"小初衔接"。

这个"小初衔接"不是让孩子上"小四班""小五班",而是要帮助孩子从心理认识上、学习习惯上向初中过渡。所以,六年级非常关键,六年级上半学期的主要任务是培养孩子初中的学习习惯。这些学习习惯包括:上课认真听并做好笔记;课后作业认真完成,做好基本的预习和复习;培养和老师、同学的交流能力和习惯……

孩子这个阶段会面临很多变化。比如,小学一般语文课时很多,班主任也是语文老师为主,语文老师天天见面。到了初中,学科数增加了,语文课时相对减少,而且班主任的角色由其他学科的老师共同承担,孩子发现老师不像以前那样天天盯着自己了:"是不是老师不管,我就可以自由了?"

这时,我们往往会担心孩子的自制力不够。其实,这就是培养孩子自制力的好时候。好的老师往往会在这时培养孩子的自主性,让孩子认识到是为自己学习,从而养成老师在和不在都一样的学习习惯。

家庭教育也一样,这个时候家长的监管方式也应该有个改变,促进孩子自己的成长。我建议家长可以给孩子一些简单的目标,如果孩子能够完成目标,家长就应该放手,如果孩子不能完成目标,家长可以进行一些指导。有空间才能成长,如果家长从头管到脚,孩子就没有自我成长的空间和时间了。

(二) 和孩子的交流方式要改变,话语系统要改变

以前孩子小,家长和老师是权威,说话的语气可能是偏重指导、指挥的。现在要承认孩子长大了,有了自我,和孩子沟通时要转变话语系统,尝试平等交流和沟通。

如果继续用"从上往下"的方式和孩子对话,就可能压抑住孩子的自我,或者孩子就不愿意告诉你真实想法,通俗地讲叫"报喜不报忧"。长此以往,家长就无法了解到孩子的真实状态。所以,我们应该用交朋友的方式、平等的交流方式,听听孩子成长的烦恼,了解孩子自我的意识成长脉搏。

就像前面说到的,孩子在六、七年级时会慢慢开始关注一些和"自我""独立"相关的话题,比如:我是谁?我想和谁交朋友?我对学习喜欢什么不喜欢什么?我喜欢哪个老师不喜欢哪个老师?我在班级、家庭中承担什么责任?我喜欢一个男孩(女孩),喜欢到底是什么?和学业有矛盾吗?什么是勇敢?如何表达我的勇敢……

在孩子的学业之外,家长要有意识地关注这些问题。可以借助时下的新闻热点、班级里发生的事情等,和孩子聊聊天,慢慢地、有意识地渗透我们的价值观。在交谈中,家长的语气、语调、方式都应该是平等的,着眼点在于帮助孩子自我成长,帮助孩子用自我的视角去看待世界,建立价值观。

在和孩子聊天时,学会倾听孩子很重要。这其中有个要诀是:家长要肯定孩子的体验。面对一个情境,你害怕吗?害怕是什么感觉?你紧张吗?紧张是什么感觉?不要急于否定孩子的感觉,比如:"这有什么好怕的!"或者是"不要怕,要勇敢!"

因为每个孩子都是一个主体,他的体验很重要,其他人永远无法去代替他体验。从心理学的角度来看,如果一个人永远感受别人的体会,那他就没有办法真正体会自己的体会。换句话说,如果家长一直用"不要怕""别紧张"这种要求压制孩子自身的情绪体验,他可能慢慢就失去了体会、面对、处理这些情绪的机会和能力。

事实上,从孩子10岁左右开始萌发自我意识到十三四岁的青春期初期,悦纳自我是非常重要的一个成长任务。因为面对升学压力,这个阶段家长往往把目光集中到学业上,而忽视了孩子的自我成长,但事实上后者对孩子今后形成健全的人格意义更加重大。家长在这个阶段应该尽力帮助孩子了解自己,接纳自己,喜欢自己。

(三)压力管理问题

这里有一个该如何看待考试分数的问题。我们很多家长都有体会,孩子在小学时一直是90多分,到了初中只有80多分,到了高中甚至出现了不及格。这个现象其实和考试的目的有关。

小学基本是考教一体,也就是说考试的内容就是上课教的内容,考试也更侧重达标要求而非选拔功能,所以大多数孩子都可以达到90分。初中开始考核拓展运用,学科出现考教分离,但大部分基础知识与能力还是与课堂要求一致的,所以,绝大多数孩子都能拿到80分左右,考好一点90多分,没有复习好或者粗心大意也可能落到60分。高中的考试选拔性更强,所以高考150分的题目考个90多分是很正常的。

有些家长没有看到考试机制背后的这些原理,只看孩子的分数,所以很焦虑,甚至双休日全部排满给孩子补课。我们不是说一定不能补课,而是说不能盲目补课,特别是不要因为这种盲目把孩子真正需要的东西给舍弃掉了。

比如,初中阶段的学习中需要培养观察、验证、调查、合作、查找资料等方法,这些都需要孩子在课余时间慢慢完成,但很多孩子疲于奔波读书,就没有时间培养这些能力了。

六、七年级的孩子需要时间进行探索探究,需要时间培养自己的兴趣特长,需要时间动手动脑,需要时间运动……如果孩子的时间都用来坐在教室里接受知识,就可能造成孩子对学习失去兴趣,或者出现身心不平衡,乃至出现心理方面的偏差。所以,家长要和学校相互配合,真正了解孩子的情况,如果学习情况正常不需要补课,如果是学习方法有问题要培养孩子的学习方法,对症下药。

在我看来,一个真正功能良好的家庭应该是这样的:不管你在外面经过多少风吹雨打,回到家里就感觉很安宁平和,可以积蓄再次飞翔的勇气和力量。要形成这样的氛围,就需要我们家长的智慧和努力。

爱的艺术

严 洁

上海市生物特级教师。教育硕士。现任上海市延安中学副校长，上海市延安初级中学校长。兼任上海市生物高级教师职称评委，华东师范大学免费师范生兼职导师，研究生兼职导师。荣获"上海市科普促进奖"。多项课题获得上海市教育科研成果奖，主编《基于初中生核心素养的学校课程构建与实施研究——上海市延安初级中学的探索与实践》。

做真正为孩子的将来打基础的事

家庭教育关键点

· 有哪些是为孩子的将来打基础的事?

培养孩子的阅读习惯和阅读能力;

鼓励孩子积极运动;

培养学习之外的个人素养;

家长应做顺势而为的教育。

有的孩子,平时看着不显山不露水,但一到关键时刻就能跳出来。这种孩子,其实是在我们看不到的时候、看不到的地方默默地积蓄力量。在孩子成长过程中,有哪些看上去不显山不露水,却是真真正正为孩子的将来打基础的事情?

一、十年磨一剑,我们在磨一把什么剑

给孩子未来的人生打下基础的第一件事是阅读。

如果你翻一翻最近几年的中考成绩,可能会发现延安初级中学的语文成绩一直在上升。从全区前五名逐渐上升到第一名。我们回过头来看,这期间到底发生了什么?

这几年我们语文学科从来不刷题,我们开展了一个叫做"阅读领航"的活动。我们设计了一个"阅读系列"课程,每个年级都有几个阅读主题,围绕这些主题进行大量的阅读、学习和研究。这个课程的考核方式也不同,不是做卷子,而是以小组为单位进行阅读展示,初二结束时最后一个课题以个人论文形式呈现。

我们这个系列做下来,孩子们的阅读兴趣和阅读习惯都培养起来了。家长们觉得又高兴又担心。高兴是因为孩子们都会拖着家长到书店去买回一大批书——哪个家长看到孩子看书不开心?担心则是因为只看到孩子看书、做PPT,怎么看不到孩子做卷子啊?这样行吗?

从当时的考试成绩看,我们初二的学生参加区里的统考排名在挺后面的,是第十名左右的样子,所以,家长们的担心也是有理由的。但是我们的语文教研组长很淡定,她们根据中考的考点及题型,设计了一套较为科学完整的复习课程,做到科学、清晰、有节奏。

到了初三,老师开始用这套课程教学生知识点和答题技巧。因为孩子们前两年经过了大量阅读的熏陶,这方面只要进行有节奏的点拨和训练,成绩很快就上来了。

比如说,现在很多孩子不会写作文,只能"背作文",就是事先写好一个作文的模板,背熟了,然后根据考试的作文题目去套用这个模板。但是有过大量阅读的孩子就不一样,之前的阅读帮助孩子开阔了视野,写作文的感觉和一直只盯着课本看的孩子是完全不一样的。所以,到了中考,孩子们的成绩一下子就上来了,从初二时候的在区里排名第十名左右变成了第一、第二名了。

同样初中四年,我们的孩子们该看的书都看了,该形成的阅读兴趣形成了,该培养的阅读能力培养了,该通过的考试也没落下。我们也重视中考,但我们的学习不仅仅是为了中考,更重要的是考虑为孩子今后的人生打下基础。大量阅读就是在做这个"打基础"的工作。

当然,大量阅读是要花时间、要花功夫的。都说"十年磨一剑",我们学校的"阅读领航"活动已经进行了五年,最近这两年效果才开始逐渐显露出来。我们能够坚持这么多年,和心态、积累有关。主导"阅读领航"项目的语文教研组长已经有30多年教龄,她知道什么是真正的教育。就我自己来说,对于"教育到底是什么",也有过不断发展变化的认识过程。

在40岁之前,我只想做一个好老师,教好我的课。40岁以后,我开始觉得:教育不仅是让学生掌握知识,考上好学校,我会更多考虑如何让学生学得更开心、更有意义,更多考虑在中考之外孩子的成长到底需要什么。

二、如果运动不能促进学习

给孩子打基础的第二件事是运动。

我们有些人有两大误区,觉得运动和大量阅读会耽误孩子学习,其实运动和大量阅读是给孩子打下基础的。

田径与篮球是延安初级中学的传统体育强项。但我们强调的不是奖牌,而是每个孩子都能参与其中。每一位学生走入学校的第一天,我们都会特别强调"学会健身"的要求。到初三毕业时,无论男生还是女生,不仅每人实践了所有篮球课程的基础内容,而且都能在比赛中发挥各自的作用。此外,我们在田径方面同样讲得全面、上得深入。

现在已经有研究证明运动可以促进孩子的学习。但是,如果运动不能促进孩子的学习,你还让孩子运动吗?当然要!因为十几岁的孩子是坐不住的,是一定要动的,这个年龄段的荷尔蒙要通过运动散发掉!所以,我们的体育课一般会安排两个老师,让孩子们充分运动起来。

我们2015年的初三毕业生卫宇晴,考出了长宁区中考第一名的好成绩。她就是一个全面发展的孩子,体育、学习和各项活动都非常出色。她小学毕业时是作为篮球特长生招入延安初中的。多年来,她运动、学习两不误,坚持每天放学训练两小时,从不缺席。在校担任少先队大队主席等职务时,她多次代表学校参加市、区级作文、书法、田径、短绳等比赛,都取得了好成绩。可见,体育训练、社会活动的参与不会影响一个人的学习,反而能促进学习。

作为校长,我不会不在乎我校的升学率,但升学率不是制定学校策略的出发点。我们工作的出发点是学生能够健康快乐地成长,让孩子有自信。所以,我也很高兴看到越来越多的家长响应我们的想法,也有很多领导认可我们的做法。

三、从来没人教的东西往往更重要

我很喜欢到国外的学校去观察,对比中外学校的教育,我发现一些我们以前并不重视的东西,往往对孩子今后的发展会起到很重要的作用。

比如美国很重视仪式性的活动,各种仪式各种派对,孩子们要穿正装出席。这种仪式是在教会学生在什么场合做什么事、需要穿什么服装、怎么穿,也是为了增强孩子的自信心。我们有多少高中男生能够穿对一套西装?我们有多少高中女生穿过礼服?我曾经作为评委参加一个创新大赛的颁奖仪式,亲眼看到一个著名高中的女生穿着西装校服,却配着很脏的白色运动鞋上台领奖。

环境建设也同样重要。身处一个洁净、优雅的环境,孩子们的举止也会更加优雅。比如国外学校的厕所干净,没有异味,备好手纸,这些都在传递一些信息,让孩子们觉得自己也有责任让环境保持整洁和优雅。

所以,我们这几年借防震加固对环境进行全面改造,通过增加学生活动空间、加装电梯、建造连廊和地下车库、改造厕所、新建绿色建筑和空中花园,努力建设一个安全、温馨、美丽的校园,让学校的一物一景都默默地起着教育的作用。

学校六年级的第一节礼仪课是我亲自上的。礼仪课的内容包括个人仪表、着装礼仪,甚至包括如厕的礼仪——怎么上厕所,从来没有人教过这个。甚至有老师说,这些连我们都不知道,因为从小到大,从来没有人会把上厕所该怎么做给我们讲一遍!但正是包括这些礼仪在内的很多细节,决定了我们的学生走上社会之后体现出什么样的素养,什么样的品位,这些也会影响到学生未来能走多远。

另外,传统教学不注重但对学生成长非常重要的素养还包括表达能力。在中考自主招生过程中有个面试,我碰到很多孩子都不会很好地表述。孩子可能知识、能力都不差,但是不会表达,就是一个很大的问题。

表达是需要学习和训练的。我在散步的时候会有意识地训练女儿的表达能力,和她聊天,引导她把自己的想法有条理地、清晰地表达出来。平时的聊天和正式场合的表达还不完全一样,所以在面试之前,我还会对女儿进行针对性的训练,让女儿学习正式场合的表达。这当然需要一个过程,但是慢慢来,孩子就会有进步。

另外,让孩子参加一些研究项目对孩子的成长也很有意义。

我最近在做科学学科大奖赛的评委,我在关注我们的科学课要给孩子的是什么,仅仅是知识吗?不是,是解决问题的方法。孩子通过研究一个项目,会学习到科学家研究问题的一些方法和步骤,今后学习就更容易理解。这还不是最重要的,最重要的是通过研究性学习,孩子的学习动力会大大提升,学习潜力也会得到充分挖掘。这种学习不是为了应付考试,而是真正的探究,会帮助孩子找到内在的学习动力。

四、教育要顺势而为

我是学生物的,所以我比较认同学习要顺应生物发展的规律。人学走路、学说话都是要到了一定的时候,自然而然就能学会了,同样的,学习也是要顺应孩子的成长规律,让孩子在最有效的时候做合适的事情。否则就是拔苗助长。

比如一个4岁的孩子,你可以教会他数数,但是要反复教很多遍,就要牺牲很多

本来可以运动、活动的时间。如果等到孩子六七岁的时候再教他数数,很快他就能学会了。所以,这种知识型的早教意义不大。

同样的,对于一个六年级的孩子,你反复跟他说要好好准备中考,要反复刷题,他很难有紧迫感,反而容易产生逆反心理。因为这个时候孩子还处在刚刚进入中学的兴奋期,孩子感觉距离中考还很遥远呢。

所以,不妨顺应孩子的身心发展需要,在这个阶段让孩子多运动、多阅读,拓宽他的视野。到了初三,经过前面两三年的积淀,孩子学习基础已经打好了,身体条件也在最佳状态,心理上对学习也没有厌恶,周边也逐渐形成了迎考冲刺的氛围,孩子这时候的学习状态就会很好,学习效率会很高,成绩也容易取得突破。

另外,我建议在孩子青春期的时候,家长要和孩子保持必要的距离,该给孩子空间要给孩子空间,甚至可以把孩子推出去。否则家长的唠叨很可能触发孩子的叛逆心理,不利于亲子关系,也不利于孩子的独立和成长。

我个人建议,有可能的话可以考虑在高中阶段将孩子送出去读书或寄宿,拉开一定距离之后,孩子可以避开父母的唠叨,但因为现在通信手段很发达,孩子还是能够感受到父母的关切,这样父子、母女关系都可以得到改善,而且孩子也应该开始逐渐独立,面对这个世界。

最后建议家长要做好自己,不要为了孩子就把自己放弃了。我们看到的优秀的孩子很多都是因为父母自身也很优秀,把自己的事做好,成为孩子的榜样,就是最好的家庭教育。

爱的艺术

张晓文

中学高级教师。毕业于华东师范大学教育管理专业。现任上海市普陀区曹杨实验小学校长兼书记。荣获"上海市园丁奖"、普陀区"三八红旗手"等称号。主编《润物无声》《春风化雨》《花韵德泽》等，多篇论文在评比中获奖。

在互联网时代做家长需要新技能

家庭教育关键点

· **家长需要哪些新技能？**

从"听"开始，更新对"学习"的理解；

培养孩子的自我管理能力和隐私保护意识；

注意陪伴孩子。

在互联网时代做家长，挑战前所未有。过去的父母可以跟孩子说："我走过的桥比你走的路还多""我吃的盐比你吃的米还多"。到了今天，反倒是孩子经常跟父母说："这个你不懂！"青少年对新技术、新观念的得心应手往往让成人自叹不如，反倒是不少父母在网络上成了笨手笨脚的"菜鸟"。

现在大家都在说"互联网+"，在信息化时代做家长，我们的"工具箱"里也要"+"些新工具。数字时代，意味着无处不在的学习。对于家长来说，只有自己不断学习，才有能力知道孩子在学什么、关注什么，才能和孩子共同成长。

一、培养孩子阅读习惯不妨从"听"开始

一开始学校试点全员使用"电子书包"时，不少家长心存疑虑，孩子用 iPad 学习能行吗？会不会沉迷在游戏视频之中？不过，学校几年试点推行下来，家长的疑虑渐渐打消，因为他们看到了信息化教学手段给孩子带来了实实在在的改变。

这也是当今信息化时代所有家长首先需要认识的一点，不必谈电子设备色变，

其实如果运用得当,这些设备完全可以是你得力的教育助手。

就拿一些家长很犯愁的孩子阅读习惯培养来说,大家都知道从小培养孩子的阅读习惯很重要,但是如果已经错过了培养孩子阅读兴趣的最佳阶段,还有没有什么办法赶上来呢?

其实不妨试试利用信息化手段来"曲线救国",比如对于二年级的学生,让他直接阅读哈利波特系列丛书可能有一定难度,但有家长就试着让孩子从 iPad 上"听故事"入手。听完几本书,孩子慢慢产生了兴趣,再给他看纸质书籍,就比较容易进入阅读氛围。

二、更新对"学习"的理解

现在的孩子对于信息技术的掌握能力远远超出成人的想象,一个软件可能大人要摸索好几天,可孩子学习一会儿就能上手,并立刻用来为他的学习服务。

比如让学生搜集资料制作电子小报,以前这项作业如果要让孩子独立完成至少要到三年级,而且只能回家完成,多半还是家长代劳。

但现在大多数二年级的孩子就会在搜索引擎中搜索需要的图片和文字资料,再用修图软件编辑美化一下,生动的电子小报马上就诞生了。高年级的孩子已经能逐渐掌握使用 Pages、Keynote 等软件制作展示文件了。

因此,在信息时代,家长对于"学习"的认识要有所延伸,不仅仅把目光局限于学科基础知识的学习,更多要投向孩子核心素养的发展,倡导一种"无处不在的学习"模式。

比如,传统的语文教学就会在常规作业"大变身"的过程中,变得趣味盎然。春天到了,老师就会请孩子拍摄校园里的春意,用软件制作一张图,配上几句话。让每个孩子把作品上传平台,大家互相交流点评。

学了关于鸟类的课文后,老师就会请孩子们小组合作通过网络找一些鸟类的资料,并选择自己喜欢的一种鸟制作成海报,用简短的话介绍一下它的主要特点。为了能用有限的篇幅说清特点,孩子们就会动足脑筋,把找到的资料选了又选,改了又改,三三两两聚在一起讨论、修改。

最后,当一幅幅精美的海报作品投射到大屏幕上时,孩子们一边欣赏自己的作品,一边分享成功的喜悦。更重要的是,在这个过程中,他们潜移默化地积累了写作素材,学会了如何用简洁、规范的语言表达主要内容,还有小组成员之间的合作交流

等学科外的素养。

新技术的掌握也有利于视野的开拓,在孩子们身上起到意想不到的效果。

学校曾有个性格内向、心灵手巧的孩子小丽,将她制作的手工作品照片分享给班中的同学,同学们十分羡慕赞叹,经常向她请教手工制作秘诀。平时不太言语的小丽欣然答应同学们的一个个要求,午休时间,那些孩子围着她,问这问那,拿出自己的作品请小丽指导。小丽也明显变得更加活泼、开朗。

三、给孩子"+"上自我管理、隐私保护意识不可缺

现在孩子的信息技术接受和使用能力很强,但与之相应的自律能力、隐私保护意识却是需要家长花较多精力来培养的。因此,表面上看来,种种现代化信息手段一定程度上解放了家长的时间,诸如讲故事、默生字等传统项目都能交给电子设备来完成,但其实信息化时代家长更需要智慧。

（一） 自我管理能力

首先,是孩子在时间上的掌控能力。"拿起电子设备放不下"的问题在很多孩子身上都会反复发生,包括一些好学生也会出现这样的问题。对此,教师和家长应该和孩子进行约定,比如当天的电子作业和学习任务在某一时间节点前必须完成,之后就不能再使用电子设备。也可以利用一些时间管理 APP,对孩子的设备使用时间进行管理。

当然,比起看得见的使用时间,孩子在浏览内容方面的掌控能力更需要家长关注。有教师发现学生在网上聊天使用不雅的语言,当面了解下来发现孩子其实并不完全清楚词语的含义,只是看到网上热传觉得好玩。低幼年级的孩子甄别能力尚不足,面对开放的网络环境,就需要家长和老师互相配合,共同监督。

（二） 隐私保护意识

同样,低幼年级的孩子尚不具备足够的隐私保护意识。现在网上各种"晒"的风潮流行,孩子也可能跟风发布一些并不适合公开的隐私内容。这就需要家长及早为孩子普及隐私和自我保护的概念,避免因为网络社交产生的不必要的麻烦。

四、电子产品永远无法代替父母的陪伴

信息化时代带给家庭和学校教育的最大便利在于创设模拟情境,给孩子提供更

多体验。但最重要的是,家长需要认识到,信息化只是手段,在孩子的成长过程中,不能完全将孩子托付于电子产品,虚拟情境永远无法代替父母真正的陪伴。纯粹依赖电子教育,会让孩子缺乏现实生活中的人性交流和关爱。

比如,刚刚提到的借助电子设备培养孩子阅读习惯,在激发起孩子的兴趣后,父母不妨趁热打铁,为孩子挑选几本好书,讲一些故事,引导孩子感受手捧书卷的纸质阅读体验。此外,父母也应该多引导孩子参与一些户外互动,参与一些同龄小伙伴的小游戏,在游戏中学习,在游戏中成长。

爱的艺术

卢慧文

中学一级教师。毕业于华东师范大学对外汉语系，工商管理硕士，英国桑德兰大学教育研究生。现任协和集团总校长。兼任上海市民办中小学协会副会长、中国民主促进会上海市委委员、闵行区政协常委等职。

如何给孩子画好一个框

家庭教育关键点

·**如何画一个恰当的框?**

培养孩子的理财能力,培养孩子的规则意识,利用矛盾善沟通。

·**如何了解你的孩子?**

花有质量的时间和孩子在一起;

共同建立家庭计划;

寻求平衡点;

孩子犯错善沟通。

·**对家长择校的建议:**

国内择校"切两刀",国外择校亲自考察。

家长教育孩子的过程中,最有挑战性的事就是画个框——行为的框。这个框画小了,会把孩子禁锢住,无法成长。但如果这个框画大了,孩子在里面太自由,以至于触犯底线了也不行。

一、如何画出一个恰当的框

(一) 女儿 8 岁时管了一笔 6000 元"巨款"

孩子每逢过年会收到不少压岁钱,当我女儿对钱还没什么概念时,已经会隐隐

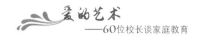

约约觉得,这些钱都交给妈妈似乎不划算,但自己全拿着又不太可能。

我们的做法是,在她3岁的时候,我们一起做了本手绘家庭存折。她收到了钱就一笔一笔存进去。我们会告诉她,如果这个钱在一段时间内不花,就会产生利息。由此,她对"利息"形成了一个粗浅的概念。有亲戚给了她一些外币,我们就会陪她一起上网查,这张钱可以换多少人民币,这样就把"汇率"的概念告诉她。然后我们会引导她,这些既然是你的钱,你是有支配权的,但是你在花钱之前需要和父母商量用在哪儿。

在她8岁的时候,我试着让她管了一笔6000元的"巨款"——我们母女俩去北京旅行的预算。一开始,她觉得自己简直成了大富翁。但当她上网查了一圈信息后,她来告诉我,我们只能穷游了。她分析,如果一天内午饭吃得简单一点,我们就可以打的出行;如果想吃顿好的,就要坐地铁。她还会告诉我,哪个景点要下午4点以后去,因为门票会打对折。

等到她初中出国留学时,我们也和她一起做了一个年度规划。每月的零用钱可以由她自己调剂支配,另外,我们还设定了一些专项资金,比如旅游专项等。有些专项没有名目,可以由她自己决定花在哪儿,但必须事先向父母申请。

现在她即将进入大学学习,我们同样一起商定了一个方案。我们根据学校网站提供的财务分析清单,取每个花销项目的平均数,算出总数给她,但具体的分配可以由她自己决定。

可以看到,随着年龄的增长,这个框在慢慢扩大。我们既给了她自由支配的空间,同时又对她有所引导。

(二) 从孩子出门玩培养规则意识

在这件事上,家长要和孩子立一个规矩。

比如,小学阶段,任何时候出去参加同学派对等活动,必须由父母接送;初中阶段,只能参加午饭、下午茶时段的活动,晚饭时间必须回家;高中阶段,时限可以放宽到晚上9点之前回来。进入大学后,孩子成年了,也就不再受这些规矩制约了。

当你和孩子沟通这件事的时候,他会觉得这是一件公平的事。这既树立了他的规则意识,也让他可以"往前看",对未来有所了解和期待。

画好这个框的学问可不少。在这里,要着重给父母一个建议:一旦观察到孩子的兴趣爱好,哪怕你并不十分认可,千万不要直接打压。因为,也许最终的结果会给你意外惊喜!

女儿从小特别爱打扮,能一个人在镜子前面待上很长时间,当她一个月只有几十元零花钱的时候,就开始买价格不菲的时尚杂志。也许保守的父母会打压这个爱好,但我们选择了不干涉。

结果让我特别感动的是,在她出国留学的那一年,她在离开前一口气为我搭配出了 30 套衣服,从外套到围巾到包,每一套都放在床上摆出造型拍好照,最后一张张打印出来贴在我的衣橱门上。她想让妈妈每天早上多睡一会儿,不用费心思搭配衣服,还能保证一个月穿衣不重样。

(三)矛盾或许是沟通良机

我和女儿的关系早已是多年母女成姐妹,在 2015 年我生日当天,远在英国的女儿发来了一段精心制作的视频,集合了这些年母女一起行走世界的美照和情真意切的祝福,引来点赞无数。当然,母女之间也会产生矛盾和分歧。不过,我要告诉家长的是,不要惧怕矛盾,或许这正是你和孩子沟通的大好契机。

高中的一个暑假,女儿去一家外资药企实习。实习期结束,企业想邀请她回去开个实习生座谈会。女儿说公司离家太远不想去,但觉得公司对自己不错,她不知道该怎么拒绝,开始在家生闷气。

一般的家长肯定会觉得孩子的表现莫名其妙。但是,你要试着透过现象看本质,我分析下来,其实她是想去的,但她是个好胜心比较强的人,她想到其他实习生都是大学生,会比她表现得更好,就有所顾虑。

摸准了她的心理,我也没有直接点破,而是给她出了个主意,不妨做一个视频,表述一下自己的想法。一方面自己录制的时候可以不断修改,同时表示了礼貌和尊重。结果,公司收到这个视频后,给她写了一封很长的信表示感谢之情,她自己也很开心。

所以说,在发生矛盾冲突时,家长要看到孩子烦恼的根源,但不要点破,而是帮助他一起想办法。这是亲子互动中的一个关键。但前提是,你要了解你的孩子!

二、如何了解你的孩子

(一)花有质量的时间和孩子在一起

跟孩子在一起,如果只是盯他写作业,跟他唠叨别人家的孩子怎么怎么好,这样的交往是没有质量的。在他真正需要你帮助的时候,你会不知所措。

最近我接待了一位家长,她和孩子平时沟通的言路是封堵上的,因为她觉得要坚持做家长的威严。我就对这位家长说,这样做的后果可能很严重。因为一旦当孩

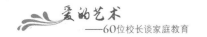

子有什么问题,你不会第一时间发现,他也不会第一时间告诉你。等你知道事了,一定是件大事,而且这件事你还处理不了。

所以,对于家长来说,你和孩子之间要留出一扇沟通的门。多进行有质量的沟通,平时没有那么多原则上的对错。

(二) 不妨共同建立一些家庭计划

我经常采用的办法是和女儿一起旅行。在这个过程中,你千万不要一直看手机,或者拽着孩子东奔西走赶景点,而是要跟他一起规划行程攻略、做预算,一起拍美照,让他充分参与进来。在这个过程中,相信你们一定会找到共同话题。

此外,也可以让孩子参与一些家庭项目,比如过年的家庭聚会,可以和他一起商量。现在我们家里聚会,女儿就会做一个图文并茂的微信,并在后台做一个报名表,负责统计出席人员名单。她还会亲自去安排席卡,并且花很多小心思设计制作。有时候她能对着一张席卡花半个多小时去装饰描画,这个时候,我从不去干涉她,因为她在做她的份内工作。

(三) 寻求亲子之间的平衡点

以前周末我爱带她去上海书城看书买书,一开始她的读书品位我不太能接受。我希望她看看名著,她则一头扎进卡通漫画书中。如果我简单粗暴地强迫她读名著,可能会让她产生厌恶。如果放任她的话,又缺乏引导。于是,我跟她做了个约定:只要你愿意跟妈妈去书城买书,你选两本,我选一本,我们一起买回家,读完书后互相分享交流。

这个计划实行之初,我看了很多网络穿越小说之类的书,虽然我觉得很无聊,但我还是会坚持看,这样才能和她有共同话题。慢慢地,她也开始读我推荐给她的书,她的读书兴趣也开始有所转变。

所以,产生矛盾的时候,不要让你们之间的那根线断了,先维系着,慢慢总会有转机。直到现在,我们之间有些不同的计划和想法,也会互相妥协,找到平衡点。

(四) 孩子犯错是最好的沟通契机

前两天和一个家长沟通,她的孩子在校犯了错,家长坐在我办公室里,非常沮丧。但我告诉她,你知道吗? 现在这个点,正是你们拉近感情的一个大好契机。

当孩子知道自己犯了错误时,他心里是有些忐忑内疚的,这个时候的沟通其实是非常有效的。但恰恰在这时,很多家长的表现不是暴跳如雷就是沮丧哭泣。其实都是不可取的。这时候如果你打他,他可能会觉得自己已经承担了后果,这件事就算过去了。如果你哭泣示弱,孩子可能会对你产生怜悯,一时在心理上会觉得愧疚,但也并非长久之策。

你需要的是给孩子一些正面激励,为他设定目标,父母承诺帮助他,并且也让孩子自己承诺做出相应的努力。

对择校焦虑的家长的建议

1. 国内择校——"切两刀"

首先,横切一刀。选出心目中一批比较理想的学校,但是要避免同类排名,排名的数字其实没有太大的意义。我女儿是协和双语学校的第一届小学生和初中生,当时的协和还刚起步,但相比一些老牌名校,中西文化融合的特点已经开始呈现,我们考虑这样的氛围更适合她。她在出国留学择校时,选择的高中是在整个英国排名100位之后的,我们看重的也是校园温馨的文化氛围。

其次,纵切一刀。现在上海的民办学校大致分成两类:一类是偏重国内升学的,另一类是偏重中西融合的学校。前者注重帮助学生应对考试升学,选择这类学校的话,需要做好承受一定学业压力的准备。后者注重营造国际化氛围,英语课程比例较高,如果选择这类学校,家长可能要关注孩子的数学、语文等基础学科能力的强化。

两个体系没有孰优孰劣,都能培养出"牛娃",因此,家长必须要知道自己和孩子需要什么,你也要认识到,为了你想要的东西,你必须放弃什么。

"切两刀"选定学校类别后,再考虑学校离家距离、师资、设备设施等条件,最后也就剩下两三所,再通过开放日、亲自考察等途径重点关注和了解。

2. 海外择校——必须亲自考察

首先,家长必须亲自考察,无论自己是否懂英文,是否用中介,一定要去实地看。孩子的监护人很重要,如果是在学校寄宿,要了解清楚学校的寄宿制度,如果是"homestay",对于监护家庭务必要认真挑选,很多家长忽视了这一条,付了一大笔钱,孩子只是得到了一个吃饭、睡觉的地方。

当然,最重要的是,你的孩子准备好了吗?经常有家长问我,孩子什么时候出去留学最好?这个问题没有定论,关键在于孩子是否真的准备好了。

在和国际高中招生官交流的过程中,他们告诉我,希望招到的学生是具有语言过关、具备团队合作精神、独立思考能力、抗挫折能力、生活自理能力等一系列综合素养的。

杨士军

上海市地理特级教师。现任复旦附中副校长，复旦二附中校长，复旦附属学校教育集团理事长。兼任上海地理学会副秘书长，上海复旦大学校友会副会长，上海市中学地理学科德育实训基地主持人。已发表论文逾百篇，发表散文随笔评论百篇，编著出版书籍50本，主持各类课题并获奖15项，指导学生开展创新类项目研究获奖40多次。

那种"拼"到孩子没笑容没自信的教育,让我揪心

家庭教育关键点

· 家长怎么保持孩子的笑容与自信?

教孩子学会积极休息;

常叮嘱孩子三句话:要坚持运动,要保护好视力,做事要专注;

培养孩子的后续发展能力。

我们可能会发现,身边很多孩子的兴趣爱好非常全面,舞蹈、钢琴、游泳……十八般武艺样样精通。但我们同时也发现,不少孩子"全面"的兴趣爱好往往不能持久。进入初中的时候,不少学生已经有了各类乐器的十级证书,但遗憾的是,他们升入高中、大学后,很多人因为长期不练,慢慢荒废了这些兴趣爱好,这真的很可惜。

以前我遇到过一个高中的孩子,他在五年级的时候就和父母有过争论,将来到底是要继续学钢琴,还是要拼学业、升名校,最后还是莫衷一是。

在很多家长看来,孩子的兴趣发展和学业发展之间似乎天然存在矛盾。不少家长的做法很容易让孩子纯粹的兴趣因功利而慢慢丧失,这对孩子的长远发展很不利。理想的家庭教育应该在维护孩子兴趣方面给予更多考虑。

一、你的孩子会积极休息吗

家长要认识到,发展兴趣爱好可以是一种积极的休息方式。一个人整天神经紧绷,未必是好的状态。很多人认为休息就是睡一觉,我认为积极的休息应该在孩子

最想做的事上得到体现。人在做自己喜欢的事时,是不嫌累的,但教孩子学会积极休息,是很多家长所忽视的。

积极休息的方式可以有很多。除了艺术技能,体育锻炼也是一种不错的选择。

我校有个业余体育锻炼月卡制度,就是倡导学生和家长或同伴一起去锻炼,不论时间、地点、形式,重在培养一种积极而良好的运动习惯。这个习惯如果养成了,在学生后续发展中就会成为一种自我调节的良好方式。

再比如说,静下心来读一本书、和父母出去踏踏青,都是积极休息的方法。父母也不要总说自己忙,时间是可以挤出来的,你在最在乎的事情面前可能说自己很忙吗? 关键是家长要有意识地培养孩子学会积极休息。

此外,积极休息的这段时间也是进行家庭沟通的良好契机。

不少家长发现,初中阶段的孩子慢慢进入叛逆期,很难和他们顺畅地交流。如果说原来一家人的沟通大多集中在饭桌上,那么现在的家长发现,很多孩子知道父母今天想问什么,会想方设法回避这种交流。现在孩子做作业也有独立房间,他们把门一关,父母很难知道孩子在干什么、想什么。不少家长为此十分苦恼。其实,不妨试试亲子锻炼、出游等方法,通常情况下,孩子在休息放松的状态下,更容易向你敞开心扉。

二、常叮嘱孩子的三句话

在我的孩子上中小学时,我经常会叮嘱他三句话:

(一) 要坚持运动

我每天都会问他:"今天你在学校运动了吗?"

运动是一个很好的积极休息的方法,是紧张学习之余的一种调剂。身心健康对于一个人的长远发展是很重要的。很多人往往到了四五十岁时,才意识到身体健康的重要性,后悔当初没有培养良好的习惯。一个人良好的身体素养是要靠长期积累的,所以培养孩子坚持运动的习惯非常重要。

(二) 要保护好视力

在电子产品流行的时代,保护视力确实不是一件容易的事。我希望孩子保护视力的背后,其实是希望他在连续用眼过程中有自我调节休息的意识。

此外,孩子的视力也和他的坐姿与写字姿势等相关。坚持正确的姿势,对孩子将来身姿体态发育有利。

（三）做事要专注

有家长可能会问，孩子的学习实在太紧张了，怎么还能抽出时间发展自己的兴趣爱好？其实，孩子有了积极休息的意识后，反而会提高效率，省出不少时间。当然，前提是要培养他们的专注力。

不少家长来咨询我，孩子做作业喜欢拖沓怎么办？我发现，其中很大一部分问题出在家长身上。

比如，有学生在小学阶段做作业，做到7点完成了。有些家长觉得同事朋友的孩子要学到八、九点，就让自己的孩子也再学一个小时。这样，很多孩子就会形成一种观念：每天作业不做到8点，父母是不会让我休息的。于是他们就会渐渐养成拖沓的坏习惯，想方设法把手头作业拖到8点完成。这很不利于孩子专注力和良好学习习惯的培养。

我的做法是：和孩子达成协议，如果你作业完成得快，省出来的时间就可以自由支配。当然，这必须建立在保证作业质量的基础上。孩子为了保证作业质量，他的课堂听课效率就会提高，做作业时也会十分专注，因为错题少就可以少花时间在订正环节上。这样省下来的时间就可以做自己喜欢的事了。在他自己支配的时间里，他可以通过看书、看电视，甚至玩游戏，来进行调节放松。

三、牺牲休息、睡眠不如培养后续发展能力

现在很多家庭的教育过分讲究"拼"。拼到后来，你会发现，孩子很少有笑容，很少有自信，这些都是让我很揪心的事。

如果一个学生的好成绩主要是靠牺牲睡眠时间获得，这是不长久的。曾经在复旦附中自主招生面试现场，我问学生，你每天什么时候睡觉？有些孩子自信满满地告诉我："我基本都在12点以后睡。"一个初中的孩子，每天拼到12点、1点，这行吗？我认为这是不可取的。

在学习这件事上，肯定是年龄越大越辛苦，如果一个孩子年龄越大越闲，就是教育的失败，说明他没有后续的发展能力。

我们总是感叹国外顶尖大学内学生刻苦努力的学习氛围，其实这是因为他们有可持续的学习动力。现在很多孩子的学习状态是"倒挂"的，小学初中拼得很辛苦，到了大学一下子放松了，甚至不知道该干什么。

为什么会有这样的误区？因为很多家长把教育看作一场百米赛跑，要孩子拼尽

全力去奔跑。其实,教育应该是一场"接力跑",我们在关注让孩子跑好每一段的同时,更要帮助他们"交好棒",让下一棒更好地启程。

(一) 让孩子在适合的时间干适合的事

学习没有早晚之分,应该在适合的时间干适合的事。教育也要符合孩子的自然生长规律。

我比较反感的是,家庭聚会上,家长把3岁的孩子叫过来给大家背诗,孩子显得很不情愿。所谓"提前"的代价,或许是他花了几个小时反复背诵,还要被家长打骂一顿。但是过了几年,你会发现孩子很容易就可以背出来了,为什么不让他在合适的时间快乐地背诵呢?

学习没有早晚之分,应该在适合的时间干适合的事。3岁背出古诗的那个孩子,到了二十五六岁,未必和其他孩子有多大差别。那些有持续学习动力和能力的人,才有可能在人生道路上不断获得成功。

现在,我们学校推出了"大艺术、大体育、大劳技"三大类课程,就是希望为孩子创造一个积极休息的环境,并让学生能够在初中阶段形成各一两项兴趣爱好。对此,家长都十分认可,希望我们的做法可以影响和改变一些家庭的教育理念。

(二) 给家长的建议

经常有人问我,如何树立做家长的威信? 这不是靠你拳打脚踢、说话口气威严而获得的。在和孩子交往时,家长要时刻注意保持言行一致,起到榜样的作用。

当和孩子之间产生一些矛盾时,家长应该学会巧妙地"借力",寻求一些支持帮助。具体包括:

"借脑",即遇到亲子沟通问题时,不妨借助专家、老师的力量,和他们共同探讨解决方法;"借资源",即利用身边的"朋友圈",寻求孩子比较认可的亲朋好友的帮助,邀请他们一起来参与化解矛盾;"借环境",不妨一起出去走走,换个环境和孩子好好沟通交流,化解一些问题。

滕 平

上海市特级校长。现任上海市高安路第一小学校长，兼任上海市小学校长专业委员会理事，徐汇区教育学会副会长。徐汇区领军人才，曾先后获全国先进工作者、全国"巾帼建功标兵"、全国"三八红旗手"、全国特色教育先进工作者、上海市劳动模范、"上海市园丁奖"等荣誉。

家长就是孩子最重要的学习资源

家庭教育关键点

·家长要进行自我修行:

家长要身先示范,学会情绪管理,和孩子平等相处。

·家庭教育的具体做法:

要和孩子交流,要顺应孩子天性,要学会放手。

我们常常说孩子的学习资源,其实,很多家长可能没有意识到,家长自身就是孩子的一个学习资源,而且是对孩子影响最重要的一个学习资源。在家庭教育中,只有有了家长的自我圆满,才能实现孩子的圆满和我们整个社会的一个圆满。

基于此,对于家庭教育,我想和家长分享的第一点就是家长的自我修行很重要。

孩子是一个敏感的"接收器",时时刻刻在接受着来自家庭、学校、社会等方方面面的信息。其中,家庭的作用至关重要。我们在学校中可以明显看到,踏进学校的第一天,每个孩子就很不一样。这些不一样的背后就体现出家庭的不同。什么样的家庭就会有什么样的家庭文化,培养什么样的家庭习惯,走出什么样的孩子。自我修行,可从以下几点着手:

一、家长要身先示范

家长与孩子在朝夕相处的生活中会建立起十分真挚深厚的感情,家长由此成为孩子心目中最易接受、最易模仿的人。由此可见,在家庭教育中,家长的"言传"和

"身教"相比,身教的效果要大得多。父母对孩子谆谆教导,其影响力不及日常生活中的潜移默化。因此,己所不欲,勿施于人。要求孩子做到的,家长首先要做到。比如,如果你想让孩子去图书馆借书,自己不泡图书馆怎么行呢? 如果你想让孩子少看电视,自己却总在刷微信,孩子又怎么会不受影响呢?

二、学会情绪管理

情绪管理实质上是人的一种自我调控能力,是让自己与他人、自然、社会和谐相处的一种能力。当今社会的快节奏,往往给我们带来了很多压力。这些压力来自工作、事业、生活的方方面面,加重了我们的焦虑感,由此也常常会影响到我们的情绪。

在孩子面前,我们应该如何控制这种压力带来的影响? 作为家长,必须努力提升自己的情绪包容能力和理解能力,学会在孩子面前控制自己的情绪,或者说管理自己的情绪,有的家长觉得自己很优秀,孩子也应该很优秀,一旦孩子的表现没有达到自己的预期,火气就上来了,这是不良情绪表现的一种。有时候,孩子就像一只蜗牛,他有自己的节奏,虽然在成人看起来速度很慢。但是,我们一定要知道,孩子和我们不一样。因此家长要学一些心理学,以便知道孩子是怎么学习的,怎么接纳别人的观点的。根据孩子身心成长的规律来考虑自己的教育方式、方法。

三、和孩子平等相处

在家庭中,每个成员都是独一无二的,因此,家长要和孩子处于一种民主平等的地位。彼此学会互相倾听,互相尊重,互相理解,让父母与子女产生情感上的共鸣,这样才利于孩子心智的健康成长。希望每当孩子跟父母说话时,父母应尽可能放下手头上的事情,全神贯注地听孩子说话。人无完人,家长也很可能会有做错事情的时候,如果做错了,在孩子面前敢于承认,让孩子认识到人都会犯错误,这不可怕,只要认识了、改正了就好。

家庭教育小贴士

1. 要和孩子交流

人与人彼此的了解在于真正地倾听和交流,这很重要,是家庭教育重要的法宝。

而交流有两种模式:一种是真正的孩子和真正的你;另一种是"你以为的孩子"和"你以为的自己"。

如何真正地了解哪是真正的孩子,哪是"你以为的孩子"? 要通过静下心来倾听、平等地倾听、换位地倾听才可以,用现在网络上的语言,叫做"走心"。如果不走心,哪怕你沟通了,也可能只是在对着"你以为的孩子"沟通。如果你没有很好地了解,真正地倾听,或者了解孩子言行背后的动机,那么往往这就是你以为的孩子,不是真正的孩子。如果家长不能真正地了解孩子,那如何给他一个顺利成长的环境、方法、途径? 所以,家长一定要真正地去倾听孩子,不要以自己狭隘的思维去理解孩子,用自己的价值去判断孩子行为背后的价值。

2. 要顺应孩子天性

每一个孩子都有自己的个性和天分,他们犹如一棵棵生长的树。教育小孩,就像是培育一棵树,需要给孩子安静、细致、稳定、从容的"爱",需要"能顺木之天,以致其性焉"。这就要求家长在和孩子的相处中首先要正确认识自己的孩子。

由于家是孩子安全的港湾,孩子在家长面前完全是天性流露,真实呈现,因此,这是家长观察孩子最好的契机。家长要做一个善于观察的好家长,通过观察孩子的一言一行,充分了解孩子的个性爱好、性格特点,挖掘孩子的潜能,积极引导,给孩子创设良好的成长环境,切忌拔苗助长。

但是,顺应不是放任。在让孩子顺其天性发展的同时,家长要做好孩子成长的引路人。其中,培养孩子社会规则意识很重要,没有规矩不成方圆。孩子的成长若没有规范和规则,人生很难成功。因此,家长在日常生活中,要有意识地和孩子一起制定一些游戏规则、做事规则,让孩子按照规则行事,这对孩子今后的人生有很大帮助。

3. 要学会放手

孩子的成长,需要历经风雨,只有历经风雨,才能成为真的勇士;孩子的成长,需要一定的空间,需要自己去面对,因此,需要家长放手,唯有这样才能够成长。能够自我管理,自我发现,自我生活能力强的孩子,长大后一定是充满自信、有魅力的人。

必须承认,要处理好让孩子顺天性成长和给孩子引导这对矛盾,是具有艺术性的,对很多家长来说,这个要求也比较高。我建议年轻的家长们能够提前有所准备,但是对大多数独生子女家长来说,也只好"在游泳中学会游泳"了。希望这些在学校工作中积累的经验能够帮到更多家长。

鲁慧茹

　　上海市特级校长、特级教师。现任上海市第一师范学校附属小学校长。荣获全国先进工作者称号，获得全国五一劳动奖章，享受国务院特殊津贴获得者。从教30多年，继承并发展"愉快教育"，倡导"乐学好行"的校训，率先在校内开展"快乐345"的走班式校本课程，让学生实现"我想学　我能学"的愿望。践行"愉快教育"的"学习设计"实验，以学定教，为学而教，让学生由被动接受到主动学习，让"课堂"变"学堂"，成果获全国首届教改成果一等奖。著有《改变学习方式　促成自主学习》《让选择成就学生的愉快学习》等。

家长的言行是对孩子影响最大的课程

> **家庭教育关键点**
>
> **·如何培养孩子的行为习惯？**
>
> 营造良好的家庭氛围，做好孩子的言行表率，精心培育孩子的四种品行。
>
> **·如何培养孩子的规则意识？**
>
> 让孩子体会处世规则，夸奖之后要有新的要求，犯错可以原谅但有改正机制，共同制订适切可行规则。

先从一个真实的例子说起。

有位家长发现，孩子每天放学回到家，总爱对班里的老师、同学评头论足。家长对孩子说，不要在背后说别人的坏话。不料，孩子理直气壮地反问，你们不也在背后说同事的坏话吗？一句话把家长噎得哑口无言。

所以说，家长说的话、做的事，对孩子来说就是一门课程。这是一门很特殊的课程，它不像语文、数学这样分科，但涉及面广；它不在课表上排出特定时段，任何时间任何地点都可以是课堂，比如饭桌上、出游中，孩子每天都在上这门课。这门课程没有考试，无法重修，却一定会在某时某刻算总账。这门课程的重点是行为习惯和规则意识的培养。

如今，家长们越来越注重孩子的知识成绩。当中又分为两类家长：紧固型和放任型。

前者对于孩子的升学道路提出较高要求，相应地尤其注重他们的学业成绩；后者打算在高中或大学阶段把孩子送出国留学，认为在学业上的要求可以稍微放松，更注重多带他们参加各类活动开眼界。但这两类家长的共同特点在于,都不太注重孩子习惯、规矩的培养。一旦孩子在学校犯了错,这些家长又往往暴跳如雷,要么骂,要么罚。

家长需要认识到,孩子在学校种种表现的根源一定是在家庭。要培养孩子的行为习惯不是一朝一夕的事,需要长期无形的、潜移默化的影响。父母要培育孩子最基本的规则意识。

一、如何培养孩子的行为习惯

(一) 营造良好的家庭氛围

为孩子营造一个良好的学习氛围很重要。孩子不是一个容器,家长只要简单粗暴地往里面塞满东西就可以了。其实,家长起到的作用更应是引导、点拨、唤醒他的动力和潜能,让孩子自己渐渐学会主动充实自己。点拨、唤醒和引导的过程,离不开一个良好的家庭氛围。

如何营造良好的家庭学习氛围?我们就以最"简单"的陪孩子做作业为例。不少家长每天一边陪着孩子做作业,一边在一旁自顾自地玩手机;还有的家长生怕孩子作业不认真,睁大眼睛盯着孩子写每一个字。

对于小学生的父母而言,怎么陪孩子做作业,也是一门学问。家长们不妨借鉴新东方创始人俞敏洪的做法,女儿在做作业时,他就拿上一本书,静静地在旁边翻看,也不是一味地盯着孩子陪读。其实这在无形中营造一种氛围,给孩子一种无形的影响。告诉孩子,爸爸妈妈和你一样,都是学习者。

(二) 做好孩子的言行表率

身教重于言传,相信几乎没有家长不知道这句话。然而,很多时候,你不经意的一个表现或许就做出了一个坏榜样。

有一天,一个男孩在学校动手打架,在了解了事情的经过之后,我们请来了孩子的家长,想和他沟通一下。结果,这位父亲来到我的办公室,开口第一句话就问:"你们是不是搞错了?我孩子在家一直是个乖小孩,他绝不可能动手打架。"听了父亲的这句话,本来已经承认错误的孩子马上说:"是的,我没有打架,是其他同学在乱说。"

其实,学校不会因为孩子打一次架就为他贴上"坏孩子"的标签,但父亲的这一席话,却在无意中给了孩子一个信号:犯了错可以撒谎,因为父母会为我撑腰。你看,一句不经意的话就为孩子根植了一个错误的观念。

过了几天,我找这个孩子私下进行交流。他告诉我,那天撒谎是因为怕回家爸爸会惩

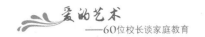

罚自己。我对他说,这件事我不会再找你家长,但如果你觉得做错了,就自己向家长承认错误。

很多大祸的酿成,正是从点滴中开始累积的。家长千万不要低估了自己一点一滴的言行对孩子成长的影响。

（三）精心培育孩子的四种品行

孩子将来进入中学、大学,走上社会,有几种品行很重要,第一位的是德行,第二位才是学问,第三位是礼仪,第四位是美学。在这些品行中,德行一定是排在第一位的,德行和礼仪是两种讲究,前者是做人的原则,后者是待人接物。

美学是一个评判标准、审美观,知道什么是真善美、假恶丑。如果没有自己的审美底线,将来孩子肯定是有问题的,而且这个品行要从小培养形成。

二、如何培养孩子的规则意识

（一）让孩子体会处世规则

不久前,我校要推荐区优秀学生的人选,我们决定通过公开竞选的方式选拔。在这个选拔过程中,有一个两分钟的演讲环节,还有即兴问答。孩子们根据抽签抽到的问题,简短准备之后就上台回答。这完全考验学生自己的能力和平时的积累。

我们准备的问题包括"你参加过哪些公益活动?""学校举行的哪些活动让你印象深刻?""你喜欢阅读吗?""此次全国'两会'你关注了哪些话题?"等。我发现,同样说到活动,有的学生只能报报流水账,有的却能说出在活动中担任什么角色,从中取得哪些收获;说到"两会"话题,有的孩子能就雾霾、房价、菜价等话题侃侃而谈,也有的孩子说不出太多内容。

在这个过程中,孩子们能够亲身体会到什么叫规则。而且这个规则鼓励孩子们通过自己不断地学习和积累,去争取自己想要的机会。

同样的,在家庭教育中家长也可以有意识地和孩子共同设立一些积极向上的规则。比如,一位朋友的女儿在小学时想买一个 iPad,虽然以他的经济实力完全没有问题,但他觉得,这要靠孩子自己去争取。于是,他就为女儿定了一个规则,以背出30 篇英文短文来换取 iPad。这个规则就是鼓励孩子通过自己的努力来取得自己想要的东西。

（二）夸奖之后要有新的要求

现在很多家长非常赞同"赏识教育",好孩子是夸出来的。这是有道理的,但是到底如何实施也需要家长们注意。如何夸奖让孩子既感受到家长的认可和鼓励,又不会因此沾沾自喜,是非常有讲究的。

我的建议是,家长在鼓励的同时要为孩子加上一些新的努力方向和目标,让他在受到鼓励的兴头上,加足马力前进。从教育理论的角度来看,高期待带来高成就,不断给孩子提出更高的要求,体现了家长的高期待,让孩子能够感觉到,自己还有更大的潜力可以挖掘,也就更愿意继续进步。

(三) 犯错可以原谅但有改正机制

孩子还小,我们要允许他们犯错,也原谅他们犯错,但随后要有一个改正机制。

我们学校现在是这样做的,让犯错的孩子去做一件事情,并让他坚持一段时间。比如说,每天让他为班级擦黑板,或者每天放学看一下班级内是否还有未处理的垃圾,让他用行动来表示已经改正了。这不是惩罚,而是一种磨炼。

在家里同样也是如此,哪怕让孩子坚持去擦一擦桌子或者做一点力所能及的事情,都是一种历练,一种改正的机制。

有个孩子特别喜欢吃冰激凌,家里规定他每天只能吃一个,但他一时贪嘴偷吃了几个。于是,家长和他约定,一种补偿方法是用后面几天的冰激凌额度抵扣,一种是做一件家务。并且家长要告诉孩子,你做错了,没有得到允许就吃了超额的数量,不是说你的胃会吃坏,而是你破坏了规则。

我认为这个改正机制除了培养孩子的规则意识之外,也给孩子的受挫感一个出口。做错了事情之后,孩子自己也会感到难过和内疚,通过这个改正机制,孩子感觉到犯了错可以改正,对孩子的心理成长也是有帮助的。

(四) 共同制订适切可行规则

我建议家长可以和孩子共同制订一些规则。制订规则时,家长不妨尝试和孩子签个“合同”,约法三章,和他们订一个协议。这是个很好的培养诚信意识的方式。

比如,有些孩子做作业成问题,一定要老师盯着才能完成,这就是没有建立起规则意识的后果。那么,家长就可以和孩子沟通,共同制订关于每天按时做作业的规则。我觉得,学习、作业等就是要成为一种规则性的任务。这也是守信的一种表现。

总之,如果一个孩子从小到大都无所畏惧,上学时无视校纪,在家时没有规矩,那么成人后就会对社会法制毫无约束,做人就会没有底线。一个“天不怕,地不怕”的人,你还能指望他成为遵纪守法、品德高尚的有用之才吗?

我们要做的就是培养孩子有努力付出的品质,帮助他们树立长远的目标,为目标而努力,这是家长和老师们共同的一种责任,也是孩子通过学习要培养的一种能力。

爱的艺术

卢 雨

中学高级教师。毕业于上海师范大学。现任上海市黄浦区曹光彪小学校长。荣获"上海市园丁奖"、第三届"长三角教育科研先进个人"等荣誉。2007年至今先后主持三项市级课题研究，其中市级课题"现代城区小学'人文传统教育'的实践研究"，成果《成长的阳光》获上海市教育科学研究院第五届学校教育科研成果二等奖。

练就一双"慧眼",找到孩子的天赋

家庭教育关键点

· **顺应天赋,水到渠成:**

发现孩子潜能,帮助孩子击破弱点,鼓励孩子坚持兴趣。

· **寻找教育契机:**

引导孩子喜好迁移,培养兴趣少些功利心,兴趣养成中关注习惯培养。

有人曾问漫画家蔡志忠,成功的秘诀是什么? 蔡志忠说:"我只是把自己最擅长的事做到最极致,成功,只是随之而来的附属品。"他认为,每个人都可以用一把刷子混饭吃,关键是要尽早找到这把"刷子"。

的确,每个孩子都有自己的长处,我们称为天赋。找到属于自己的天赋后,顺应才能的趋势去努力,更容易取得辉煌的成就。一些看似"无用"的特长在发挥到极致后,往往会带来意想不到的收获。

一、顺应天赋,水到渠成

小学阶段是发现孩子优势潜能并进行开发的关键阶段。家长不妨从孩子的种种日常行为、生活细节入手,细致观察,练就一双"慧眼",发掘出孩子的与众不同之处,并且带领孩子多尝试不同的可能性。

也许这个发掘潜能的经历,会成为孩子最宝贵的财富。我的儿子的成长经历便是如此。

很小的时候,我就发现我儿子的乐感不错,跟着音乐哼出的音调很准。在他二年级的时候,我鼓励他报考了春天合唱团,他也成功被录取。

后来,我们慢慢发现,合唱带给他各方面的变化都非常大。很多事,对于小孩来说一板一眼地讲大道理并不管用,顺应了他天赋、兴趣之后自然水到渠成。

(一) 瞄准弱点击破

我儿子从小胆子比较小,但合唱恰好能训练他站上舞台的自信台风,合唱团的交流演出机会也锻炼了他的胆子。所以,对于家长来说,发展孩子特长其实是一个很好的契机,更容易让孩子克服一些弱点。

现在,已经进入初中的他虽然不是一个"学霸",但依然非常自信阳光,他的自信正来源于把自己特有的优势不断做强。

有一天,他兴奋地告诉我,自己在学校里表演独唱,操场上很多同学停止打篮球,纷纷围拢到他身边为他鼓掌喝彩。一曲唱罢,校长也从队伍中走出来,拍了拍他的肩:"小伙子唱得真不错!"他告诉我,那一刻感觉自己就像一个英雄。

2016年寒假,我为他布置了一份特殊的假期作业:录一张自己的专辑。他对这份"作业"的兴致很高,自己精挑细选了6首歌曲,在家反复练习。所有的策划、准备工作都由他自己完成。我们找了一个录音棚,完成了他个人专辑的录制。他把专辑带到了学校的义卖活动上,专辑一下子成了抢手货,第二天还有学生"粉丝"专程找他来要签名。

从着手准备到成果被周围人肯定,在这个过程中,他从自己的兴趣中找到了很高的成就感。

前段时间,有老师建议他在学校里开一场小型个人演唱会。对此,我一开始有些犹豫,他能独自撑住这个场面吗? 我劝他,要不就算了吧。不料,他下定了决心:一定要开这场演唱会! 这两天,他正在为下周即将举行的个人演唱会紧锣密鼓地进行准备。

他能跨出这一步,着实有些出乎我的意料。看着他认真投入地准备,我发现通过这些年的兴趣特长培养,他已经不再是当年那个羞怯的男孩了。而且,他从合唱中获得的自信也慢慢迁移到他的学习、生活中,改变着他整个人的精神面貌。

(二) 激发内生动力

合唱训练是一个相当艰苦的过程,每个星期六,他都要雷打不动地进行3个小时的高强度训练。有一段时间,他觉得实在有点累,一度想放弃训练。在我的鼓励下,几个月后,儿子又回归合唱团。

很多家长可能都会有这样的经历,尽管孩子做的是自己感兴趣的事,但在这个过程中,他也会遇到瓶颈,容易气馁,而且在不同的阶段,或许会遇到不同的瓶颈。这时,就需要家长帮着推一把,帮助他突破瓶颈。

有的时候,孩子的坚持就是家长的坚持。走过了这一段坎坷,孩子体会到成功带来的喜悦,也就会产生坚持的内生动力。

二、这些事都能成为教育契机

孩子的兴趣特长就是他的多元智能闪光点,有些兴趣看似"无用",但其实恰恰是他的潜能爆发点。潜能释放后,是可以迁移到很多方面的。

因此,家长要给孩子健康的兴趣以自由生长的空间,放大他的兴趣特长。在兴趣发展的过程中,很多随机事件都能成为教育的良好契机,带来意想不到的收获。

（一）从追歌到爱上学英语

我校有个男孩,如果纯粹以学业标准衡量并不能算是个"好"学生,但爱玩车模的他在车模比赛中屡屡获奖,他从这里找到了属于他的自信。老师也渐渐把这份自信引导到他的学业上去。

这两年,我儿子开始追格莱美新歌,他的英语老师就敏锐地抓住了这个爱好,让他担任班级英语领读。儿子很看重这个任务,每次领读前都会认认真真地把课文温习上好几遍。现在他对于英语歌曲的喜爱开始迁移到对于英语学科的喜爱,学科成绩也有了很大进步。

（二）一次比赛中的小分歧

儿子因为唱歌渐渐成了他们学校的"小明星",学校有什么唱歌比赛,他是当仁不让的主力队员。

有一次比赛,需要一组男女合唱,他不再是单打独斗了。但是,在选歌上他和搭档产生了分歧。他觉得搭档选的歌自己不擅长,会影响在台上的发挥。

抓住这次机会,我就和他分析,你们是一对组合,代表班级参赛,不是突出任何一个人的水平,而是要考虑整体效果。你能唱的歌比你的搭档多,是不是应该首先让她选择?

第二天他告诉我,他们选歌已经商量好了,开始进入排练阶段了。而且,他们还特意商量统一了演出服装风格,最终取得了不错的演出效果。

家庭教育小贴士

1. 培养兴趣时少一些功利心

对于孩子兴趣特长的培养要少一些功利心。不少家长希望孩子所学的特长能达到一定的水准，能为升学加分，或者成为自己炫耀的资本……这些想法无形中会给孩子带来心理压力，甚至让他们对自己的天赋产生厌倦。

家长不妨让孩子根据兴趣来自由选择和发展，不给他们过多的压力，或许他们就能更好地发挥自己的天赋，做真正适合的事情。

我的孩子进入预备班变声后，就退出了合唱团。现在，他又开始喜欢上了素描。如果从功利角度来看，这些兴趣并没有给他的学业成绩、升学带来直接的好处，但每一项兴趣发展都会丰富孩子的阅历，潜移默化地滋养孩子的灵魂和气质。

2. 兴趣养成过程中需关注这些习惯的培养

更进一步引申，无论是兴趣养成，还是日常学习，其实都可以成为教育的契机。在小学的不同学段，家长对于孩子行为习惯的关注也有不同的侧重。

在小学一二年级，家长需重视孩子的情绪管理能力。在各项学习中，孩子是否能较好地进行情绪调适和自我调适，是进行可持续学习的基础。这一能力需要及早培养，家长不妨利用这一阶段的各项学习体验为契机，引导其积极正向的情绪，疏导负面情绪。

三年级是一个关键阶段，从小学"零起点"教学要求来看，三年级正是从口头作业过渡到书面作业的阶段，如何让孩子较快地适应转变，是不少家长十分关注的。从学校对于首批全面推行"零起点"教学模式下的学生来看，家长越重视一二年级的口头作业，学生进入三年级后，对于书面作业的适应能力越强。

由此，在各项学习中，家长要学会"由扶到放"，在孩子进入学习初期，家长不妨帮着"推一把"，当孩子逐渐形成良好的习惯后再慢慢放手。当然，"扶"的过程并不意味着家长一味盯着孩子做作业、练钢琴等，而是和他约定一个规则，在规定时间内完成规定的事。

在四五年级，家长需关注孩子的自我管理和独立学习能力。或许有家长觉得这块能力在小学培养尚早，其实不然，这是为小初衔接打下基础。家长不妨让孩子在各项学习中，试着自己分析自己的长项和薄弱环节，逐渐培养其自主学习意识。

爱的艺术

季洪旭

　　上海市特级校长。毕业于扬州师范学院，获新加坡南洋理工大学教育硕士学位，华东师范大学教育经济与管理博士在读。现任上海市晋元高级中学校长。获得全国先进教育工作者、全国特色教育杰出校长、上海市劳动模范、上海市"五一劳动奖章""上海市园丁奖"等荣誉称号。教育部中学校长培训中心曾举办过季洪旭教育思想研讨会。发表多篇论文并获市、区级教育成果奖。

00后的家长该怎么当

> **家庭教育关键点**
>
> ·倾听是亲子沟通的关键：
>
> 无条件倾听，以理解的态度，和孩子一起商量。
>
> ·帮助孩子寻找未来发展的方向：
>
> 引导孩子自我诊断，带领孩子职业体验，读相关行业名人传记，带孩子到高校实地访问。
>
> ·培养孩子自主学习的意识：
>
> 教孩子掌握学习规律，督促孩子养成自主学习习惯，培养孩子时间管理能力。

00后的一代学生普遍呈现出三大特点，家长应该针对这些特点使力，对孩子进行教育和引导。

一、对多元文化具有包容性，但甄别力不足

·家长对策：倾听是亲子沟通的关键

在全球化和信息化的背景下，00后一代的见闻和视野远远超越了他们的前辈。他们受传统价值观的约束小，乐于接受新鲜事物，对多元文化往往采取理解和接纳的态度。不过，"这枚硬币"的另外一面是：面对纷至沓来的信息，他们的社会阅历还

浅,心智尚不成熟,还不足以明辨是非,抵御诱惑。

上网成瘾和信息技能薄弱之间的悖论就是一大例证,也是时下不少家庭遭遇的难题。

如何引导孩子利用网络资源?如何教会他们过滤纷繁的信息?如何帮助他们树立正确的价值观?解决的关键在于亲子沟通。

家长和孩子的沟通是否顺畅,是高中阶段家庭教育成功与否的判断标准。沟通不顺畅,遑论家庭教育!在教育实践中,我发现,高中时期的孩子与家长沟通顺畅的大约只有 1/2。

有人说,男孩子进入青春期,就不愿意和家长交流了,其实这些都是家长自己造成的。沟通的前提是倾听。"倾听"两字,就是家长和高中孩子相处的秘诀。

高中生有一种强烈的自我成人感,如果在他们还没把话说完的时候,就被家长贸然地打断,或者家长把自己的意见强加给孩子,都会引起他们的反感。无条件地倾听,不要急于开口,等孩子说完后,站在第三方的角度,以建议的口吻启发他们该如何做,这样的效果会更好。

倾听是最有效的心理疏导。在倾听之后,家长甚至可以缄口不语,孩子内心的矛盾同样会得到缓解,因为倾诉的过程本身就在帮助他们梳理思路和自我思考。

以孩子打游戏为例,指出家长不能一言以蔽之地盲目否定,因为身处信息社会,绝对禁止孩子接触网络资源的做法是不可取的。

在某种意义上,游戏是培养学生思维的重要载体,游戏有攻略、有方案,不仅凭运气,还要靠技术,很多家长自己就是游戏发烧友。家长应该抱着理解的态度,倾听孩子的见解,和孩子一起商量并制订上网计划。比如上网可以,但是什么内容,多长时间,是否有益,都需要事先沟通约定。

二、有自我意识和发展自我的愿望,应付挑战的能力不足

·家长对策:帮助孩子寻找未来发展的方向

每年高考填报志愿的时候,很多学生都处于一种尴尬的状态:他们不会主动做选择,而是被分数选择,这样的结果往往是可怕的。将来从事什么职业,未来成为什么样的人,是高中阶段学生无可回避而需要思考的问题,关乎他们以后的职业幸福。

帮助孩子正确地规划自我、诊断自我、发展自我,对高中生家长来说责无旁贷。

1. 自我诊断

家长要引导孩子进行自我诊断,让他们对自己的优势、劣势和兴趣做一个客观的评估。近年来,不少高中陆续开出学生成长规划的课程,比如奉贤中学就有一门关于人生规划的体验课程;学校没有条件的话,家长也可以带孩子到正规的社会机构做诊断和分析。

2. 职业体验

分析结果出炉,这只是孩子了解自己的第一步。接下去,家长要为孩子提供亲身体验的机会,比如,利用寒暑假的时间,通过亲戚或朋友的推荐,带孩子参观职业场所,让他们对实际的工作状态产生直观的认识。

3. 读名人传记

家长还可以引导孩子读一读相关行业的名人传记,通过思考和体会前辈的成长轨迹,了解成长过程中可能遭遇的困难和矛盾,从而对自己的未来形成切实的规划。

4. 实地探校

家长还应该带孩子到高校进行实地访问,有条件的话,最好带孩子见一见相关领域的教授,让他们提前了解可能进入的高校、心仪专业的发展方向、要学习的课程、实验室和资料室设备等情况。

新高考对科目6选3的规定,要求学生在高中早期就确定哪些学科为主攻方向。怎么选?还用老办法——按分数高低来决定吗?这么做可能后患无穷。

我觉得学生应把目光放长远,结合自己的兴趣进行选择。高中生兴趣广泛而不稳定,因此家长要尽可能地创造条件,引导孩子在理性分析的基础上做出最合适的选择。

随着高考新政的推进,无论是6选3,还是由此带来的"走班制",其实都把更多的选择权交到了学生手里,而家长在积极参与的同时,还要理解孩子的选择,帮助他们发现自我,找到自己的位置,真正发挥出自己的长处。

三、基础知识和技能扎实,学习习惯、思维方式、身体素质不足

· 家长对策:培养孩子自主学习的意识

我们经常看到,不少初中成绩优秀的孩子,到了高中成绩却掉下来了,原因就在于高中学习的思维方式发生了很大的转变。和初中相比,高中的学业对抽象思维和逻辑思维等能力提出了更高的要求。

因此,家长这时要做的不再是手把手地辅导孩子学习——事实上,随着学习内容的加深,许多家长也已经心有余而力不足了。这时,家长该做的,是教孩子掌握高中三年的基本学习规律,培养他们自主学习的意识。

高一是最容易拉开差距的时候,学生要从被动地接受转为有意识地建构,从机械地学习转为主动地探究。因此,家长首先要督促孩子养成课前预习和课后归纳的习惯。

高中老师没有时间像初中老师那样,通过反复操练,把知识"喂"给学生,这就要求学生在课前预习的时候,自主构建基本概念;同时,学生在课后也不能像初中那样,完成作业就万事大吉,而是要对学习的内容进行归纳,系统性地搭建起知识的架构。

造成高中学习差距的原因,常常不在于对单个知识点的掌握,而是基于整体知识的架构,对知识点进行迁移和运用的能力。

其次,家长要引导孩子学会自我分析。

为每一次测验做一份"化验报告单",这个活只能由学生自己完成。做题固然重要,分析错题更加重要。

常见的错误分为两种类型:一类是知识型错误,即对知识点的原理没有搞懂,或者虽然理解但是不能迁移和运用;还有一类是非知识型错误,比如审题不清、计算有误、解题不规范等,这些不能用粗心的理由一言以蔽之,而是要让孩子诊断出思维上的漏洞,以免下次再犯。

坚持对每次考试做分析的学生会发现,如果能够克服非知识型的错误,那么一个学科提高十分八分是完全可能做到的。

顺利地度过高一,养成自主学习的习惯,到了高二的时候,家长要培养孩子的时间管理能力。高二学生还不能体会到高三的紧迫感,同时又失去了高一的新鲜感,经过一年的学习,往往已经产生了疲劳。

学会时间管理的孩子,学习起来既轻松,又高效,未来一定会成为很优秀的人。我建议,家长可以和孩子一起制订计划,讨论放学回家后的几个小时该怎么用。比如:看新闻多少时间,做作业多少时间,自主建构知识多少时间,看课外书又是多少时间;先做什么,再做什么等。

高一和高二打好基础,高三拼的主要就是心态了。正如之前提到的,家长要注意倾听孩子的任何想法,及时疏导他们的情绪,和孩子肩并肩,共同迈过高考这一关。

爱

的

艺

术

姜晓勇

　　在校长的岗位上工作了30多年。1994年、1999年先后
创办上海建平西校和上海建平实验学校，被浦东新区人
民政府记两次大功。2002年创办上海民办尚德实验学校，
担任上海尚德教育投资发展有限公司董事长兼任尚德实
验学校校长，同年被推选为上海市工商联民办教育协会
副会长。

常规管理就是教育的法宝

> **家庭教育关键点**
>
> ·遵循教育基本形态：
>
> 熏陶,主题学习,训练,自由探索,评价。
>
> ·不同年龄阶段培养侧重点不同：
>
> 幼儿重玩,小学重乐,初中重礼,高中重德。

通过尚德十多年的办学经历来看,现在的家长在教育方面越来越趋于理性,对教育的内涵要求越来越高,急功近利的趋势在逐渐减弱。但很多学校长期以来为了迎合功利主义的需求,在内涵发展、引导孩子成长等方面做得还不够好。

在基础教育阶段,我们需要更多地关注孩子的成长过程,为构建孩子的核心价值观和优秀品质打好基础。只有成人,才能成才,最终才能成功。

学习成绩不是一个孩子的全部。当一个孩子以学习为中心的时候,当一个家庭把孩子的学习看得大于一切的时候,这个孩子就完了,以后会产生许多意想不到的问题,比如以自我为中心、不懂得感恩等。今天的教育如果不去思考孩子的成长比成功更重要,我们的民族是没有希望的,我们的教育是没有希望的。

尚德特别注重对于孩子品德的培养。在尚德,一个孩子可以成绩不好,但是不能没有孝心。在我看来,一个孩子的家教才是真正取之不尽、用之不竭的财产。因此,我们在孩子的价值引领、自主精神培育等方面做得比较好,孩子们在忠诚、坚韧、刻苦等意志品质上的表现比较好。

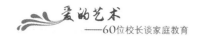

一、教育的五种基本形态

尚德从来不会急功近利。我认为,教育的常规管理就是教育的法宝。该训练的时候就训练,该考试的时候就考试。世界上的教育,不管叫什么名字,都包括在以下五种形态中。

(一)熏陶

所谓熏陶,就是家庭、社会、学校给学生带来的氛围。我们常常说一个人有没有文化,其实,文化就是常识。一个人常识多、习惯好就是"有文化",除此之外,没有更多奥秘。在熏陶过程中,最重要的环节就是教师的语言。教师的语言富有哲理,富有权威性是至关重要的。教师的语言功能对孩子的熏陶是第一要素,学校在这方面负有不可推卸的责任。

(二)主题学习

所谓主题学习,就是有明确规划的学习领域和学习主题,并以这些学习主题为抓手,系统地了解、理解、熟识和掌握人类文明在这些主题上以后的认识成果。我们平时说的数学、历史、地理、化学、物理等学科的学习,都是主题学习。主题学习的内涵、思想对孩子非常重要,特别是其中人文、哲学方面的内容,能够影响人的价值观。我们在教材内容的选择上有些做法需要反思。

(三)训练

训练是心智技能形成和熟练所必需的。不存在没有训练的教育,只不过是训练的量、度、形式需要考虑。

学习总是由浅入深,由不系统、不全面到系统全面;训练总是由少到多、由易到难、由简单到复杂,由模仿到创造、由粗疏到工巧等,都是沿着由低到高、由生到熟、由粗到精的序列前进的。我们的教育中有意义的、有价值的训练其实不是太多,而是太少。

(四)自由探索

发展学生自由探索的内在需要,是教育的重要目标,让学生有自由探索的时间、空间、素材和心境,自由探索才有可能。当学生有探索的需要时,学习会变得更为自觉和更为高效。学习教育中孩子没有自由探索,没有创新、主动、废寝忘食,怎么能行呢?

(五)评价

在评价过程中,我们太缺少激励性的评价和自我评价。曾子说,吾日三省吾身。

第一反省为人是否忠诚,第二反省交友是否诚信,第三反省是传不习乎,是否传习。现在的教育中缺少引导孩子进行自我评价,也缺少激励性评价。

比如一个孩子考试考了72分,很多家长会责怪孩子考得太差。这时孩子马上就会启动"防御机制"了:我后面还有30多个同学呢!如果家长看到孩子的成绩说:"我们一起来看看这些题目是怎么错的。哦,这个题目挺难的,我也不会。"这时孩子可能就来了动力了。我们现在缺少这样的激励性的评价,无论是教师还是家长往往吝惜激励性的语言。

二、不同年龄阶段孩子的培养侧重点

尚德双语是一所寄宿制学校,伴随着孩子十几年的成长。寄宿制学校的校长工作就是几个字:吃、住、学、玩、安。

吃,是指孩子的营养;住,要让孩子在学校有家的感觉;学,要让孩子学好文化,学好做人;玩,是广义上的玩,包括艺术体育、特色内涵、交友沟通等;安,是大安全,包括人身安全、心理健康等。

在孩子成长的不同阶段,教育的侧重点也有所不同。

(一)幼儿重玩

我个人认为,能否培养孩子的情感表达能力、艺术和体育能力是衡量一个幼儿园好不好的重要指标。全世界的幼儿园都是如此。值得注意的是,孩子的情感表达能力中最重要的是负面情感的表达,也就是孩子哭和闹。

我们有时会有这样的体会,平时孩子好好的,但是越到亲朋聚会、你希望孩子好好表现的时候,他就越容易闹。这时我们往往会努力制止孩子的哭闹,但实际上孩子内心一定有什么情绪要表达,如果长时间不给孩子表达负面情绪的机会,孩子的情绪表达需求就被压抑了。

如果把情感表达、艺术体育能力这两块做好,那么这个幼儿园就已经很到位了。

幼儿园,孩子学习多少知识并不重要。事实上,我们成年人还会记得多少幼儿园学到的东西?能够记得的都是一些常识性的东西,比如要排队,见人要问好,别人帮忙要道谢等。幼儿园学到的这些习惯和常识,一个人如果能够保持一生的话,已经非常不容易了。

(二)小学重乐

今天的基础教育由于过度竞争,造成了幼儿园小学化、小学初中化、初中高中化的现象。在这个过程中,很多孩子受到挫折,产生了厌学情绪。

当然,学习都是艰苦的,但是小学阶段的最大任务是要保持孩子天生的好奇心和好胜心。教师和家长应该像爱护自己的眼睛一样,尽全力爱护孩子的好奇心和好胜心。

好奇心比较容易理解,适度的好胜心在某种程度上和适度的焦虑一样,是学习的动力。学习不可能一点都不焦虑,也不可能完全没有要求。

在小学阶段学习习惯的培养也是非常重要的,其中一个最重要的习惯是日清日毕,也就是"今日事,今日毕"。这个习惯会使孩子受益终生。如果仔细观察就会发现,很多成年人之所以工作效率高,就是因为从不找借口,坚持日清日毕。

（三）初中重礼

这里的"礼"是指礼节、习惯,是道德雏型的教育。说到这里,我想谈一下对"仪式感"的看法。随着现代生活节奏越来越快,很多传统仪式逐渐被人们所看淡。但我一直认为,仪式感是孩子进入某种社会角色的必要因素。

春秋战国时期的诸子百家,是中国文化鼎盛的黄金时代。诸子百家中,儒家的孔子一再强调"周礼"。何为"周礼"？"礼",就是仪式。孔子认为,社会混乱的局面是由于"礼崩乐坏"造成的。所以,仪式代表了秩序和礼节。

西方的一些传统仪式保留至今,比如,婚礼仪式、唱诗仪式,这很耐人寻味。再比如"5·12"汶川地震中,国人举办的哀悼仪式和表现出的礼节到今天依然震撼人心。孩子在一生的成长教育中,他必须经过这种仪式的熏陶,才能达到精神上的升华。

从某种角度来看,排演课本剧和仪式的效果有些相似。课本剧帮助孩子体会和揣摩课本中人物的情感和心态;而仪式能够加深孩子对仪式所代表的精神的领悟,使孩子快速进入社会角色,从而付诸实践。

初中阶段还应该适当渗透人生目标和人生规划方面的教育。在我国,中考是个分水岭,是否考上高中决定了一个人接下来是走向高等教育还是走向职业生涯。所以,这个阶段必须进行一些人生规划。我们国家目前在这方面的教育仍旧很缺乏,需要加强。

进入中学之后,要直面中考、高考等重大考试。我们要积极面对考试,同时要充分认识和发掘这些考试在培养孩子优秀品质方面的作用,培养孩子坚韧、毅力、持之以恒、吃苦耐劳等优秀品质。如果只是单纯应付考试,将是教育最大的悲哀。

（四）高中重德

这里的"德"指的是人生观、价值观体系的建立。要坚持人文精神，重视引导孩子的价值体系，特别是历史、地理、哲学、艺术等方面的教育。对于如今的高考制度改革，有些人觉得会加重孩子的学业负担，但我认为这对于孩子的人格养成、价值体系形成是有好处的。

最后，我觉得一个孩子要培养得"像模像样"。对于培养目标，我觉得不需要用什么高深的语言来进行粉饰，一个人能做到"像模像样"就不错了。尚德的孩子都能像模像样的，比如，出国的孩子都能像模像样地出去，像模像样地回来，我觉得就对得起我们的民族和每个孩子的家庭。

我做校长从来不谈升学率，从来不跟教师要求成绩，我只要求教师教育过程走得扎实。我认为教育过程走得扎实一定会好的。

爱的艺术

万 玮

　　毕业于复旦大学数学系。现任上海市平和双语学校校长。教育部"国培"计划首批专家库成员。2006年上海教育年度人物。出版有《班主任兵法》系列三本，畅销超过50万册，另有《教师专业成长的路径》《遭遇问题学生》《用服务的态度做教师》《向美国学教育》《教师的五重境界》等多本专著出版。

什么是最好的教育和最坏的教育

> **家庭教育关键点**
>
> ·**最好的教育的几种观点：**
>
> 无所作为的教育，不教育，执着地栽培自己，经常和孩子一起吃晚饭，把孩子放到生活中，适合的教育，玩。
>
> ·**教育的上、中、下三策：**
>
> 控制是下策，激励是中策，信任是上策。

谈到教育，很多时候我们都在谈学校教育，其实家庭教育才是根源。所以，我也很愿意和家长们一起谈谈教育。

"最好的教育"和"最坏的教育"

当然，世界上可能并没有"最"好的或者"最"坏的教育，但是，从对教育的理解层次来看，不同的教育理念还是有高下之分的。对于什么是最好的教育，很多人的观点各不相同。

·**观点一：最好的教育就是无所作为的教育**

卢梭在《爱弥儿》里写道："最好的教育就是无所作为的教育：学生看不到教育的发生，却实实在在地影响着他们的心灵，帮助他们发挥了潜能，这才是天底下最好的教育。"

·**观点二：最好的教育就是不教育**

心理学家李雪的观点则是："对孩子最好的教育，就是不教育。如果你把自己所有的认识教给孩子，孩子成长得再好也不会超过你；如果你谦卑地不教育，孩子可以

发展出远超于想象的可能性,培养天才就是这么简单。"

·观点三:最好的教育就是执着地栽培自己

我看过一本书叫《孩子的教育,拼的是父母的人生功底》,其中说:"30 岁至 40 岁的妈妈最焦虑。这个年龄的人,特别容易往两个方向走,要么越来越丰富,越来越有魅力;要么视野越来越窄,与外在世界非常疏离。一位犀利的女作家甚至用'40 岁死,80 岁埋'来描述这种状态,读来让人倍感凄凉……所以,对孩子最好的教育,是执着地栽培自己。"

·观点四:最好的教育就是经常和孩子一起吃晚饭

美国作者莎莉·路易斯在《唤醒孩子的才华》中说,有人研究哪些因素促使孩子在学习能力倾向测试上得高分,结果发现,智商、社会条件、经济地位等因素都不及一个更微妙的因素重要,那就是,得高分的所有孩子都经常与父母一起吃晚饭。

一起吃晚饭时,父母可以问孩子 4 个问题:(1) 学校有什么好事发生? 这个问题可以帮助你了解孩子的价值观。(2) 今天你有什么好的表现? 这个问题可以帮助孩子培养自信心。(3) 今天你有什么收获? 这个问题可以帮助孩子进行点滴的积累。(4) 有什么需要父母帮助的? 这个问题可以帮助孩子培养归属感、学会求助,学会整合各种资源,而非单打独斗。

·观点五:最好的教育就是把孩子放到生活里去

还有一个观点是:生活是最好的大学,最好的教育是把孩子放到生活里去。

我们现在的教育有一个很大的问题,就是把学校和社会、教育和生活分割开来。之前网上曾经有一篇文章流传很广,主要意思是分析"为什么差生能做老板",结论是差生在读书期间培养了几个品质:抗挫能力强,能吃苦,讲义气,脸皮厚。其实这几样品质都是真实的生活所需要的。而那些优秀的学生因为成绩好"一俊遮百丑",脱离了真实的生活。

好在现在已经有教育界的有识之士认识到这个问题并着力改变。比如密涅瓦大学,就是一所没有围墙的学校,让学生们直接进入社区、进入生活的场景中学习。我相信,未来好的学校一定是和社区、生活融为一体的。

·观点六:适合的教育才是最好的教育

也有一种说法认为,没有最好的教育,适合的教育才是最好的教育。这其实和孔子 2000 多年前讲的"因材施教"是一致的。

·观点七:玩是最好的教育

著名作家龙应台在《亲爱的安德烈》里写道:"我有一个非常欣赏的作者,叫沈从文,我觉得他的文学魅力来自他小时的逃学经历——到街上看杀猪屠狗、打铁磨刀的小贩,看革命军杀人、农民头颅滚地……这给他呈现的是人生百态。在街上撒野给予他的成熟和智慧可能远超过课堂里的背诵。儿子小的时候,我常带他去剧场看戏,去公园里喂鸭子,在厨房里揉面团,到野地里玩泥巴、采野花、抓蚱蜢、放风筝,在花园里养薄荷、种黄瓜,去莱茵河骑单车远行…… 现在,他大了。自己去巴塞罗那,去看建筑,看雕塑。我和席慕蓉的看法是一致的:上一百堂美学的课,不如让孩子自己在大自然里行走一天;教一百个钟点的建筑设计,不如让学生去触摸几个古老的城市;讲一百次文学写作的技巧,不如让写作者在市场里头弄脏自己的裤脚。"

所以,她得出的结论是"玩是最好的教育"。

- **·观点八:爱是最好的教育**

当然,还有我们教育界非常主流的观点:爱是最好的教育。

在我看来,这些观点各有其道理。那么什么是最坏的教育呢?

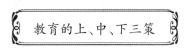

教育的上、中、下三策

有一天,我和两个朋友聊天,谈到了家庭教育。

1. 教育的下策

一个朋友的女儿要小升初了。他发现,女儿虽然很聪明,但是有一个不好的习惯:做作业很拖拉,总是拖到睡觉前才勉强做完。他刚开始搞不懂为什么会做这么久,后来有一天女儿不小心把真相说出来了:"如果我先做完了,妈妈肯定会给我再布置其他作业。"

我说,你太太这个家庭教育方式是教育的下策,也就是控制。

2. 教育的中策

另外一个朋友说:那看看我这个教育方式如何。

这个朋友的儿子在上幼儿园。他做了个日历表,每天根据孩子的表现在日历上画星星。孩子表现好就可以得到星星,表现不好要扣掉星星,攒够一定数量的星星之后就可以得到奖励——一定数量的钱。实行下来孩子的表现确实变好了很多。

我开玩笑地说,你可能把自己在单位的绩效考核方法带回家了。这个方法比刚才的那个方法好一点,属于中策,也就是激励。

为什么是中策呢？因为这个方法肯定有效果，但是也会有副作用。所谓副作用主要有两个问题：第一个问题是这种训练都是浅表的，并没有内化为孩子的动力和习惯，一旦外部动力（也就是你奖励的星星、钱）没有了，孩子表现好的动力就不再了。

第二个问题我还没说，那位朋友自己就说了：我这个孩子是个"小财迷"。这种做法如果对孩子有效，就说明孩子对钱很重视；如果孩子对钱不重视，这个方法就没有效果了。

这种外在的激励方式和企业管理中的绩效管理本质上是相同的，都是属于"法家思维"，特点是四个字："利尽则散"。

3. 教育的上策

两个朋友都问我：你说我们用的是下策和中策，那么教育的上策是什么呢？我给他们讲了一个故事。

曾经有个孩子来报考平和双语学校的高中部，但是没有被录取。这个女生就给我写了一封信，表达自己对平和双语的了解和热爱。她说父母已经给自己安排了别的学校，但她考虑下来觉得平和更适合自己。我从她的信中看出，这是一个非常独立的孩子，有自己的目标，也很有勇气。后来我们又给了她一次机会，并录取了她。

孩子进校之后，我发现，这个孩子虽然不是"学霸"，但是个很独立、有见解的孩子，很符合我们平和的气质。我后来和这个孩子的家长聊，了解他们是如何培养孩子的。

孩子的父亲说，我们只是给孩子设定了几个底线，其他方面都给她自由。这几个底线是：第一，对老人要无条件尊重。第二，每个月给一定额度的零花钱，孩子可以自由支配，家长不会过问。如果超支了，除非特殊情况向家长说明，否则要自己想办法解决。第三，家长不限制孩子的社交，但每天晚上10点之前必须回家。

可见，这个家庭清楚地设定了基本规则，在规则界限之内给孩子充分的信任和自由。

信任，就是教育的上策。

这种信任是不带功利性的，是无条件的信任，需要家长有充分的耐心。我信任你，不是因为我相信你将来会出人头地，而是因为你是我的孩子。

其实，信任对孩子也是一个很大的约束。一般人都会有这种感觉，如果对方给了我很大的信任，我会不愿意辜负对方的信任，从而自己约束自己。自己约束自己，比任何来自外界的约束都更有力。

所以,回到我们之前所说的"最坏的教育"。在我看来,最坏的教育就是控制。控制往往是从一点点开始,不断加码,到最后就是无所不用其极,比如在孩子房间里装摄像头等极端的做法。

但所谓的"上、中、下三策"其实不仅仅是一个策略选择的问题,很多家长不是不知道"控制"不好,而是没有能力给予孩子信任。

我最近从心理学的角度考虑教育,有了一些新的感悟。可能并不全面,但是也愿意说出来和大家分享一下。

心理学对教育影响较大的三大流派

心理学对教育影响比较大的有三大流派,分别是行为主义心理学、人本主义心理学和精神分析。当然,还有一些其他的心理学流派对教育也有影响,这里不再展开。

第一个是行为主义。行为主义心理学的代表人物是华生和斯金纳,这个学派把人的心智看作一个"黑匣子",只关注输入和输出之间的关系,不关注内部心理活动。比较典型的行为主义的应用就是"胡萝卜加大棒"。比如说,很多学校采取的量化评比、表现好的孩子奖励小红花、反复刷题的应试训练等都是行为主义理论的应用。可以说,行为主义充斥在我们教育的各个角落,我们的教育基本上是被行为主义理论所控制的。

第二个是人本主义。人本主义是马斯洛提出来的,我们所说的"儿童中心""以学生为本"等都是人本主义理论的反映。人本主义相信人性本善,强调人的尊严、价值、创造力和自我实现,认为每个人内心深处都有自我成长和自我实现的需要。人本主义理论在教育上的体现就是努力激发孩子内在的动力,培养孩子的自信心,让孩子有成功体验等,总之,就是希望"小火车自己开起来",是依靠内部驱动,而非外力驱动。

第三个是精神分析。这个理论是弗洛伊德提出来的,理论体系非常复杂。在我看来,精神分析和人本主义不同,是倾向于相信人性本恶的。这个理论认为,我们每个人都存在被压抑住的潜意识,我们意识不到,但这些潜意识会影响到我们的意识和行为。精神分析理论认为,我们要正视和接纳被压抑的潜意识。

这对我们教育有什么启示?我之前曾经看到一篇文章说,实际上我们想要内化

进孩子心灵深处的那些习惯,都是徒劳,最终都会被孩子原封不动地吐出来。但在这个过程中,我们自己的人格,自己的成长,我们和孩子之间的情感连接,才会真的内化进孩子的成长过程中。

所以,教育的"上、中、下三策"还只是停留在对策阶段,家庭教育其实最根本的是家长自己。

回过去讲讲前面所说的"爱的教育"。如果一个家长从小成长的环境缺乏安全感,他(她)自己就可能缺乏爱的能力,哪怕他(她)爱着自己的孩子,也无法进行爱的教育。这种情况家长往往自己都意识不到,更遑论改变。这时,家长必须要对自己进行深刻剖析,成长为更好的自己。

所以,教育本质上是一场自我修行。

爱的艺术

吴坚

中学高级教师。毕业于华东师范大学中文系。现任复旦大学附属中学校长兼党委书记。兼任复旦大学高等教育研究院硕士生导师。2009年获得"上海市模范教师"称号。主持课题"阅读'中国人',书写'中国人'"获上海市教学成果特等奖、教育部教学成果一等奖。

为什么有些孩子的眼中失去了光彩?

家庭教育关键点

· **为什么孩子的眼神黯淡?**

父母过高期望,孩子好奇心和学习兴趣被剥夺,对孩子未来参与社会竞争有焦虑感。

· **家长如何提高站位,重新思考意义?**

学习怎样做家长;视野开阔,眼光长远,不要只看学习成绩。

· **什么是无效的家庭教育?**

说教式讲道理,训斥,刻意感动。

· **什么是有效的家庭教育?**

以身作则,互相理解,不纵容,不和孩子进行权力争夺游戏。

从我们进行自主招生的经验来看,除非来面试的孩子个性极其张扬,或者偏科非常严重,否则一般来说,不同的考官对于这个孩子是否优秀、是否具有学习潜力的判断不会有太大的争议。而且,这些学生后来的发展也往往验证了考官们最初的判断。

从我们的经验来看,一个孩子呈现出来的精神面貌,常常反映了他成长的家庭教育环境。

比如,我们在面谈时会看孩子的眼神是否有光彩,面部表情是否自然。当然,有些孩子的性格比较内敛,有些孩子在这种场合会感到紧张,但性格内敛和目中无神是不一样的,紧张和呆滞的表情也是不一样。性格外向与否、情绪紧张与否都不重要,但孩子眼神中没有光彩、动作机械凝滞则可能说明在成长过程出问题了。

十几岁的孩子,眼神、表情、动作都应该有一种好奇和生命力,但那些完全被老师、家长推着走的孩子,小学初中几年读下来,往往眼神、表情中已经没有了和他的年龄相匹配的动感和活力。这样的孩子,虽然学习成绩可能很好,但这种教育方式会制约他未来的发展。

一、孩子的眼神为什么黯淡了

现在教育中的一个很普遍的问题是,父母过分纠结于对孩子很高的期望值。这种高期望值和孩子的实际之间的落差,造成了很多问题。

在孩子比较小的时候,这种落差带来的常见问题是家庭矛盾。有些孩子还在读幼儿园,父母就已经在为他们的学业焦虑——特别是母亲尤甚。这可能是因为母亲更容易把所有的感情倾注到孩子的成长上面,更加在乎孩子是否成功,以至于不留下任何一点空间,把孩子"保护"得密不透风。我见到过很多家庭本来很和睦,就是在如何教育孩子的问题上发生了矛盾。

另外一个结果是孩子的好奇心和学习兴趣被剥夺。

高期望值本身没错,但是有些父母对自己的期望值非常专注,今天的投入一定要明天就看到产出。一旦孩子的表现没有达到期望值,就忍不住用语言、行为等打击孩子的自信心,或者不断加码,直到限制了孩子的健康活力,扼杀了孩子的创造力,破坏了孩子的学习兴趣。

孩子因为年龄小,对父母给予的压力只能无奈接受,但精神状态却在发生变化。于是,我们常常看到这样的现象:幼儿园的孩子最好奇,小学的孩子最好学,初中的孩子开始对学习有了倦怠感,高中的孩子则失去了学习目标,这样的孩子进入大学后已经没有持续深入学习的愿望,更极端的就是彻底厌学,丧失目标和方向。

父母期望孩子成才的心理可以理解,但是过高的期望值对孩子却会形成很大的压力。这种压力大到孩子无法承受,结果就可能南辕北辙。

失去了好奇心和主动性的孩子,眼神中如何会有光彩呢? 我觉得这也是目前家庭教育和学校教育中最突出的矛盾:没有把孩子在这个年龄段最应该被保护的东西保护好。

二、为什么我们这么紧张孩子的成绩

这是目前的评价体系造成的,毕竟我们的评价还是以考试为主,存在一定的单一性、片面性。

这种焦虑心态也是受整个社会的影响。就像农民在种植作物时会拼命追加化肥、营养液一样,我们现在教育的思维模式也是如此。父母对孩子未来参与社会竞争有焦虑感,生怕孩子长得不够强大,于是,"激素"拼命打,"营养品"拼命吃,结果就是孩子长"僵"了,真的长不大了。

不管是哪个行业,我们似乎已经习惯于这种思维模式、这种操作办法了。

事实上,只要一个孩子健康,有足够的营养保障、足够的"阳光雨露"、足够的成长空间、适量的运动等,我们就不用担心孩子长不大。现在这种过度的介入反而会阻碍孩子的健康成长。

我们常常看到、听说一些孩子有心理障碍,事实上,这些心理障碍往往会折射出来一定的教育问题。

比如,家长总是拿孩子和别的孩子进行比较,使得孩子在比较中不断感到挫败;孩子遇到问题时,家长首先不是去关爱、保护、鼓励、支持孩子,而是指责孩子……所有这些的来源无非是对孩子有更高的期望,特别是期望孩子有更好的成绩。

很多家长在孩子面前呈现出来的样子,不是可亲近的父母,不是最可依赖最可信任的亲人,而是一味地对孩子进行管束、教训。这样做无疑会让亲子关系受到很大的影响。甚至有些学业成绩已经很不错的孩子,父母仍旧不满意,期望孩子成绩能更好,到最后孩子不堪重负,亲子之间冲突爆发。有些十几岁的孩子甚至完全拒绝和父母交流,这种完全无法沟通的亲子关系显然是一种非正常的状态,是需要干预的。

我觉得这样的情况是非常令人遗憾的。父母和孩子之间完全没有必要弄到这样,毕竟双方不是敌人,而是最亲近的人啊!

三、家长要提高站位,重新思考"意义"

对这样的家庭教育偏差,我们既能够理解家长的出发点,但同时又觉得很无奈,因为要跳出来是很难的。

首先,家长要学习怎么做家长。

作为家长,有义务营造一个和谐的家庭正常状态下应该有的环境,其中很重要的一点是要把自己的爱用正确的、明白的方式传递给孩子。

父母对孩子的爱是毋庸置疑的,但在孩子成长的过程中,我们往往忘记了如何表达这种爱。孩子小时候我们常常会抱抱孩子,亲亲孩子,但随着孩子年龄长大,我们好像不知不觉就和孩子疏远了。作为东方人,大多数家长比较含蓄,加上现代社会节奏很快,我们的关注点也常常从孩子身上游离出去,这种爱的表达就更加缺失。其实,不管孩子多大,父母都要常常清晰地表达出自己的爱,让孩子能够感受到。

其次,父母的视野要开阔一些,眼光要放长远一些,不要只盯着孩子的学业成绩。父母的站位不同,对“有意义”的理解就会不同。

在孩子成长过程中,究竟什么是本质性、原则性的问题? 什么因素是会影响孩子终身发展的? 我认为,一个是良好习惯,一个是好奇心和兴趣。如果能够引导孩子培养这两点,孩子以后一定是健康的、成功的、发展良好的。

在具体方法上,我觉得,只要有可能的话,老师、父母都应该努力激发孩子潜在的能力。

比如,暑假马上要开始了,可以引导孩子在暑假里读两本书,做读书笔记;或者引导孩子在安全合法的前提下尝试一件自己一直想做但从没做过的事情;或者利用暑假学习一样自己不会的技能,比如,骑车、游泳、乐器等。提供这样的鼓励和指导,可能比让孩子多做多少张卷子更重要。因为这些不一定是对眼前的考试有用的事情,但却是对孩子将来的成长有帮助的事情。

我们不要只想着做这些事情可能影响孩子刷题,影响考试成绩,而是要看到孩子是一个活生生的生命体。在他的成长过程中,在他的一生中,哪些事情是有意义的,意义在哪里? 做哪些事情能够帮助孩子培养健康、完善的人格? 做哪些事情能够帮助孩子未来的成熟和发展? 这些事情才是真正有价值的事情。

我们常常忘记了,有一天我们的孩子也会长大成人,为人父母,他们做父母是他们更重要的责任,其重要性不亚于事业成功。

我想,随着社会慢慢进入一个新常态,大家都会越来越理解和接受这些观点。现在已经有很多家长的看法在发生变化,比如,虽然艺术特长生的加分取消了,但仍旧有很多家长希望孩子学习艺术,只为艺术熏陶和兴趣爱好,不为升学加分。

四、无效的家庭教育和有效的家庭教育

我在网上看到一种说法,说最无效的家庭教育有三种:一是说教式的讲道理,二是训斥,三是刻意感动。我觉得这是有道理的,父母应该找到合适的方式,而非机械、单一的,违背孩子发展认知的方式来进行教育。

那什么样的才是有效的家庭教育?

我认为首先是家长以身作则。孩子身上所有的优点、缺点都可以在家长身上找到源头。换句话说,没有做父母之前,很多缺点都比较容易被掩盖,但一旦做了父母,就要有意识地、真诚地、主动地做好示范。父母要和孩子一起成长。

其次要互相理解,在家庭当中,首先是父母要理解孩子。这种理解需要前期的关注、时刻的陪同,在陪同、关注的过程中,对孩子的思想、行为要先努力去理解,然后再做判断,最后再做应对措施。没有理解的话,后面的判断和应对不仅无效,而且可能适得其反。

有些成年人往往喜欢以自己的主观意志来判断孩子的行为,这对亲子关系危害很大。孩子的一些行为,哪怕在家长看来不对甚至不能接受,也要先试着去理解一下。

理解不是纵容。我们有时候对孩子理解不够,但纵容倒是很多,除了学习成绩,其他东西都不重要,都可以容忍。这种做法的危害在孩子小的时候还不明显,但越到后来会越明显地呈现出来。比如,使用手机的问题,孩子很小的时候家长比较容易控制,可以没收,但是孩子长大了家长就没有办法控制了,往往只能妥协。

最后,家长千万不要和孩子进行"猫捉老鼠"的权力争夺战。因为在这个博弈中,无论父母和孩子如何互相讨价还价,最后父母总是输掉的一方。

教育是个难题。家长和老师都是教育工作者,需要对教育有更长远的目光和更深入的思考,需要对孩子有更多的陪伴、理解和支持,共同陪伴和引导孩子成长。

爱
的
艺
术

卞松泉

上海市特级校长、特级教师，正高级教师。现任上海市打虎山路第一小学校长，打一小学教育集团理事长，兼任国家督学，上海教育学会副会长兼小学管理专业委员会主任，上海师范大学、华东师范大学特聘教授。曾获"上海市教育功臣""全国先进教育工作者"等荣誉称号。

家庭和学校是两个互补的课堂

家庭教育关键点

父母是编外老师,但不是补课老师;

家长发现和发挥孩子天性最具优势;

健康的亲子关系,对孩子成长至关重要。

我校一直非常注重家长的力量,一方面,家庭教育对孩子的成长作用极其大;另一方面,家长中也确实蕴藏着很多智慧和资源。老师是家庭教育依靠的力量,家长是学校的编外老师,两者互相帮助。

学校和家庭是两个课堂,这两个课堂的目标是一致的,都是为了孩子的健康成长。但在具体的做法上,两个课堂既有相通之处,又有互补之处。

一、父母是编外老师,但不是补课老师

学校要善于依靠家长的力量来共同教育孩子,共同关心和帮助孩子的成长。

比如我们学校有个"爸爸课堂",一方面是借助家长的智慧和资源,为学校课程发展助力,另一方面也希望增加爸爸在学校教育和家庭教育中的话语权。我们都知道,孩子小学阶段接受女教师教育多,加上很多家庭中妈妈比较"强势",所以,"爸爸课堂"希望给爸爸们一个发声的渠道,一个展示爸爸"才华"的讲台。

让我们高兴的是,爸爸们都非常支持这件事,每个走上讲台的"爸爸老师"都很认真地备课,把自己的专业知识分享给孩子们。有位爸爸是在机场里工作的,他特意带来了很多照片和实物,让孩子们了解机场里各种各样的车分别是做什么用的,

孩子们都很有兴趣,觉得大开眼界。

通过这种形式,家长们的这些知识和资源,不仅可以面对自己的孩子,还可以面对一个班级、一个学校,让更多的孩子受益。孩子看到自己的爸爸来讲课,也非常自豪。

可见,家长对孩子的教育有时也能承担一些"教学"的任务,会有一些知识的传授。

在日常的家庭生活中,孩子也会学到很多知识,这些知识的学习更多的是在生活中的学习,或者是把学校学到的知识和能力运用到生活中去。因此,家庭和学校这两个课堂是相互补充、密不可分的。

有些家长自身知识储备比较丰富,教授的能力也比较强,就会给孩子的知识学习和兴趣能力的培养带来很大的帮助。比如有些家长的历史知识很丰富,有些家长对人文地理非常了解,还有的家长对科学技术非常感兴趣,他们平时也很积极和孩子平等沟通,他们的孩子对知识的兴趣比较浓厚,而且对知识的了解比仅仅从课本上学习要丰富得多。

所以,家长就是我们的编外老师,但绝不是补课老师。如果把家长的作用等同于辅导孩子做功课、检查作业、在家校联系册上签字等,那就真的是小看了家长的作用。因为从家庭教育的角度来说,这是很小的一部分。

二、发现和发挥孩子的天性,家长最有优势

学校教育是公共教育,是面向很多孩子的;而家庭教育是面向一两个孩子的。所以,两者各有侧重。

具体说来,学校教育更多的是关注普遍性。虽然老师也会努力照顾到每个孩子的具体情况,但现实情况是班额普遍较大,一个班级好几十个孩子,老师很难时时刻刻照顾到每个孩子的不同个性。而家长只面对自己的孩子,所以,对孩子的个性应该有更多的关注和了解,要更多地照顾到和支持孩子的个性发展,经常鼓励孩子。在充分了解自己孩子的个性特点之后,也可以和老师多沟通,共同找到适合自己孩子的教育方法。

有的孩子成绩不理想,但这不等于孩子不聪明,可能只是接受和理解信息的速度有快有慢,那么家长可以针对孩子的情况与老师沟通,共同进行一些个性化的辅导。

当然,家长要关注的不仅仅是孩子的学业成绩。教育不能窄化成教学,学习也不能窄化到课本知识的学习。家庭教育和学校教育一样,不可急功近利、唯分数论,孩子成长的意义也不拘泥于成绩的好坏。身心健康发展、好奇心的培养、兴趣的发掘,都是孩子成长必需的内容。

其实很多家长也明白分数不重要,但觉得在目前的评价体系中,没有分数又不行,所以家长不得不盯着分数,从而忽视了很多更重要的东西。其实,家长对孩子的关注点可以宽泛一些,特别是要清楚自己孩子的特点、长处,相信"天生我材必有用"。

我们学校有位喜欢唱歌的孩子,他的母亲对此看得很明白:"我们孩子读书虽然不拔尖,但是他唱歌很好,可以多培养这方面兴趣,发挥这个特长。"现在这个孩子已经成长为一个很知名的歌手。

我们学校还有另外一个孩子,学习成绩很好,兴趣广,能力强,家长也尊重孩子的个性发展,不在外面补课,平时要求孩子扎扎实实把知识学好。这个孩子进初中后依然保持好的学习习惯,家长也顺势积极引导孩子,后来中考还成了全市状元。

好的学校教育就是要让成绩优异的孩子得到发展,成绩普通的孩子也积极进取,特别要注意给成绩不好的孩子更多关心,不能让他们产生自卑感,这很不利于他们今后的成长。学校教育和家庭教育都应该重视学生的个性特长,让每个孩子都成才,是学校和家庭教育的重要任务,也是根本职责。

有的学校可以选拔生源,但作为家庭这个"学校",你是没有办法选择"生源"的,所以家长更加要充分了解自己的孩子,因材施教,并且多和学校沟通,根据孩子的个性培养,使其成才。

三、健康的亲子关系,对孩子成长至关重要

我们做教育的都知道,师生关系对孩子的学业成绩会产生影响。很多孩子因为喜欢某一个科目的老师,不知不觉便喜欢这个老师所教的科目,于是这门课也学好了。

如果一个孩子不喜欢某个老师,他的学习兴趣就难得到培养,特别是小学生,更容易影响学习成绩的提高,所以和谐愉快的师生关系不仅能帮助孩子提高学习成绩,而且有助于孩子身心健康成长。

同样的道理,在家庭生活中,亲子关系也会深刻地影响到孩子的健康成长。如

果亲子关系紧张,父母动辄打骂孩子,孩子也会有心理阴影。如果亲子关系非常好,家长该严格时严格,该轻松时轻松,孩子就会身心健康地成长。

我们学校在评价的时候,从不把学业成绩看做评价的唯一标准。如果用这唯一的标准来评价学生、评价老师,大家都围绕分数打转,容易造成师生关系的紧张,如果多方面评价学生,就能从多方面发现学生的潜质,老师也会多方面发挥自己教书育人的作用。

同样的,家庭教育中也不要总盯着孩子的成绩,不要把学业成绩作为亲子关系的唯一关注点,否则也容易造成亲子关系紧张。

父母对孩子的教育要有一个界限,如果一味地逼着孩子做某件事或禁止孩子做某件事情,都是不好的,孩子长大离开父母之后,先前父母逼着孩子做的事可能被孩子放弃了,先前不让孩子做的事孩子反而可能更加想要去弥补曾经的失落感。所以在学习之余,适当地让孩子看看课外书,看看电视,甚至打打游戏,都是可以的,只要在总体可控的范围内,家长就不用过于担心。

我在工作中接触过很多孩子,我发现所有优秀的孩子背后的家庭教育都是有一些共性的。这些父母都比较理性,讲究教育方式方法,家校之间的配合也非常好。这些孩子都很阳光,性格友善,喜欢学校生活,喜欢和小伙伴相处。

发展得不太好的孩子,背后的教育问题则各种各样。有的是父母对孩子的教育不够重视,有的是一味严厉苛刻的棍棒教育,有的则是一味无原则地溺爱……

总的来说,家庭健康的生活方式、和谐的家庭氛围、父母悉心的引导、良好的学习条件等,都会让孩子感到身心愉悦,有助于孩子的成长。

爱的艺术

杨 荣

　　上海市特级校长。现任上海市实验小学校长。兼任上海市第三期普教系统双名工程小学校长一组主持人，兼职上海市督学。2015年获"全国先进工作者"称号。

重新理解"不要让孩子输在起跑线上"

家庭教育关键点

· 怎样重新理解"不要让孩子输在起跑线上"？

孩子的性格滋养他的人生；

集体学习能力是学力"增值器"；

习惯是孩子最大的财富；

帮助孩子养成正确的价值观,奠基人生。

有一句话,几乎所有的中国家长都曾经听到过,那就是"不要让孩子输在起跑线上"。这句话最初是由时任教育部副部长的中国工程院院士韦钰提出来的。她的本意是父母要给孩子提供一个稳定的、温暖的、健康的、互动的环境。没想到,这句话后来被各种早教、培训机构等商家利用,不断被曲解,成了要让孩子早早学习认字、算术、英语等学科知识的"鸡血口号"。

家长们要拨开层层迷雾,重新理解"不要让孩子输在起跑线上"这句话。

一、性格滋养人生

从目前的情况看,很多家长比较注重孩子知识技能方面的培育,而忽视了对孩子性格的关照。我觉得,家长要把育人放在第一位,要重新理解"不要让孩子输在起跑线上"的"起跑线"到底是什么。有句话说,性格决定命运。所以,育儿要把健康身心、积极情感、良好习惯作为重要的内容来对待,特别是在孩子读小学前,对孩子性

格的培养非常重要。

我们知道 20 世纪 90 年代曾经有一阵热潮,培养"少年大学生"。但有研究表明,这些智力超常的儿童经过多年培养之后,大多数并没有在创新领域或者在相关行业成为具有世界影响力的人。

相关专家进行了研究,看看"超常儿童"为什么长大之后"泯然众人矣",结果发现,在孩子 18 岁以前,社会常常是用知识、智商等因素来选择所谓的"超常儿童",这些被选拔出来的孩子在智商方面也确实有过人之处。但是,这个选择过程和后续的培养过程中都忽略了孩子的情感、性格、抗挫折能力等心理因素,而这些因素又是一个人成长过程中不可或缺的。慢慢地,这些孩子在更加激烈的竞争过程中就出现了不适应,优秀的光环也便逐渐褪去了。

二、集体学习能力是学力"增值器"

我还想提到一点,可能很多人没有意识到,现在孩子们的集体学习能力下降明显,有的孩子因为长期参加一对一个别教育,越来越不适应在班集体环境中的学习。老师讲课的时候,很多孩子注意力不能集中;一个孩子站起来发言时,其他孩子也不能认真倾听。这些现象都是集体学习能力下降的表现。

老师、成人、书本知识,是今天学习的资源中的很小一部分,而伙伴、即时信息等都是学习资源,向老师、书本、从伙伴交流中提取信息都是提高选择、判断思维力的有效方法。

当然,现在很多新的技术应用到学习当中,有助于个性化的学习,但无论如何,未来的学习可能会个性化,但事业的发展,项目的研究越来越团队化,走入社会之后,人际交流能力、团队合作能力等都非常重要。如果家长希望孩子今后发展得好,一定要在个体发展的前提下让孩子在集体中找到位置。

现在有些孩子社会性情商亟待培养,角色体验、分工合作整体偏弱,察言观色能力比较差,主动合作的倾向和能力也越来越弱。这部分源于现在每个家庭的子女比较少,孩子从小个体化成长的经历远远多于群体性活动。所以,学校要努力创造环境,家长也要有意识地把孩子放到同龄的小伙伴中间去。

只有在小伙伴当中,孩子才会慢慢学着寻找到自己的位置。不同性格、不同能力的孩子可以承担不同的责任。能力强的孩子,家长要引导他懂得谦让;能力弱的孩子,家长要引导他找到自己的位置。

三、习惯是孩子最大的财富

习惯需要榜样,习惯需要养成,习惯需要固化。

对小学生的家长来说,要培养孩子的行为习惯,首先要让孩子对家庭、对父母有一种亲密感。

这种亲密感随着孩子成长,逐步变成对家庭的责任感,继而慢慢放大成对自己的责任感,对周围人的责任感,对团队的责任感,进而成为对社会、对国家的责任感。家长还有意识地培养孩子的感恩意识。感恩之心是非常重要的一点。

其次,家长要更多关心孩子内心的想法,而不是仅仅关注孩子的学业成绩。现在很多家庭看似六个大人围着一个孩子转,但转来转去主要是围绕孩子的生活转,在生活中给予孩子绝对的、无原则的满足,对孩子内心的关注则是缺乏的。

家长们关心的往往是孩子的衣食住行,或者是聚焦在孩子的学业方面,从不问孩子对什么感兴趣,也不问孩子真正想要做一个什么样的自己。

涉及孩子的时间安排,家长大包大揽做主,没有和孩子商量,没有孩子的自主选择空间。这样一来,在孩子的成长过程中,没有机会培养自己的选择能力,今后在选择大学、工作的时候也不具备这种能力。

再次,在家庭教育中要给孩子正向引导,尽量延后孩子介入社会生活的时间点。毋庸讳言,成年人的世界中有很多功利的,甚至是负面的生活方式和交际方式,让孩子过早接触到这些,会让孩子误以为家庭可以决定一切,父母可以决定一切,财富可以决定一切。所以,大人的社会尽量不要让孩子去介入。

成年人在家里讨论问题时,也要注意传递出的信息是正面积极的,要告诉孩子成功需要艰苦奋斗,父母只能帮一时,不能帮一生。事实也是如此,如果父母在孩子年幼时一直帮,孩子长大失去依靠就会一下子跌到无助的谷底;如果父母比较粗线条,该让孩子经受风吹雨打的时候大胆放手,可能孩子会成长得更好。

最后,父母要呈现出积极的状态。有的父母把自己所有的人生价值都转移到孩子身上,为孩子牺牲了一切。但家长最需要呈现给孩子的是一个完整的人生,这样孩子才能看到什么是有价值的、精彩的、积极的人生。

父母自身也要不断学习。有些家长每天陪着孩子做作业,但自己从不读书。这样孩子常常会觉得只要长大了就可以不读书了。父母需要营造出一种学习的家庭氛围,自己也要做一个学习者。

另外,父母可以创设丰富多彩的家庭亲子活动,比如亲子读书、亲子锻炼、亲子

家庭劳动时间等。

四、养成价值观，奠基人生

价值观影响人生的品质、高度与宽度。

一个健全的孩子一定会经历一个从自然人走向社会人的过程，慢慢品味各种社会角色。这个过程中人生基本价值观非常重要。

我校在 2008 年从育人为先的使命出发，明确了实验小学学生应当具有"爱祖国、守规则、讲诚信、会学习、负责任、敢开放、懂简朴、有快乐"八大要素。

我们希望家长在孩子成长过程中，能够先给孩子一个家的概念，然后慢慢地让孩子理解国家的概念。我们希望家长首先是一个守规则、讲诚信的人，进而帮助孩子确立规则意识和诚信观念。

另外，孩子自己的事情要让孩子自己做。有的家长一直对孩子说，你只要把琴弹好，把书读好，其他的事情不用管。所以，我们常常看到，有的孩子书包没理好，会抱怨说："妈妈没有帮我理。"有的孩子已经人高马大了，放学书包还是让年迈的爷爷奶奶背……

其实，一个人能够独立生活在这个世界上，是人的基本立足点。我们希望把我们的孩子培养成一个成功的人，首先就要把孩子培养成一个具有独立人格、高尚道德的人。

总之，在孩子成长过程中，家长要更多关心孩子社会化进程中的情感、心理、性格发展，至于能力、学业发展等，都是相对次要的。

小学教育历来被誉为"启蒙"教育，启智养性育情，一如自然中的一颗种子，伴随年龄增长，生命之树参天叶茂之际，我们就会发现根深的意义。无数仁人志士、杰出人才，无不作用于社会文明进步，功在国家人民，其影响力均来自人生早期的教育。从小为人生培根固土，也许今天没有即时的显性成效，但是其深远的影响力，会在其人生的关键时刻显现出强大的力量。

儿童是最可影响的，现在的教育犹如在原野上种下一颗种子，未来一定会大树参天，这就是"十年树木，百年树人"。

张　敏

　　上海市特级校长。华东师范大学教育硕士，现任上海市静安区第一中心小学校长，兼任静安区政协委员。曾获"全国巾帼建功标兵""静安区领军人才""静安区拔尖人才""静安区名校长"等称号。承担市级课题3项，主持研究课题"生成性教学有效性的实践研究"，著有《新时期学校德育的个性化设计——静安区第一中心小学合格小公民教育纪实》。

爱的艺术

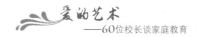

警惕教育孩子过程中的这些"不统一"

家庭教育关键点

· **教育过程中有哪些"不统一"？**

家庭内部教育理念不统一，家长和学校在家校合作方面意见不统一。

· **父母要共同做好这五件事：**

培养孩子讲规则的意识，

让孩子懂得宽容，

让孩子懂得感恩，

父母要和孩子共同学会坚持，

父母要和孩子一起学习成长。

在日常的教学中，我们观察到，目前的家庭教育和家校合作中，存在一些"不统一"。

一、家庭教育与家校合作中的不统一

（一）家庭内部教育理念不统一

一些存在较大问题的孩子背后，大部分存在着家庭内部教育意见不统一的情况。一方提倡宽松教育，另一方提倡严格教育。孩子在这个过程中就会很为难：父亲这样要求我，母亲那样要求我，我到底应该听谁的？

此外，在祖辈和父母之间也可能产生矛盾：祖辈宠爱，父母严格。不少孩子在幼托阶段由祖辈带养，到了小学，交还父母来带。两代人之间的理念冲突就有可能让孩子进入小学后,产生些许不适应。

都说父母"一个唱红脸,一个唱白脸",其实,"红脸""白脸"应该只是限于表面,父母双方可以在角色分工上有差别,但双方的教育目标要一致,对于内心的底线要达成共识。父母双方应该配合起来唱好一台戏,这台戏要两个人合作,剧本应该是两个人共同策划好的。

比如,孩子不做作业玩 iPad,父亲可能板下脸来狠狠批评了孩子一顿,"唱白脸"的母亲则应该和孩子分析,"爸爸今天批评你是有道理的,玩太长时间 iPad 影响学习,还伤眼睛,我建议你要控制一下玩的时间"。父母的目标应该是指向一致的,而不是说,一个允许玩,另一个不允许玩,让孩子产生困惑。

此外,现在都在讨论"父亲缺位"的问题,在家庭教育中,很多父亲忙于事业,将育儿的责任全部交给母亲,让母亲在育儿过程中承受着很大压力。

这就容易产生几种极端情况:

母亲变成"虎妈",要把孩子狠狠教育好,以此获得在家庭中的成就感。

母亲对孩子存有护短心理,孩子有任何不好,母亲都会选择包庇袒护,瞒着丈夫,只报喜不报忧。

针对"父亲缺位"的情况,家庭不妨从尝试父子阅读入手,逐步改善。比如,我们积极响应静安教育推出的"父子阅读联盟",倡导在家庭教育中,父亲陪伴孩子一起读书,一起交流,一起分享。这个联盟推行了一段时间,我们明显发现,父亲和孩子的关系更为亲近了,父子之间交流话题也更丰富了。

(二) 家长和学校在家校合作方面意见不统一

不少家庭和学校之间对于教育的要求不一致,互相之间又缺少有效沟通,造成双方互相不理解,甚至产生误会。家校之间的不统一其实也会反映在家庭内部教育之中。

曾经遇到过一个孩子,经常发脾气,老师一旦教育他,他脾气会越来越暴躁。我们发现,在他刚入学的时候,他的父母、外公外婆经常来学校找老师,但教师和他们的沟通并不是有效的。家长一直跟老师说自己家的孩子怎么好,要求老师对他多关心照顾,还指责老师的教育方式不妥当。

因为老师的某句话,孩子就发脾气了;因为老师没来收作业,所以孩子就连续几天不交作业了。家长把所有孩子该做而未做到的事情一股脑地怪罪到老师身上。

有一个场景令我印象特别深,在这位孩子的母亲和班主任的一次交谈中,母亲显得十分强势,一旁的孩子则显得傲慢、漠然。

我对这位母亲说:"我不了解事情的经过,但我从孩子的表现中看出家庭教育需

要加强。"她觉得我说得有道理,转而开始关注孩子自身行为规范的养成。我也安排家长和老师坐下来好好沟通,通过一次次敞开心扉的沟通,家校之间的误会渐渐消除。对于这个学生,学校也在日常教学中,针对他的特点,进行有的放矢的教育。到了二年级,大家明显感觉他比一年级懂事多了,父母对于学校教育的认同度也提升了。家校沟通和家庭教育两者之间正是相辅相成的。

二、父母要共同做好这五件事

小学阶段,对于学生有学习能力、习惯培养、兴趣特长发展等方面的要求,这三者之间形成一个共同体,相互影响促进,而对于这些方面的培养意识,其实从小在家庭中就应该逐步建立,到了小学阶段继续加强。

作为教育工作者来说,希望父母能做到什么?

(一)培养孩子讲规则的意识

首先,父母和孩子都要有规则意识,知道这个事能不能做,应该怎么去做。

比如,学生每天来校读书前,应该在父母引导下,自己完成学习用品的整理。但现在不少老师发现,孩子时不时忘带学习用品,有时甚至连书包都没带,空着手就来学校了。然后,学生就一通电话打给家人,理直气壮地要求父母赶快把遗忘的学习用品送到校。

其实,发生这样的情况,就是家庭在孩子习惯养成的关键阶段,没有帮助他们养成良好的学习习惯。

在家庭教育中,父母要让孩子知道,每天到学校来之前要做什么事情,哪些事情应该自己完成。即使父母再忙,也要在这一阶段训练孩子的规则意识。

(二)让孩子懂得宽容

学校生活里,学生之间有些小打小闹小矛盾,作为家长,应该让孩子自己处理他们之间的矛盾。很多孩子出于好奇或好玩互相打打闹闹,其实是天性使然,但不少家长容易把问题无限扩大,来学校要求老师介入调解学生之间的矛盾和纠纷。

玩耍的过程必定涉及孩子之间的相处、交往,难免有磕磕绊绊,这时候家长不妨对孩子之间产生的问题多一些宽容。

(三)让孩子懂得感恩

做父母的应该懂得感恩自己的父母,这样孩子将来才会感恩你们。不过,现在一些家长对于自己的父母就缺乏感恩之心。

前不久学校新生入学报名,我们发现,早上 6 点多就有不少爷爷奶奶辈的老人在排队。工作人员好奇:公办学校报名并不是按先后顺序来的,为什么你们还要来排队? 他们说,孩子的父母还在家里睡觉,我们不放心,先来排个队。

从这个场景里,我们发现,现在不少为人父母的年轻人并不体谅自己的父母。对此,孩子就会看在眼中,记在心里,以后家长让孩子做什么,他就会推托,因为他觉得反正最后父母会替自己做好的。

(四)父母要和孩子共同学会坚持

习惯的培养是要有个过程的,不是一朝一夕可以形成。这个过程比较漫长,一定要坚持下来才能做好。

学校有个一年级学生,跳绳一直是他的薄弱项目,但始终无法达到及格线。体育老师指导了他很久,眼看就要参加区身体素质测试了,也不见有大起色。父母也说练了这么久没有进步,要不就放弃吧。后来,几位体育老师一起为这个学生"会诊",开运动处方,指导他一些新的方法。按照这些方法,这位学生的跳绳技能突飞猛进,在测试那天,从原来的半分钟 20 个进步到了 45 个,顺利突破及格线。

我们把这位学生的经历作为一个案例,在全校升旗仪式上分享,让大家看到坚持的力量。每个人在学习过程中,多少都会遇到一道道坎。在教育的过程中,学校和家庭就要善于帮助孩子突破自身极限,让他有信心,在努力了一段时间后,再坚持那么一下,也许突破了那道瓶颈,成功就会水到渠成。

(五)父母要和孩子一起学习成长

我们曾经遇到一个家长,入学报名时对老师说,孩子已经把五年级的英语单词都背出来了,剑桥英语也都学过了,我们能跳级吗?

其实,这个案例反映了不少父母对于学校教育重要程度的忽视,很多家长觉得学校里教的都是最基础的知识,我们家孩子早就认识了很多单词、早就会做加减法、早就会背"乘法口诀表"。但家长其实忽视了,学校的学科教学是有体系的,大多学前补习班是以应试为导向,但学校教育是综合了学生知识、能力、兴趣的培养。

父母应该更多关注和孩子共同学习的过程,而不是仅着眼于为孩子多报几个辅导班。很多焦虑的父母觉得把教育的责任完全交给学校就不用管了,重点放在为孩子寻觅多少课外补习班上。其实,学校教育这块好比主食,课外的兴趣班只是小食,一个孩子成长得好,绝不是靠课外补出来的,而是在接受学校教育过程中提高效率,养成良好习惯,这样的孩子才会有潜力。

爱的艺术

陈青云

　　上海市特级校长，正高级教师。新加坡南洋理工大学教育管理硕士。现任上海市育才中学校长兼党委书记。代表作有《育才之道》《段力佩与育才中学》《育才经纬——"三自"教育的传承与发展》等。曾主持研究教育部及上海市多项教育课题，其中市级课题"育才中学'三自'教育传承与发展的实践研究"获上海市第11届教育科研成果一等奖。在教育部国家级教学成果评选中，"普通高中学生个性化学程学习的设计与实践"获基础教育国家级教学成果一等奖。

家长要成为孩子温馨的怀抱和仰望的力量

家庭教育关键点

良好的亲子关系并非绝对平等；

高中阶段家长要关注学生健全人格养成：

关注孩子知觉现实能力、情绪调节能力、人际交往能力、自我广延能力的发展；

让孩子对父母感到敬佩，善于发现和保护孩子的兴趣特长，积极参与学校的教育活动。

如今不少"70后""80后"的新型家长，往往视子女为家庭中平等的朋友，很尊重他们，平起平坐。很多家长认为，在家中摆出一副家长神圣不可侵犯的绝对权威模样，是陈旧过时的思想。与孩子平等，才是现代做法。在我看来，父母大包大揽、说一不二固然不是理想的亲子关系，但良好的亲子关系也不意味着双方像哥们、朋友一样，失却长辈的榜样作用。

一、绝对平等的亲子关系是失衡的

近年来，教育工作者接触到越来越多"新型家长"。过去的部分家长可能会把自己的愿望强加到下一代身上，对孩子百般溺爱，想方设法满足他们的一切要求，进而为孩子带来巨大的压力。

现在的"70后""80后"群体中，这样的家长越来越少了。"新型家长"们会更客

观地认识自己孩子的优势和不足,在课业成绩之外,更着眼于他们的身心健康、和谐发展。"新型家长"的出现给学校教育带来了新的要求和挑战。

在我看来,良好的亲子关系固然不是家长大包大揽、说一不二,坐拥绝对权威,但现在很多年轻父母往往忽视的是,良好的亲子关系也不应该是双方平等得像哥们、朋友一样。家长和孩子之间应该建立起一种相互理解、相互尊重、相互信任、相互关爱的关系,孩子在理解、尊重父母的同时,更能够从他们身上汲取为人处世的道理、人生的经验。

所谓理想的亲子关系,是孩子在取得些许的成就时,愿意将成功的喜悦与父母分享,在遇到困难和挫折时,愿意且能够得到父母中肯、有力的指点和帮助,其中的交流、分享应该是平等的,但是家长给予孩子的应该是更为全面、深刻的道理,是能够使孩子启智受益的思想。

这样的经历不论对孩子还是家长都是十分宝贵的,这实际上是家长和孩子相互影响、共同成长的过程,其中,家长的表现越出色,在孩子心目中的形象就越高大,从而形成孩子对家长的高层次信赖,这种高层次的信赖反过来激励家长更为优秀的行为和表现。

在学校自主招生现场,我们往往看到这样的场景,一些家长满头大汗地把孩子送过来,在孩子身边不停地叮咛、嘱咐,孩子一脸的木讷,甚至是不耐烦,孩子和家长双方的表现形成巨大的反差。

参加学校自主招生综合测试,究竟是孩子的愿望还是家长的愿望?孩子是怎么想的?孩子是不想参加自招,还是报考学校与自己心目中的理想高中不符?还是仅是觉得家长太啰唆、太烦?

我不禁想追问,中考也是孩子人生中的一件大事,家长在这之前有没有帮助孩子对自身的学习状况做出清醒的判断?对各个高中学校尤其是孩子心仪的学校做全面了解?是否帮助孩子进入了一个最佳的迎考状态?至少在上述自招现场的情景中,在我看来是需要孩子和家长反思并积极改进的。

在一段良性的亲子关系中,孩子应该能体会到父母的艰辛,能够感受到父母的亲情,能够分享到父母的智慧与才能。亲子之间相互信赖,共同成长。很多人所倡导的"平等"关系,其实可以是亲子之间心态上的平等,但并非学识经验上的平等,绝对平等也是一种失衡的亲子关系。家长要努力成为孩子温馨的怀抱和仰望的力量。

二、高中阶段要关注学生健全人格的养成

学生进入高中，尤其是进入我们这样的寄宿制高中，他的日常点滴表现其实已经带着很深刻的习惯烙印。

良好的学习生活习惯，对学生的成长是至关重要的，如果一个学生学习时专注程度高、钻研精神强，并且善于总结反思，那他就能实现高效、优质的学习。如果一个学生拥有良好的生活习惯，有较强的自理能力，有广泛的兴趣爱好，他的学习生活一定是充满情趣，丰富多彩的。

如果一个学生拥有良好的品行修养，积极向上、善良包容、大气谦和，他和同学一定相处得很愉快，能收获友情带给他的快乐；收获师长的赞扬带给他的自信，能获得更多的机会历练成长。相反，一个斤斤计较、以自我为中心的学生，往往总是在不满，在抱怨，一个总是为负面情绪所左右的学生，是不可能健康、快乐地成长的。

在高中阶段，要关注学生健全人格的养成。

健全人格是人持续发展的基础。其要素有：

知觉现实的能力：现实的眼光，对自己合理的认识。认识自己的优点，接纳自己的不足。

情绪的调节能力：能分析、解决遇到的问题，不失控。

人际交往能力：接纳别人，与有不同见解的人友好相处。

自我广延能力：持续学习，参与社会，贡献社会。

三、家长要在这些方面指引、扶持孩子

（一）努力让孩子经常对父母感到敬佩

有的学生出了问题，我们在和家长沟通过程中，家长就会诉苦：孩子要什么，家里就给他什么，我们给他创造了多好多好的条件，为什么他还是不努力？其实，家长要看到，优越的物质生活条件未必是孩子最需要的东西，家长所能给予孩子最宝贵的是思想品格。

比如，家长本身的言行举止、为人处事方式、对待长辈同事朋友的态度、个人修养习惯等，都对孩子的影响非常大。那些能够主动站在别人的角度思考问题，跟同学相处非常友好的学生，他的家长大多也通情达理。有些学生阅读面很广，对某些问题钻研得很深，家访中我们发现往往这些同学家里有许多藏书，从小就养成了读

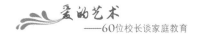

书的习惯。

在孩子成长过程中，如果能养成非常好的习惯，做很多事都能够事半功倍，比如，孩子守时守信的习惯、认真专注的态度、有条理有计划的做事方式，都会对他的学习有所助益。这些习惯的养成并不是到高中一下子形成，在孩子成长过程中，家长帮助孩子养成良好的习惯是最重要的。

（二）善于发现和保护孩子的兴趣特长

培养兴趣特长并不是一味地给孩子报班。现在有一些家长望子成龙，为孩子报了很多补习班，强加给孩子很多所谓的兴趣爱好。其实，当强度超出孩子年龄可承受范围，就不仅不能培养孩子的兴趣，反而容易把孩子本身有的一些兴趣扼杀了。

从当下教育改革的趋势来看，今后的教育将更关注每个孩子的个性特长和潜能激发。如果孩子有自己的兴趣爱好，家长要善于发现呵护，并做适当的引导和支持，但绝对不要拔苗助长或者强迫为之。当家长以自己的意志代替学生的意志，这个孩子非但原有的潜能不能被开发出来，还会被破坏。

无论对于成人还是孩子来说，拥有一项兴趣爱好，他的生活品质是会不一样的。进一步而言，现在提倡生涯规划环节前移，如果孩子能够尽早发现自己的兴趣所在，那么他的学习生涯乃至于未来的职业生涯都将充满幸福感。

（三）积极参与学校的教育活动

家长应该和学校之间保持良性互动和沟通，家校沟通不应简单理解为孩子出了问题，老师请家长。家长应该和老师站在同一立场上，彼此之间互相理解信任。专业教育工作者为家庭教育提供专业指导和建议，家长积极支持配合学校的教育教学。

家长应该是学校非常重要的教育资源，我们学校会设计一些积极的家校互动环节，诸如迎新晚会、18岁成人仪式等都会邀请家长参加，并把家长放在活动中比较重要的环节。

我们通过家长委员会让家长参与到我们的教育活动中，如请家长为学生开设一些科普或人文方面的专题讲座；请家长参与学校管理，对诸如学校意外伤害的防控，对合理膳食的搭配等提供专业的意见和建议；请家长为学生提供开展研究性学习的机会和社会实践的场所。

家长的参与丰富了学校的教育资源，提升了学校的办学品质，同时，让家长更了解学校，更了解学生，从而实现更良性的互动。相信未来，家校之间的互动，不论是形式还是内容会越来越丰富，越来越具实效。

图书在版编目（CIP）数据

爱的艺术：60位校长谈家庭教育 / 上海教育报刊总社
上海教育杂志社编. — 上海:上海教育出版社, 2017.6
（2019.10重印）
ISBN 978-7-5444-7266-1
Ⅰ.①爱… Ⅱ.①上… Ⅲ.①中学–关系–家庭
Ⅳ.①G636

中国版本图书馆CIP数据核字(2016)第308726号

责任编辑　李　玮　刘　芳
封面设计　陆　弦　林炜杰

爱的艺术
——60位校长谈家庭教育
上海教育报刊总社上海教育杂志社　编

出版发行	上海教育出版社有限公司
官　　网	www.seph.com.cn
地　　址	上海市永福路123号
邮　　编	200031
印　　刷	上海中华商务联合印刷有限公司
开　　本	700×1000　1/16　印张 21　插页 3
版　　次	2017年6月第1版
印　　次	2019年10月第4次印刷
书　　号	ISBN 978-7-5444-7266-1/G·5987
定　　价	49.00 元

如发现质量问题，读者可向本社调换　电话：021-64377165